第一部

显微镜下全唐史

李唐开国

北溟玉 ◎ 著

中国文史出版社

王家失鹿,遂使孤同老狼。

——唐高祖李渊

自 序

书不一定得有序言，但这么大一套书不写个序言好像也说不过去。我不是文豪，写不出黄钟大吕、荦荦大端的文字，就絮絮叨叨说几句。

第一，为什么写唐朝？

我是个历史爱好者，世界史、中国史都懂点儿。之所以专写唐朝，原因有三：

首先，唐朝是一个相当伟大的朝代，那是中华民族立于世界民族之林排头的锦翠年华。中国强盛的朝代有很多，秦、汉、宋、元、明、清……但这些王朝都只是地区强国，不能算作独领风骚的世界波。唐朝则不同，她是全方位的厉害，"三年一上计，万国趋河洛"，"九天阊阖开宫殿，万国衣冠拜冕旒"。

其次，唐史并未得到充分的挖掘和展示。绝大多数人对唐朝的了解仅限于唐玄宗以前，知道中晚唐"牛李党争""甘露之变""两税法"这些名词的，已经算高中历史学得不错了，甚至有很多人以为演义小说、影视作品里的唐人唐事就是唐史。

最后，唐朝其实是一个很好的样板。我不是一个朝代粉，更不是一个朝代黑。秦汉唐宋元明清到底谁最棒、谁最菜？这样的争论毫无意义。它们所处的时代不同，面临的内外形势都不一样，怎么比？历史虽然不是简单地重复，但本质的确是在重复，有些共通的、底层的东西一直没变过。太阳底下无新事，年年新雨滴旧檐。所以，读懂了"唐"这个样本，就基本读懂了秦汉宋元明清，读懂了古代中国。

第二，写作时的两个考虑

第一个考虑：一定要让大家看着过瘾。所谓过瘾，其实就是好看。

一是框架要清晰，有主线有书胆，部部呼应，章章相扣。一个289年历史的王朝压缩到八本书去讲，如果框架不清晰、重点不突出，东一榔头西一棒槌，无疑是一场灾难。所以，我在八部书的主题配置上费了不少心思。《李唐开国》书胆是唐高祖，主要讲唐朝是怎么建立和基本完成统一的。《贞观之治》书胆是唐太宗，讲"贞观之治"是怎样干出来的？"人君楷模"李世民是怎样炼成的？有哪些文治武功？《日月星辰》书胆是唐高宗，主要讲唐王朝的武功之巅，揍完东国揍西国，顺带为即将登场的女皇埋下伏笔。《女皇则天》书胆是武则天，讲这个伟大的女性究竟传奇在哪里？《开元天宝》书胆是唐玄宗，既讲开元盛世，又讲天宝裂变，而且把其中的转变讲透了，不突兀。《藩镇铁幕》书胆是唐肃宗、唐代宗、唐德宗、唐顺宗、唐宪宗，主题为藩镇割据是怎么形成的？唐廷做了哪些努力？为什么失败了？《四祸叠加》书胆是唐穆宗、唐敬宗、唐文宗、唐武宗、唐宣宗，聚焦晚唐四大祸——藩镇、宦官、朋党、崇佛。《长河日落》书胆是唐懿宗、唐僖宗、唐昭宗，先讲唐末农民大起义，再讲晚唐藩镇战争，唐朝灭亡的脉络一目了然。

二是文字要流畅。作者写书应该学白居易作诗，不能自说自话，一定要考虑受众。这本书显然不是写给专业研究历史的人看的，况且我也不够格。但我的野心又很大，把目标群体放到了对历史感兴趣的人群上。因此，如何行文就特别重要了。出路只有一个——好看。好看不是非得文辞华美，行文流畅也好看，而且我认为是更高级的好看。

三是详略得当又统筹兼顾。289年的历史如果写成普鲁斯特的《追忆似水年华》就没法看了。首先得做到详略得当，该用显微镜就用显微镜，该用望远镜就用望远镜，那些与主题关系不大的人和事干脆用墨镜。比如写"贞观之治"，不能写着写着突然就大治了，得讲清楚大治是怎么实现的，采取了哪些措施，办了哪些事。又比如写"牛李党争"，得写清楚起因、经过、结果、危害、影响。写得详细，既是为了尊重历史、还原历史，也是为了警醒后世、启迪未来。有详就有略。比如写晚唐藩镇战争，那么多藩镇，他们和朝廷之间、他们彼此之间爆发的战争不计其数，他们手下那些文武大臣都写出来写详细，光是人名大家就记不住，这书就不能看了，乱得很。所以，我以朝廷的变动为主线，只有在牵涉到主要藩镇比如李克用、朱温时才做详细阐述。其次还得统筹兼顾。古代历史本质上是政治军事史，是帝王将相的折腾史。那么，不是帝王将相就不体现了吗？重要的制度就不写了吗？如果我不写西天取经的玄奘、东渡扶桑的鉴真、初唐四杰、大小李杜、元白韩柳、薛涛鱼玄机，如果我不讲府兵制、均田制、科举制，怎么有脸号称全唐史呢？

第二个考虑：一定要写出一部精品来。

我热爱历史、热爱文字，但年纪尚轻，思想阅历沉淀不够，需要解决的困难又多，因此难免浮躁，唯有写作能让我解压和安心。写作这事很苦，也没多大利润，我却乐在其中。佛家讲世间有万千法门，在我的理解，法门就是每个人参悟人世的入处，写作就是我的入处、我的法门，不是肉身要我写，而是灵魂逼我写。贝多芬说："Es Muss Sein? Ja, Es Muss Sein!" 非如此不可？是的，非如此不可！

写作也是为了给自己的人生赋予一个意义。人生本没有意义，我们不过是生命的囚徒、基因的奴隶，但我们一生的作为却能赋予肉身意义。作为一个码字的人，我尝试用文字给自己的人生赋予意义。每一个码字的人都想写出一部经典来。为了能写成精品，我历时十年，数易其稿，反复修改打磨，一是确保整体衔接浑然天成、丝丝入扣，二是确保文字一定要好看。光是第一部，十年间我就改了八稿。我不是福楼拜，还没达到上午添上一个标点，然后再用一个下午把它拿掉的地步。历史也不是唐诗，尚不至于"吟安一个字，捻断数茎须"。但这里面的工程量确实不小。到底写没写成精品，我说了不算，但我要告诉大家：我尽力了！

第三，写这本书有多不容易

首先，通俗历史，尤其是大部头的通俗历史，其实相当难写。很多人以为，历史还不好写？照着《旧唐书》《新唐书》《资治通鉴》这些一手资料翻译，尽量翻得有趣点儿不就行了吗？！实际情况可不是这么简单。两唐书是纪传体，写人的；《资治通鉴》虽然是编年体，但就是一本流水账。如果单纯做些翻译编辑工作，搞出来的东西根本没法看，因为没有体系和故事性。必须得研究透、捋清楚、布好局、行好文，才能写出一部合格的通俗历史。

其次，在工作和生活之余抽时间搞写作，特别是搞大量写作，非常难！一来时间是个大问题。除去睡觉，工作以及职场的人情世故占走一半的时间，生活琐事又占走一半的一半，再刨去生病和必要的休息，可供我利用的时间并不算多。二来定力也是个大问题。京城米贵，居之不易。我不是陶渊明那样看透一切、放下一切的高人，也不像王摩诘出身富贵人家，衣食无忧，我会为五斗米折腰，我得用六便士去供养我心中的月亮。另外，仅就写作而言，写了能不能出版，什么样的出版商能出版，出版了能不能火，一切都是未知数。这些压力都考验着我的定力。之所以能坚持下来，无他，唯"爱"尔！

最后，行文运笔同样很难。写作这事儿跟情绪状态大有关联。文思如泉涌的时候有，但七天憋六个字的时候也有。沮丧时，我孤独得像一条狗。自信时，明明一个人前行，却好像带着千军万马。写历史不同于写小说，写小说只需考虑思想性、故事性、技巧性就够了，写历史还得加上一个研究工作。史料得既准确又丰富，框架得既宏大又分明，线索得既清晰又连贯，行文得既好看又流畅，认知得既到位又深刻……难啊，真难！

第四，必须说的感谢

一要感谢我自己十年如一日的坚持。这个好办，一介俗人，简单的快乐就可以打发，喝顿酒、吃点肉、睡一觉，第二天又是社会主义接班人。

二要感谢两位同行。第一位是蔡东藩先生，我认为他是中国通俗写史第一人。他借用章回体小说的外衣，写着好看的通俗历史故事，而且从前汉一直写到民国，这是真的牛！第二位是当年明月先生，当代通俗写史的巅峰。我能走上这条道路，要感谢这两个不相识的老朋友。当年明月还可能见到，蔡东藩先生就只能与他神交了。

三要感谢中国文史出版社。中国文史出版社无疑是中国文史出版最权威的机构，在与编辑梁玉梅老师合作过程中，我也充分感受到了文史专业出版社的水准、实力和作风。能在中国文史出版社出版此书，此生无憾。

第五，求原谅

一是历史观求原谅。个人写史，力求客观，但无论怎样强调客观，总难免会有一些主观色彩。所以，我郑重声明：这不是权威唐史，这就是北溟玉个人眼中的唐史，我对一些人和事的看法可能是偏颇的，甚至是错误的。因此，大家读本书要有自己的认知和判断。

二是史实错误求原谅。史实方面肯定会有一些错误，但我诚恳接受方家的批评指正，邮箱附上，tangdynasty289@126.com。我们共同努力，争取让《显微镜下的全唐史》不断优化，成为一部有漫长生命力的经典。

是为序。

自序 /001

第一章　风云板荡

01. 隋朝分崩　　/002
02. 草根双雄　　/007
03. 北刘西薛南萧　/010
04. 既生密何生充　/015
05. 将门传世　　/021
06. 四个嫡子　　/026
07. 三次飞跃　　/030

第二章　太原起兵

01. 牢中问对　　/038
02. 隋朝豪放女　/043
03. 借机募兵　　/048
04. 结盟突厥　　/052
05. 晋阳起兵　　/056

第三章　长驱入关

01. 叔侄过招　　／062
02. 攻拔霍邑　　／066
03. 进入关中　　／069
04. 前推后阻　　／073
05. 入主大兴　　／077

第四章　左右开弓

01. 御西援东　　／084
02. 李渊建唐　　／087
03. 爆炒西秦　　／093
04. 李密之死　　／097
05. 李轨覆灭　　／103
06. 金刚来了　　／107
07. 刘文静之死　／112
08. 度索原之战　／116
09. 二郎出击　　／121
10. 决战介休　　／126

第五章　一战两克

01. 打脸达人窦建德　　/134

02. 恐怖大亨王世充　　/141

03. 李世民的组合拳　　/146

04. 君子和小人的同盟　　/150

05. 进围洛阳　　/157

06. 跑步走的颉利　　/163

07. 窦建德来援　　/166

08. 大战虎牢关　　/170

09. 双雄殒命　　/174

第六章　南征北战

01. 进击的李靖　　/180

02. 四路伐梁　　/183

03. 萧铣的末日　　/188

04. 刘黑闼起兵　　/192

05. 李世民出征　　/198

06. 杜伏威入朝　　/204

07. 颉利南侵　　/207

08. 建成的反击　　/210

09. 建成灭黑闼　　/215

10. 辅公祏败亡　　/219

第七章　玄武喋血

01. 两党对峙　　　/228
02. 建成的三个大招　　　/233
03. 杨文干之乱　　　/238
04. 迁都之争　　　/244
05. 五陇阪雨夜惊魂　　　/248
06. 反击的号角　　　/252
07. 太白经天　　　/255
08. 艰难的抉择　　　/259
09. 定下决心　　　/263
10. 玄武门之变　　　/267
11. 大唐新君　　　/272

附录

附录一　隋唐第一檄文《为李密檄洛州文》　　　/277
附录二　唐朝十四代二十一帝（含武则天）概况　　　/283
附录三　唐朝世系表　　　/288
附录四　六大强敌世系表　　　/289

参考文献　　　/292

第一章

风云板荡

01. 隋朝分崩

说唐,绕不开隋!主要原因有两个。

第一,唐承隋制。

如果把唐比作一颗恒星,那隋就是一颗流星,虽然倏忽即逝,但刹那光华永驻人心。从公元220年曹丕篡汉算起,刨去西晋短暂统一的37年,历经三足鼎立、"五胡乱华"、东晋十六国、南北朝并立,直到589年隋灭南陈,中国经历了一段长达332年的大分裂。这段大分裂的终结者就是隋朝。

隋一度非常强大,强大的原因是有一套行之有效的制度。隋朝发扬光大的均田制、租调制、府兵制和开创的三省六部制、科举制等,均为大唐所继承,并推动唐帝国走向强盛。借用牛顿的话,唐之所以伟大,就是因为站在了隋这个巨人的肩上。

第二,隋的疲软成就了唐的坚挺。

我国历史上有三个短命王朝——秦、西晋和隋。西晋好歹撑了五帝51年,秦和隋都是二世而亡,一个14年,一个37年,最为相似,也最为典型。

秦和隋主要有三个相似之处:第一,初代都是不世出的人杰。如果给历代开国君主做个大排名,秦始皇嬴政妥妥第一,隋文帝杨坚铁定前十。第二,二代都是挤掉长兄上位的。胡亥干掉了扶苏,杨广扳倒了杨勇。第三，初代留下的殷实家底儿，都在极短时间内被二代败光了。胡亥亡秦用了3年，杨广亡隋用了14年。

但，一个显著的区别是：胡亥是个废材，杨广却是个人才。

有人表示质疑，杨广是人才吗？《隋史》载："上美姿仪，少敏慧，高祖及后于诸子中特所钟爱。""上好学，善属文，沉深严重，朝野属望。"意思就是说，杨广不仅长得帅，而且打小就聪明好学，写得一手漂亮文章，朝野内外对他认可度很高。

大家都知道杨广是个帝王，却不知他还是个诗人，并且是个优秀的诗人。他曾作诗云：

> 暮江平不动，春花满正开。
> 流波将月去，潮水带星来。
> 夜露含花气，春潭漾月晖。
> 汉水逢游女，湘川值二妃。

杨广给这首诗起了一个小清新的名字——《春江花月夜》。后来，唐朝文艺青年张若虚也写了一首同名诗，赢得了"孤篇盖全唐"的美誉。

你以为杨广只会写这种阴柔的诗吗？非也！人家最擅长的可是刚猛的诗——边塞诗，代表作《饮马长城窟行》：

> 肃肃秋风起，悠悠行万里。
> 万里何所行，横漠筑长城。
> 岂合小子智，先圣之所营。
> 树兹万世策，安此亿兆生。

讵①敢惮焦思，高枕于上京。
北河见武节，千里卷戎旌。
山川互出没，原野穷超忽。
撞金止行阵，鸣鼓兴士卒。
千乘万旗动，饮马长城窟。
秋昏塞外云，雾暗关山月。
缘严驿马上，乘空烽火发。
借问长城侯，单于入朝谒。
浊气静天山，晨光照高阙。
释兵仍振旅，要荒事万举。
饮至告言旋，功归清庙前。

好吧，就算杨广是个人才。那么问题来了：用人才做接班人，怎么反而亡国了？

须知，当皇帝，无能，不行；太有才了，也不行！

杨广就是典型中的典型。典型到什么程度呢？他公然对大臣们说："我特别不喜欢臣子进谏。达官进谏是为了虚名，这种我尤其讨厌。至于那些卑贱的进谏之人，我虽然没那么苛刻，但决不会重用他们。"历代皇帝普遍不喜大臣进谏，但明目张胆这么讲的，只有杨广一人。

在他眼中，所有人都是他的提线木偶，他不需要他们叽叽歪歪，只要按照他的指示落实就好了。这么做的结果必然是走极端，对起来很对，错起来也会错得很离谱。杨广曾经对过，但最终还是在错误的道路上头也不回地狂奔了。

---

① 讵，音巨。

刚愎自用的他有两大爱好——大兴土木和大动干戈。

从大业①元年到六年，杨广致力于工程建设，短短六年间的工程量便超过了唐朝289年的总和。唐朝没修洛阳，是因为杨广早给他们建了一个新的。唐朝没凿大运河②，是因为杨广给他们凿好了。唐朝没开太行山，是因为杨广替他们开过了。唐朝没修长城，还是因为杨广为他们修好了。

杨广还是个资深驴友，年年都要出巡，曾三游江都、两巡塞北、一游河右、三至涿郡（今河北涿州），在帝都大兴（今陕西西安）与东都洛阳之间更是往返频仍。每次出游，他都要大造离宫别苑。

大兴土木势必造成人力、财力、物力的极大浪费。六年间，总计征发民工不下一千万人次，平均每户就役者一人以上，造成"天下死于役"的惨象。他爹老杨抠抠搜搜省了一辈子，取之尽锱铢，杨广却视金钱如粪土，用之如泥沙。

大兴土木虽然太烧钱，但对富得流油的隋朝而言，还不至于伤筋动骨。真正让大隋朝重症缠身的是另一个"大"——大动干戈。

杨广即位以来，北却突厥，南灭流求，西定吐谷浑③，真是大开大合，牛气哄哄。但他觉得不过瘾，还想整把大的，就盯上了不听话的东邻——高句丽④。

---

① "大业"是隋炀帝的年号。大业元年至大业十三年（605—617）。
② 隋唐大运河以洛阳为中心，南起杭州，北到北京，隋朝开凿全长2700公里，跨越地球10多个纬度，纵贯中国最富饶的东南沿海和华北大平原，经过浙江、江苏、安徽、河南、山东、河北、天津、北京八个省市，通达黄河、淮河、长江、钱塘江、海河五大水系，是中国古代南北交通的大动脉，也是世界上开凿最早、规模最大的运河。后经元朝取直疏浚，全长1794公里，成为现今的京杭大运河。
③ 谷浑，音玉浑。
④ 高句丽，音高勾离。

高句丽的地界大致就是我国的辽东地区①和朝鲜半岛北部。这个政权的历史也算悠久，可以上溯到咱们的西汉时期。

高句丽有个特点，特喜欢跟中原帝国叫板，专业作对六百年，号称打不服更打不死的小强。多少中原帝国来了又去，只有它始终都在，确实也有两把刷子。

隋朝和高句丽的根本矛盾在于辽东地区之归属。隋比高句丽强大得多，但最先动手的却是高句丽。

开皇②十八年（598年），高句丽军入寇辽西，被隋军击退。隋文帝杨坚震怒，发水陆大军三十万征讨之。决心大，动静也大，但到了落实阶段，稀碎。陆军赶上了疫病，水军赶上了大风，连一兵一卒都没能踏上高句丽的国土。

杨坚忍了，但杨广横惯了，忍不了，天天琢磨着怎么干高句丽。当时，朝野反对的声音是主流，但他非是不听呢，就要干，就要干！

大业八年到十年这三年，隋朝兴兵百万，征调民夫又百万，接连三次征讨高句丽。第一次，地理不熟，偏师冒进，被高句丽人钻了空子，吃了大亏。第二次，进展极顺，眼瞅着都要打下平壤了，杨玄感却造反了，杨广匆匆回军，前功尽弃。第三次，高句丽玩了一出假投降，杨广信了，就回了。大业十一年，他发现被晃点了，还想来第四次，但来不成了，因为自家出乱子啦！

乱子其实早在大业七年就有了。因为不堪忍受繁重的徭役，是年三月，山东人王薄聚集数百群众，占据章丘长白山造反，揭开了隋末乱世的序幕。随后，群雄竞起，天下大乱。

隋廷和造反派之间的博弈，活脱脱一出打地鼠的游戏。第一次东

---

① 辽东泛指辽河以东地区。
② 开皇，隋文帝杨坚年号。

征前，在容易模式，只有王薄等几只小地鼠；第二次东征前，进入常规模式，地鼠数量激增，但个头儿还不大；第三次东征前，升入艰难模式，地鼠的个头儿大了起来。杨广的问题就在于，容易模式时浑然不觉，常规模式时置若罔闻，艰难模式时漠然处之；等到他终于重视了，已进入地狱模式，出现了许多又大又猛的地鼠。

"疾在骨髓，司命之所属，无奈何也！"——扁鹊。

02. 草根双雄

隋失其鹿，引群雄竞逐。地鼠分田鼠和家鼠两类。田鼠者，朝堂外之草莽也，以王薄为师祖，代表人物窦建德、杜伏威。家鼠者，朝堂内之精英耳，以杨玄感为泰斗，代表人物李密、刘武周、薛举、萧铣、王世充等。在这一群鼠中，实力最强的有八个，六个精英，两个草根，我称之为"八巨头"。隋末唐初，中国大舞台上的主角就是这八个人。

窦建德，纯泥腿子，家里穷得耗子来了都得哭着走。

但这位贫穷的少年在人格上却富得流油。某日，邻家老大爷过世，其家人无力丧葬，哀号不已。窦建德喟然长叹，大隋如此富有，为何我辈穷困至此?！叹罢，他就将自家耕牛拉到市上卖了，所得钱财赠予邻家办丧事。

在农业社会，耕牛可是顶顶重要的生产资料，不到万不得已，谁都不会卖。窦建德卖牛葬邻，可谓义薄云天。从此，他备受乡人尊崇，威名日重，被政府委任为里正（村长）。但没过多久，他又把这份儿正经工作搞丢了,"犯法亡去"。流浪中的窦建德觉得这辈子也就这样了……

但平地一声雷,有人给了他重新做人的机会。这个人就是新皇帝杨广。历朝历代,新皇登基都要大赦天下,这是规定动作。窦建德就借着这股春风,回到故乡贝州漳南(今河北衡水故城县东北),重新当了良民。

但英雄的人生注定非比寻常。

对高句丽的战争打响后,河北大地风起云涌,也出现了一个类似山东长白山、河南瓦岗寨的造反圣地——高鸡泊,其地在今故城县西南,紧挨漳南。活动于泊中的各路造反派头目都很敬重窦建德的为人,所以他们虽然把漳南抢遍了,却唯独不去祸害窦建德他们村。

这本来是好事!但时间久了,官府就纳闷了:这些反贼到处薅羊毛,怎么不薅这一只呢?查查!

这一查就查出事来了。在毫无证据的情况下,官老爷认定窦建德是贼人安插在良民中的内线。窦建德消息灵通,提前跑路了,但全家老小却遭到捕杀。一日之间,原本幸福的小茅草屋转瞬狼藉,原本相亲相爱的一家人转眼只剩他一人。在一片乌鸦的惨叫声中,窦建德的人生脱了轨。

不久后,高鸡泊中的高士达义军就多了一位新头目,正是窦建德。他"倾身接物,与士卒均劳逸",故"人争附之,为之致死",很快就坐上了第二把交椅。高士达战死后,窦建德成了这支义军的领袖。

窦建德穷归穷,起码有家人,当过村干部,还有过一头大耕牛。而山东章丘人杜伏威无父无母,连果腹都成了问题,靠偷鸡摸狗为生。

这样的人生还有颜色吗?有,在冗长的黑暗中,有一道唯一的光，名字叫作辅公祏①。

辅公祏比杜伏威年长几岁。每当杜伏威饿得眼冒金星时，辅公祏总能神奇地变出一只羊。杜伏威常常一边狼吞虎咽，一边满怀感激地说："大哥，将来等我发达了，一定加倍报答你！"辅公祏总是微微一笑，拍拍他的头说："傻小子，快吃吧！凉了就不好吃了。"

直到大业九年衙役登门的那一天，杜伏威才知道大哥的羊都是偷他姑姑的。辅大姑"大义灭亲"，检举了亲侄子。辅公祏和杜伏威被迫流亡。这一年杜伏威16岁，辅公祏20岁出头。天下虽大，却无容身之所。二人把心一横，上了长白山，落草为寇。

这时，杜伏威才发现他最擅长的不是偷窃，而是打仗。如果说窦建德带团队的心得是"兄弟们，看我的"，那杜伏威的秘诀就是"兄弟们，跟我上"。每次"做事"，冲的时候他第一个上，撤的时候他最后一个下。兄弟们对他心服口服，"共推为主"。

长白山中活跃着多股造反派，杜伏威他们是后来的，又弱小，处处受排挤。哥俩儿一合计，干脆带着弟兄们南下江淮②吧！

经过数年的斗争，到大业十二年，江淮地区的反隋力量汇聚成三家：淮北一带，是左才相的地盘；以江苏泰州海陵为中心的今江苏省淮河以南、长江以北地区，是李子通的天下；而杜伏威、辅公祏则活跃在以安徽马鞍山和县为中心的今安徽省淮河以南、长江以北地区。

这三家直接威胁着江都的安全。因此，杨广特派光禄大夫陈棱率八千精兵征剿。陈棱一出手就灭了左才相，连败杜伏威、李子通。

如果杜伏威和李子通联手，陈棱就不是对手了，可谁让二人有仇呢?！李子通本是山东枣庄的一个渔民，后来加入了左才相义军，但

---

① 祏，音时。
② 江淮泛指长江、淮河之间的地区。

因为太有能力、太得人心，遭到猜忌排挤，不得不渡过淮河来投杜伏威。杜伏威欣然接纳。没想到李子通在站稳脚跟之后，突然反水。杜伏威虽身受重伤，却侥幸逃脱。从此，这梁子就结下了。

杜伏威的势力发展得最快。大业十三年正月，陈棱再度攻打杜伏威。此时的杜伏威已非吴下阿蒙。一场仗下来，隋军全军覆没，陈棱"仅以身免"。杜伏威从此称霸江淮。

03. 北刘西薛南萧

六个官场人士中，有三个是打酱油的，分别是称雄代北[①]的刘武周、雄踞陇右[②]的薛举和称霸江南的萧铣。

认识刘武周的人，都说他是个鸡孩儿。

据《旧唐书》记载，某年某月的某一天，老刘头、老刘婆正在院里乘凉。突然，有个雄鸡模样的东西，划着长长的光，"咻"地钻入了老刘婆的肚里。老刘婆赶紧起身抖搂衣服，却什么都没有。不久，她就怀孕了，生下一个男孩儿，就是刘武周。

《隋唐演义》更邪乎，说刘武周是二十八宿中的昴日鸡下凡，后脑长了一个鸡冠子，就差说他的脚丫子有三个趾了。

刘武周天生蛮力，"骁勇善射"，喜"交通豪侠"，似乎还真有点

[①] 代州以北地区，泛指今山西北部及河北西北部。
[②] 陇右又称陇西，泛指陇山（六盘山）以西、黄河以东地区，主要包括今甘肃天水、平凉、定西、兰州四市。

儿公鸡侠的架势。

大业七年，大隋一讨高句丽。刘武周主动投军，在辽东战场上立了点小功，被提拔为建节校尉。第二次东征结束后，他回到老家马邑（今山西朔州），当了一名鹰扬府①校尉。

太守王仁恭爱他骁勇，赏了他一顶亲兵队长的官帽。刘武周"投桃报李"，还了王仁恭一顶绿帽子，和王仁恭的小妾勾搭成奸。他担心奸情败露，先下手为强，于大业十三年二月带着张万岁、苑君璋一帮兄弟，杀了王仁恭，开仓放粮，招兵买马，举起了反隋的旗帜。

马邑乃边陲小镇，兵微将寡，且不远处的晋阳又有李渊在，刘武周掂量了自己的斤两，决定找个大靠山。

这个大靠山就是突厥人。

有关突厥人的起源，至今仍无定论，可以确知的是他们很早就游牧于金山（今阿尔泰山脉）南麓，以阿史那氏为汗系，以狼头纛②为旗帜。突厥人长于锻铁，因此一度沦为柔然汗国③的锻铁奴，饱受欺凌。从公元546年开始，崛起的突厥用六年时间干掉了老东家柔然，而后凭借强大战力，迅速扩张成一个"东自辽海以西，西至西海万里，南自沙漠以北，北至北海五六千里皆属焉"的庞大汗国。

因为领土太过庞大，可汗将全国分成东、西两部，分片包干，没想到却为汗国的分裂埋下了祸根。583年，汗国分裂为东、西两部。

东、西突厥内部以及彼此之间经常爆发战争。开皇时期，东突厥内乱，数汗并立，杨坚一步步帮助弱小的启民可汗统一了东突厥。启民可汗对隋朝感恩戴德，极为恭敬。

---

① 鹰扬府，隋开皇中府兵制军府名。
② 纛，音道，大旗。
③ 柔然汗国是公元4世纪末至6世纪中叶由柔然民族建立，活动于大漠南北和中国西北广大地区的政权。

启民可汗死后，长子始毕可汗开始有了不臣之心。三次对高句丽的战争严重削弱了隋朝的国力。始毕可汗抓住这一难得的战略机遇期，一心一意谋发展，聚精会神搞建设。隋突之间的力量对比逐渐发生了逆转。

大业十一年，杨广北巡边塞。始毕可汗突然发难，调派三十万铁骑，将他围在了雁门关（在今山西忻州代县）。这就是与西汉"白登之围"齐名的"雁门关之围"。好在有李世民的奇计，杨广有惊无险，安然脱困。

隋突决裂，始毕可汗也不藏着掖着了，公然宣称：谁反对隋朝，他就支持谁。刘武周主动投靠，始毕可汗欣然接受。就在刘武周起兵当月，朔方郡（今陕西榆林靖边县）鹰扬郎将梁师都、榆林郡左翊卫郭子和先后杀死郡丞起兵，也归附了突厥。满肚子坏水的始毕可汗册封三人为天子，为了膈应隋炀帝，名号起得还特别气人，刘武周叫定杨天子，梁师都叫解事天子，郭子和叫平杨天子。

在突厥的支援下，三人都打退了前来征讨的隋军，站稳了脚跟。刘武周略定马邑、楼烦、定襄、雁门诸郡，自立为帝，改元天兴，称雄代北。梁师都略定朔方、雕阴、弘化、延安、盐川等郡，自号梁帝。郭子和地盘最小，仅限榆林一郡之地，不敢称帝，自称永乐王。三人成为突厥窥视中原的马前卒。

薛举和刘武周有太多相似之处：第一，两人都是地方豪强，好勇斗狠，家资巨万，喜交通豪侠。第二，两人官职一样，都是鹰扬府校尉，属下级军官。第三，两人都是在大业十三年起兵的，刘武周在二月，薛举在四月。第四，两人起兵的方式也出奇一致。薛举也是带着十几个小弟，控制了金城（今甘肃兰州）府最高长官郝瑗，随即开仓赈施，招兵买马。第五，两人创下的基业都被李渊推翻了。

唯一不同的是，刘武周迅速壮大靠的是突厥人，而薛举火速崛起靠的则是一个"狠"字,"每破阵,所获士卒皆杀之,杀人多断舌割鼻,或碓捣之",手段十分残忍。他轻易击败了征讨的隋军,兵势大振。

刘武周二月起兵,三月称帝,已经够嚣张了。薛举比他还要嚣张,竟师法西楚霸王项羽,自称西秦霸王。起兵不过三月,他就将陇右收入囊中,拥兵十三万。但薛举也有不足,不缺猛将,独缺智囊。所以,形势一片大好之际,他在战略方向上却短视了。当时,李渊还未起兵,李密鏖兵洛阳,陕北的梁师都实力又太弱,薛举大可一路向东,席卷关中。但他放着关中大西瓜不要,却惦记上了隔壁的河西①小芝麻。

这一惦记不要紧,惦记出一个专门与他作对的人物来。此人是武威土著,姓李,单名一个轨字,机敏善辩,家富于财,赈穷济乏,有口皆碑。

薛举起兵后,武威的隋朝官吏仍不以为然,醉生梦死,浑噩度日。众人皆醉,唯鹰扬府司马李轨独醒。他断定残暴的薛举势必扫荡河西。为挽救河西生灵,李轨与好兄弟曹珍、梁硕、安修仁等人,于大业十三年七月初八起兵,占据武威,自称河西大凉王。

形势验证了李轨的判断。就在这个月,薛举正式称帝,立即挥军渡河,来攻武威。李轨早有准备,一举击败西秦军。随后,张掖、敦煌、西平、枹罕四郡陆续归降。

此后,河西与陇右针锋相对,难分伯仲。

如果票选八巨头中最幸运的人,得票最多的铁定是萧铣。其余六巨头的基业都是自己急赤白脸打下来的。刘武周虽然傍上了突厥人,可自己也没少使劲儿。唯独萧铣,他的基业是别人拱手送给他的。

也是在隋末乱世的峰点——大业十三年,十月,巴陵郡(今湖南

---

① 河西泛指今甘肃、青海两省的黄河以西地区。

岳阳）校尉董景珍、张绣等八名下级军官发动反隋兵变。

举义成功后，哥几个碰到了一个难题：谁来当老大？众人你推我、我推你，推来推去，还是董景珍得票最多。董景珍不想干，灵机一动，推出了一个局外人。这个局外人就是巴陵郡罗川县县令萧铣。

众人齐声叫好。为啥呢？因为萧铣的身份不简单，他的堂姑正是大隋第一夫人萧皇后。再往祖坟上刨，更厉害了，他赫然是西梁皇室的后裔。

提到西梁，读者估计要挠头了，只听说南北朝有个南梁、五代有个后梁，从哪儿冒出个西梁？

那是在很久很久以前的公元554年，西魏扶植南梁宗室在现在的湖北荆州江陵县附近八百里的范围内，建立了一个打着"梁"字旗号的傀儡政权。为了区别南梁和后梁，史学家将这个袖珍傀儡国称为西梁。西梁仅传二代33年，灭于隋。

萧皇后是西梁末代皇帝萧岿的女儿。萧岿有个弟弟萧岩，萧铣就是萧岩的孙子。

萧铣俨然是隋版慕容复，一心梦想光复大梁。原本他只是在某个失眠的夜晚畅想一下罢了，不承想因缘际会，在姑妈的提点之下，他居然回到西梁旧土——巴陵做官了。萧铣喜出望外，觉得这是冥冥中上苍的点拨，光复大梁的伟业注定由他来完成。适逢杨广失政，天下大乱，萧铣那颗躁动的心越发不安分了。

正在这个当口，巴陵诞生了以董景珍为首的造反政权。举义成功后，董景珍他们做的第一件事就是请萧铣来当老大。

谁说天上不会掉馅饼的?!

萧铣有意，景珍有情，一拍即合。当年底，在董景珍等人的扶持下，萧铣于巴陵称大梁王。

04. 既生密何生充

接下来的这一对，一度是问鼎天下的可能人选。这两人也是天生的冤家，在碰到对方之前，几乎都是战无不胜、所向披靡的主儿。他们两人之间的较量如果细说起来，都够写一本书的了。

首先介绍隋末乱世最靓的仔——李密。

李密的出身不是一般的好。西魏大统十六年（550年），魏帝册封宇文泰、独孤信、李弼、李虎等八名一级军事将领为"柱国大将军"。这就是赫赫有名的西魏第一男子天团——八柱国。其中的李弼就是李密的太爷爷。李弼是北周的魏国公，他儿子李耀是北周的邢国公，李耀的儿子李宽是隋朝的蒲山郡公，李宽的儿子李密袭爵为蒲山郡公。《三国演义》里，袁绍他们家顶着个四世三公的光环，就强悍得不行了。李密他们家四世四公，分分钟碾压袁绍。

有用吗？没用！老爹死得太早，李密没法借力，用微薄的家产四处打点，才勉强得了个左亲侍的差事。所谓左亲侍，其实就是宫里站岗的大兵。人穷志短，那时的他完全没有气吞山河的豪情，只想保住小公务员的铁饭碗。

可老天爷偏偏对他另有安排。

大业年间，大兴市里坊间突然传开了一首神曲，名为《桃李歌》，歌词只有六个字："桃李子，有天下。"一个姓李的人将拥有天下，任谁听了都忘不掉。杨广很忐忑。他身边的李姓大臣更忐忑。可这和李密这个小兵有什么关系呢？不好意思，还真有。

这日，杨广在宫中溜达，无意中看到了李密。李密东张西望，抓耳挠腮，工作作风很飘浮。杨广问身旁的许国公宇文述，这小子是谁？宇文述说是已故蒲山郡公李宽的儿子李密。杨广听了，皱起了眉头，忽然生气地说："贼眉鼠眼的，把他开喽！"

杨广没想到，只是因为在人群中多看了李密一眼，却成就了此人一生的传奇。

宇文述和李宽私交不错，不好意思让故人之子难堪，便忽悠李密说："君世素贵，当以才学显，何事三卫间哉？"那时的李密还是个毛头小伙子，社会经验不足，见宇文述如此看重自己，高兴得发晕，还借口有病主动辞了职。若干年后，阅尽世事的李密回过味来，把宇文述的儿子宇文化及打得满地找牙。

回家后，李密拜名儒为师，开始好好学习了。这日，他骑牛拜访老师，将《汉书》往牛角上一挂，捧起其中一本，且行且读。此情此景便是历史上著名的劝学典故——牛角挂书。

走着走着，忽然碰到了一个白胡子老头。老头问他姓甚名谁。李密报了家门姓名。老头又问读的什么书？李密回答：《项羽传》。老头的眼睛亮了，哦哟，喜欢历史的年轻人不可小觑！

这个老头就是当朝宰相杨素。杨宰相对李密很感兴趣，将他请到家中攀谈。李密滔滔不绝，如数家珍，把宰相谈得要要①的。李密走后，杨素赞不绝口之余，颇为伤感地对七个儿子说了一句中国父母的口头禅："李密识度如此，汝等不及也！"杨家的七个葫芦娃都郁闷了。

从此，李密就成了杨府的常客。大娃杨玄感和李密处成了好搭档。外界给这对好搭档起了个名字叫杨密。

攀上了杨宰相的李密纵情歌唱，属于他的春天好像来了。孰料顺风车还没搭上，杨素就被杨广气得搭快车走了。

不过，杨玄感还在，杨密组合的情谊还在。

---

① 要，biáo，方言，不要。

李密接着等待，一等就是七年。

大业九年，杨广二征高句丽期间，镇守黎阳（今河南鹤壁浚县）的杨玄感举兵造反，邀李密出山。李密高高兴兴地来了。岂料杨玄感言不听计不从，不久就兵败身死。他没能改变大隋的国运，却改变了李密的命运。

此后三年间，隋廷对李密的追捕一天都没停过。好在有"主角光环"护体，李密一次次化险为夷。坎坷与磨难使他认识到：隋朝一天不亡，他就一天别想过上好日子。他发誓，不灭暴隋，死不瞑目。他迫切需要一个新的平台。

在今河南省安阳市滑县与新乡市交界处，有一块类似水泊梁山的地方，树木丛生，沟河纵横，芦苇遍野，方圆百里，进可攻，退可守，实在是逃难避祸、落草为盗的不二之选！这个地方有个奇奇怪怪的名字，叫作瓦岗。

大业七年，滑县的一名法曹翟让犯了命案，带着兄弟子侄和籍贯山东菏泽的单雄信、徐世勣①等人上了瓦岗，建起了山寨，拉起了队伍，当起了车匪路霸。

看过《隋唐演义》的朋友，对单雄信肯定不陌生。在演义中，此人有万夫不当之勇，乃瓦岗寨五虎上将第一名。其实，历史上的瓦岗寨从未有过什么五虎上将之类的组合。不过有一点倒是真的，单雄信的武功的确很高。在不久的将来，李世民对此会有非常痛的领悟。

徐世勣是隋唐之际的人物中被演义歪曲得最厉害的一个。在演义中，他有一个大名鼎鼎的马甲——徐茂公，茂公系由徐世勣的字懋功讹传而成。徐茂公是个牛鼻子老道，羽扇纶巾，能掐会算，俨

---

① 勣，音记。

然诸葛亮、刘伯温之流亚。徐世勣却是个少年英雄，既能运筹帷幄，又能决胜阵中，乃一代帅才。

彼时，瓦岗寨周围还有大大小小十几支人马。这些人抢钱抢粮抢姑娘，隔三岔五就要火并。但这种局面在大业十二年的春天戛然而止。

因为，李密来了。

我们知道窦建德带团队的秘诀是 look at me，"兄弟们，看我的"；杜伏威带团队的心得是 follow me，"兄弟们，跟我上"；而李密带团队的奥义则是 listen to me，"兄弟们，听我的"。公元7世纪最厉害的营销大师李密仅凭一张嘴，就将各路山贼、水贼以及土贼团结在了瓦岗寨的旗帜下，还将他们大口吃肉、大碗喝酒、大秤分金银的低俗人生目标，升华到了反隋以拯救天下苍生的高度。这伙子不入流的车匪路霸经他调教，一个不小心，居然成了隋末第一雄师劲旅。

在李密的指挥下，瓦岗军一年内打了三场胜仗，牢牢控制了全国最大的粮仓——洛口仓（在今河南郑州巩义河洛镇），开仓赈饥，招兵买马，实力迅速膨胀。

翟让先是允许李密组建了嫡系部队——蒲山公营，继而主动将一哥的位置让给他。

放开手脚的李密，立即对瓦岗寨实施了大刀阔斧的正规化改造：瓦岗寨不叫寨了，叫大魏国；大哥不叫大哥，改叫魏公；聚义厅也改叫行军元帅府了。李密还仿照隋廷官制，设置了长史等官职。瓦岗兄弟从此成了有身份的人。

瓦岗人以为他们终于跟上李密的节奏了。岂料，李密又是一个冲刺，发布了 IPO——讨隋檄文，历数杨广十宗罪，募股集资：无论何人，只要反隋，只要衷心拥护李密的领导，皆可加入大魏国，洛口仓的粮食任你吃，将来按贡献比例分红。

消息传出，天下震动。

乱世里最缺的不是草莽英雄，这样的人在这个时代一抓一大把，最缺的是有大智慧、大才具的领袖。李密刚好符合世人对领袖的一切期许：首先，他出身好，根正苗红，能得士人之心；其次，他庙堂与江湖都混过，几度起伏，几度生死，理论与实践结合得很好；再次，他的能力有目共睹，不是谁都可以在不到两年时间内将一个村办企业变成上市公司的；最后，他可是姓李呀！

于是，"赵、魏以南，江、淮以北，群盗莫不响应……道路降者，不绝如流，众至数十万"。大魏国如日中天，消灭群雄，一统江山，翘首可期。

可是，当李密的传奇遇到传奇的王世充以后，就戛然而止了。

王世充，鼎鼎大名，大名鼎鼎。八巨头中，李密靠才学，窦建德拼人品，杜伏威很勇敢，刘武周很无耻，薛举太残暴，萧铣太好命，而王世充一路逆袭靠的是腹黑术。隋末唐初，他的确是一号人物。只可惜受演义影响，很多人对他的认识简单化、脸谱化，觉得他是一个卑鄙无耻、不学无术，除了残忍再无他能的大坏蛋。实则不然。

首先，王世充是胡人。王世充祖上姓支，乃是纯种的西域①胡人。到他父亲这辈，幼年丧父，随母改嫁汉族豪强王氏，从此姓了王。王世充的母亲到底何族，我们无从得知。但最起码他是个混血儿。史载，王世充"豺声卷发"。"豺声"当为西域口音，辅以"卷发"，正说明了他的外族属性。

其次，王世充并非不学无术，他天资聪颖，勤奋好学，"有口辩，颇涉书传，好兵法，习律令"。不夸张地说，八巨头中论才学，除了

---

① 自汉代以来，西域狭义上指玉门关、阳关以西，葱岭以东，巴尔喀什湖东、南及新疆广大地区。而广义的西域则包括亚洲中西部地区等。

李密，就是他了。李密只有才学，王世充既有才学，又有权术，所以最终击败李密的人是他。

再次，王世充是奸邪小人吗？对，他真是小人。此人"性谲诈"，时人说他："王公，小人也，能杀故人。"这个西域胡儿在大隋官场混得风生水起，大业六年时已官至江都郡丞兼江都宫宫监。杨广"数幸江都"，王世充"伺候颜色为阿谀，雕饰池台，奏献珍物"，"由是有宠"。

最后，王世充只是阿谀谄媚之辈？并非如此。没本事，哪能成为一代奸雄?!

杨广虽然好大喜功，但并不愚蠢，王世充固然受宠，在他眼中亦不过弄臣而已，但一件事情的发生，却让他对王世充的认知彻底改观。

大业九年，江南人刘元进、管崇、朱燮①聚众起义，响应北方的杨玄感。杨广先后调动多路人马征讨，都不能奏效。无人可用之际，王世充主动请缨。杨广抱着试试看的心态，破格许他募兵讨贼。

随后，王世充招募了数万淮南兵，在朝野上下质疑的目光中上了前线。一个月后，捷报传来，刘元进、朱燮被打死，三万降兵被王世充悉数坑杀。

杨广大悦，从此认定王世充有将帅之才，"益加宠任"。

王世充再接再厉，先后剿灭孟让、格谦、卢明月三路义军六十万人，一跃成为晚隋两大后起将星之一。

---

① 燮，音谢。

05. 将门传世

以上七大巨头，一个英雄（窦建德），一个奸雄（王世充），一个狗熊（萧铣），外带四个枭雄（李密、杜伏威、刘武周、薛举），各有所长，皆有问鼎中原之资。世间的道理那么多，有太多的"应该"了。但历史的吊诡之处在于，它很少按常理出牌。

谁能想到，头号人物李密竟会第一个出局？谁能想到，"圣人"窦建德和小人王世充居然结成了攻守同盟？谁能想到，勇敢了一辈子的杜伏威最后居然厌了？谁能想到，背靠大山的刘武周最后死在了大山手上？谁能想到，最不得人心的薛举偏偏有个不脑残的死忠？谁又能想到，要本事没本事、要人品没人品的萧铣居然成为隋末兵员最多、地盘最大的一股势力？

最让人想不到的是，有这么一个人，论才学比不上李密，论人品比不上窦建德，论权术不及王世充，他不如杜伏威勇敢，也没有薛举残暴，更没有萧铣的运气和刘武周的厚脸皮，但他偏偏站出来说：不要误会，我不是针对你，我是说，在座各位都是垃圾。结果，他笑到了最后。

这个人就是李渊。

李渊能成功，跟出身有很大关系。因此，我们有必要往他的祖坟上刨一刨。

这第一锄头，就刨到了李暠①，此人是确知最早的李渊直系祖先。李暠文韬武略，一手创立了十六国中的西凉，史称凉武昭王。但他儿

---

① 暠，音搞。

子李歆太败家，致使西凉为北凉所灭。李歆之子李重耳辗转归附了鲜卑人建立的北魏。

北魏很彪悍，但北边的柔然更彪悍。为了防御彪悍的北邻，北魏在今河北北部、内蒙古南部一线，设了六个军镇。这就是历史上著名的"北魏六镇"①。

六镇之于北魏，不啻于生命线。六镇的文官武将自然为朝廷所重视和重用。这些人以六镇为根据地，定居关陇，胡汉杂糅，互相通婚，逐渐垄断了北魏的军政大权，形成了一个庞大的利益集团——关陇集团。

李重耳的儿子李熙因战功卓著，成为武川镇的守将。从此，李氏家族跻身关陇集团。李熙生子李天锡，李天锡生子李虎。

这里要敲黑板了，李虎是李家发迹史上承前启后的关键人物。名虎人更虎的他参与了好友兼领导宇文泰的政治投机，跟着水涨船高，不断升迁。大统十六年（550年），李虎和宇文泰、李弼、独孤信等八人获封"八柱国"，站到了关陇集团的最顶层。当宇文泰之子宇文毓②以北周取代西魏时，李虎已经去世，但仍被宇文氏列为开国第一功臣，追封唐国公。唐的国号就是来源于李虎。

李虎之子李昞继承了爵位。李昞的老岳丈赫然便是独孤信。

独孤信有七个女儿，嫁得都不错，但最好的要数老大、老四和老七。老大嫁给了宇文毓，宇文毓登基时，她已经去世，被追封为皇后。老四嫁给了李昞，活着时虽然没能当上皇后，但她儿子后来当了皇帝，追封她为皇后。和两个姐姐相比，老七的夫家在当时看起来差

---

① 沃野镇（今内蒙古巴彦淖尔临河区西南）、怀朔镇（今内蒙古包头固阳西南）、武川镇（今内蒙古呼和浩特武川县西）、抚冥镇（今内蒙古乌兰察布四子王旗东南）、柔玄镇（今内蒙古集宁兴和县西北）和怀荒镇（今河北张家口张北县）。

② 毓，音玉。

点儿意思，丈夫名叫普六茹那罗延，其父是"八柱国"之下的"十二府兵大将军"之一。

李昞育有四子一女，但头三个儿子都死在了他前头，所以当他于北周建德元年（572年）去世时，就由年仅七岁的老四继承了爵位。这个老四就是李渊。

李昞的连襟普六茹那罗延却活得很坚挺，而且后来很彪悍，成了周宣帝的老丈人，逐渐把持了朝廷大权。宣帝去世后，他从外孙手上抢班夺权，创建了一个新的王朝——隋，并恢复了自己的汉人姓名杨坚。独孤老七就成了大隋的开国皇后。

故事讲到这里，相信列位恍然大悟，原来周、隋、唐三代的更迭，不过是独孤信的女婿家在击鼓传花而已。独孤信三个女儿是皇后，三个女婿是皇帝（李昞系追尊），两个外孙是皇帝（隋炀帝杨广、唐高祖李渊），空前绝后。

虽说改朝换代了，但李渊完全不受影响，摇身一变，又成了大隋的唐国公。

李渊七岁以前，家中的男丁就死绝了；七岁以后，围绕在他身边的除了女人就是女人。依家庭心理学，在这种环境下长大的孩子，性格多半是有点问题的。

但李渊的性格，"倜傥豁达，任性真率，宽仁容众"，史书所载，绝非溢美。

杨坚建隋那一年（581年），李渊办了两件大事，十五而立。

第一件，有了工作。有姨妈吹枕边风，皇姨父一出手，就赏了他一个千牛备身。千牛不是牛，而是一把刀的名字，取《庄子》"（庖丁）所解数千牛矣，而刀刃若新发于硎"之意，以示锋利至极。北朝时皇帝随身携带的御刀就叫千牛刀。替皇帝持刀的人，就叫千牛备身。所以，千牛备身其实就是御前带刀护卫，属禁军中的高级武官，比李密那个左亲侍不知强多少倍。

第二件，娶了老婆。隋唐之际的法定婚龄，男十五，女十三。李渊刚达标，他妈、他姨俩老太太就开始着急了。可没等她们行动呢，李渊自己就搞定了。媳妇是他从大街上捡回来的，不，确切地说，是射出来的。

这日，李渊在城中闲逛，忽见前方人头攒动，喧闹非凡，遂上前看个热闹。只见一座府邸门前，立着一道画有孔雀的屏风，不时有人从一条线外向孔雀射击。人群中也时不时爆出阵阵惋惜声。看了一会儿，他明白了，每个尝试者只能射两箭，两箭射中孔雀双目才算赢，一个中、一个不中都不行，的确很难。

或许是基因所致，李渊极为善射。他有心卖弄，便拨开人群，上前一试。只见他拈弓搭箭，凝神屏息，弓弦响处，箭似流星，正中孔雀左眼，动作行云流水，一气呵成。人们还没来得及叫好，只听又是一声闷响，一支箭又插在了孔雀右眼上。人群齐声叫好，掌声如雷。李渊只是笑笑，冲围观群众拱了拱手，便要离去。

这时，忽然蹿出一个老头，扯住他的衣袖，后生，哪里去？李渊一愣，当然是回家了。老头说，别闹，走，定亲去。李渊纳闷，定亲，定什么亲？老头儿说，今天是我窦毅为女儿比武招亲的大好日子，箭中孔雀双目者，就是老夫的女婿了，贤婿，快叫爹。

李渊虽然不认识此人，但窦毅这个名字他并不陌生。窦毅出身于关陇豪门窦氏，系一代名将，时任定州总管。他的妻子来头更大，赫然是北周武帝的姐姐襄阳长公主。

如此显耀的门庭，招个女婿还用得着搞这么一出？因为，这个窦小姐不是一般人。这位小娘子生得有点怪，发量惊人，"生而发垂过颈，三岁与身齐"，俨然一台行走的人肉墩布机。窦毅两口子一度很嫌弃这个丫头，但她舅舅周武帝不介意，将外甥女养在宫中。

一件事情的发生，让大家对这丫头刮目相看。

当时，突厥刚刚灭了柔然，正是历史上最强大的时期，北周压力山大。慑于突厥淫威，周武帝不得不娶了突厥公主。可能是这位公主长得比较低配，也可能是出于对包办婚姻的不满，反正周武帝不肯和公主行房。

普通人的房事只是房事，皇帝的房事既是房事也是国事。他不上心，公主就不高兴；公主不高兴，突厥就不高兴；突厥不高兴，满朝文武就不高兴。

但周武帝就是不听呢！所有人都束手无策。年幼的窦小姐却冷不丁对舅舅说："四边未静，突厥尚强，愿舅抑情抚慰，以苍生为念。但须突厥之助，则江南、关东不能为患矣。"

周武帝大为惊诧，小小年纪居然有如此见识，朕的思想觉悟还不如一个小丫头，愧对先人啊！此后他一改初衷，经常抚慰突厥公主。公主开心了，突厥就开心了，满朝文武大臣也开心了。

此事传开后，朝野都视窦小姐为神人。有两个老男人的目光，死死地盯着她。

一个是她爹窦毅。老头儿对老婆说："此女才貌如此，不可妄以许人，当为求贤夫。"关陇豪门崇尚武艺，所谓贤婿的标准就是善射。于是，就有了"雀屏中选"这一出。李渊已到法定婚龄，正是情窦初开的时候，以窦氏之煊赫及窦小姐之才貌，他当然不会推辞。两位独孤老太太也很满意。婚事顺利达成。

另一个盯着窦氏的老男人是大将长孙炽。他对弟弟长孙晟说，窦氏见识非凡，李渊亦是人中龙凤，他们的儿子必为一代人杰。你的幼女观音婢可与窦氏之子订婚，定是良缘。

后来，长孙晟听了哥哥的话，就托人说媒。李渊、窦氏均表示赞同，为次子与观音婢定了娃娃亲。

此后几年间，长孙兄弟相继谢世。观音婢的母亲是妾，和女儿、儿子被长孙晟的两个嫡子赶出了家门，寄居在哥哥高士廉家中。高士廉记起妹夫生前的嘱托，在服丧期满后，于大业九年为观音婢和李渊次子完了婚。

06. 四个嫡子

李渊的次子是谁呢？正是千古一帝唐太宗。这位观音婢小姐就是后来大名鼎鼎的长孙皇后，而她的哥哥正是初唐名臣长孙无忌。

说到这里，我说一个很多人关注却并不清楚的问题：李唐皇室的血统问题。

原本，李家是纯正的汉人血统。从李暠到李虎，妻室也都是汉人。但从李昞开始，其妻独孤氏是鲜卑人，李渊老婆窦氏是鲜卑人，李世民老婆长孙氏也是鲜卑人，这三代为李家注入了鲜卑基因。因此，李唐皇室实际上是混血儿。

历经百年浸润，鲜卑基因不仅向内渗透到血液里、骨髓中，而且向外影响了三观与作风。

比如说，唐代皇帝不在乎文武官员的民族出身。原因很简单，皇帝他们家就是混血儿，当然也就不在乎别人是什么族。又如，唐代对女人的审美标准是微胖、爆乳，这显然不同于汉人的审美。还有，唐人在男女关系方面普遍开放，皇室尤其如此。太宗纳弟媳，高阳睡和尚，高宗蒸①父妾，玄宗夺儿媳……不是他们太乱，而是在鲜卑人的三观里，这都不叫事儿。

李渊和窦氏育有四子。

老大建成生于开皇九年（589年）。由于被二弟有意屏蔽和黑化，史书对他的记载简略化，评价脸谱化。其人究竟如何，咱们后文再说。

这里隆重介绍下李二李世民。

开皇十八年十二月戊午日，即公元599年1月23日，李渊携家眷赶往岐州上任。行至今陕西咸阳市武功县，窦氏在一座别馆内生下了李二。史载，"时有二龙戏于馆门之外，三日而去"。这是古人的老把戏，不足为信。

在四岁以前，李二可能并不叫李世民。他四岁时的一天，李府门前忽然来了个书生，自称擅长看相，非要给李渊看。李渊就让他看。书生左看右看上看下看，得出一个结论：原来这个男人他不简单，"公贵人也，且有贵子"。

李渊听了，美死了，就命人去找李二。不一会儿，还在玩泥巴的李二被奶娘牵了进来。书生直接从座位上蹦了起来，惊呼："龙凤之姿，天日之表，其年将二十，必能济世安民矣。"

李渊不干了，说啥呢？太平盛世，朗朗乾坤，济锤子世，安锤子民，这岂止是大逆不道，简直就是大逆不道！赶紧将书生打发走了。但书生走后，他越想越怕，生怕书生将刚才的话说出去，引来灭族之祸，便派人追杀。岂料光天化日之下，活生生的一个人"忽失所在"。李渊想，且不论真假，"济世安民"这词还是很高大上的，于是就将李二定名为世民。

---

① 蒸：与母辈女性通奸。

别看李世民后来爱文艺、能作诗、善书法，其实幼时的他是一个顽劣的孩子，调皮捣蛋，舞枪弄棒，不爱学习。这一点他自己都承认，"朕少尚威武，不精学业，先王之道，茫若涉海"，"朕少不学问，唯好弓马"，"朕少好弓矢，自谓能尽其妙"。

不过，他也并非一点儿书都不看，而是只看兵书，尤其喜欢曹操注释的《孙子兵法》。少年时，他已能同李渊谈论兵法，其见识往往令父亲惊诧万分。

老三李玄霸就是演义中大名鼎鼎的李元霸的原型。时至今日，连农村的老大爷、老大娘，说起这个人都是滔滔不绝、如数家珍，其知名度之高，比李世民有过之而无不及。如果唐朝能一直延续到1661年，那李玄霸永远都是李玄霸。可惜就在这一年，清康熙帝爱新觉罗·玄烨登基了，活人死人、男人女人都得避他的名讳。于是，"玄"了一千多年的李玄霸，就这么"元"了。

根据《说唐》《兴唐传》《瓦岗英雄》《隋唐演义》等演义小说的说法，李元霸不是人，他是天上的金翅大鹏鸟投胎转世，"年方十二岁，生得尖嘴缩腮，一头黄毛促在中间。戴一顶乌金冠，面如病鬼，骨瘦如柴，力大无穷。两臂有四象不过之勇，捻铁如泥，胜过汉时项羽。一餐斗米，食肉十斤。使两柄铁锤，四百斤一个，两柄共有八百斤，如缸大一般。坐一骑万里云，天下无敌"。

而且此人俨然中国版雷神托尔，是隋末无敌般的存在。在隋朝十八好汉当中排名第一。没人能在他的手下走上三个回合，真正是打遍天下无敌手。四明山一战，他击败十八路反王二十三万大军，打死大将五十员，赤手撕裂伍天锡、宇文成都两员猛将。紫金山一战，李玄霸面对一百八十万军队毫无惧色，一对金锤好似苍蝇拍，只杀得尸山血海，迫使李密交出玉玺，十八路反王献上降表。

啊，无敌是多么寂寞，无敌是多么空虚！独自在顶峰中，冷风不断地吹过，我的寂寞，谁能明白我？

但无敌并非无死，《说唐》第四十二回记载了李元霸之死："只见风云四起，细雨霏霏，少顷虹电闪烁，雾雾交加。那雷声只在元霸头上落落地响，犹如打下来的光景。元霸大怒，把锤指天大叫：'呔！你天为何这般可恶，照少爷的头响？也罢！'把锤往空中一撩，抬头一看，那四百斤重的锤掉将下来，'扑'的一声正中在元霸脸上，翻身跌下马来。"

如此牛人，神都不配干死他，只能自己干死自己。这充分印证了那句话：人，最大的敌人是自己！

透过演义，一个无敌呆霸王的形象跃然纸上，又力透纸背。

历史上的李玄霸又是怎样的呢？翻遍两唐书，关于他的记载只有短短的一段话："卫怀王玄霸字大德，幼辩惠。隋大业十年薨，年十六，无子。"

从这段话中，我们至少可以得出两个结论：第一，李玄霸并不傻，很聪明，并且口才很好；第二，他死得早，李渊是在他死后三年才举兵的，隋末乱世根本没他的戏份。

李渊和窦氏的最后一个儿子名叫李元吉。

李元吉很丑。到底有多丑呢？他刚生下来，窦氏接过一看，浑身一激灵，那感觉就好像冷冷的冰雨在脸上胡乱地拍，她想都没多想，就让侍女陈善意趁着李渊不在，赶紧把这个丑玩意儿丢了。陈善意不落忍，偷偷将李元吉抱了回来，秘密抚养，直到李渊回家。李元吉这才保住了一条小命。

无论在演义中，还是在影视剧里，李元吉似乎都是一个嫉贤妒能的庸才。嫉贤妒能这一点确实是真的，但李元吉并不平庸。他力大无穷，精于骑射，是当时屈指可数的几个能玩转马槊的牛人之一。

马槊，隋末唐初最拉风的武器，长四米，重二十斤。有人说了，这也没多重呀？是，二十斤不算重，但若是让你抡转如飞呢？更何况马槊的使用技法还有劈、盖、截、拦、撩、冲、带、挑等。若非绝世猛人，绝对玩不转马槊。李世民就玩不了，但李元吉却可以。

李元吉一度自诩为天下第一槊将，在相当长的一段时间里，他似乎真是天下第一，直到若干年后的那一天，他碰见一个姓尉迟的家伙。

07. 三次飞跃

在被皇姨父留在身边当千牛备身一段时间后，李渊即外放为正厅级地方官，历任谯、陇、岐三州刺史。杨广即位之初，李渊又历荥阳、楼烦二郡太守，回朝任殿内少监。到大业九年时，他已是四品的卫尉少卿了。

那一年刚好是隋朝二讨高句丽之时，李渊任东讨大军督粮官。窦氏牵挂丈夫安危，不顾病体羸弱，一同随行，却因旅途劳顿，病情加重，不幸死于军中。盛年早逝无疑是不幸的，但在某种程度上她又是幸运的，因为她不必目睹诸子相残的人伦悲剧。

沉浸在丧妻之痛中的李渊却迎来了仕途质的飞跃。

本来呢，大军稳扎稳打，兵围平壤，胜利在望。忽然，大后方一声炮响，杨广扭头一看，杨玄感反了；再一回头，兵部尚书斛斯政不见了。斛斯政是杨玄感的铁哥们，在大军回师前夜投了高句丽。

斛斯政的亲家元弘嗣是弘化郡（治所在今陕西榆林靖边县东北）留守。杨广担心元弘嗣也反水，特派李渊昼夜兼程赶往弘化，逮捕元弘嗣，代理留守职务，并节制关西十三郡的军队。

虽然只是个代职干部，但此次任命于李渊、于李家而言，意义非凡。我们知道李渊家世代行伍，但是不包括李渊。李渊七岁丧父，长大后又赶上了"开皇之治"，成长进步固然顺利，但一直都在文官系统内。虽说他武艺高强、射术惊人，但军事能不能干得了？这是一个大大的问号。但杨广偏要用大表哥。

此次任命的意义在于，这是李渊第一次直接接触军事，执掌军权；往大了说，李家的老传统又续上了。

李渊到任后，不仅工作完成出色，各方面的关系也处理得很顺，颇受弘化百姓的爱戴，"无贵贱咸得其欢心"。但这个"咸得欢心"差点儿给他招来杀身之祸。

杨广原本对大表哥很信任。可是，《桃李歌》的意外流行，让他对朝中所有李姓大臣都心怀猜疑。表哥在弘化表现得太完美了，完美得像一个领袖，联系到他长了三个乳头①、又长了一双阿婆目②的怪事，杨广狐疑满腹，于是他派人到弘化传敕，宣李渊觐见。

巧了，李渊偶感风寒，卧病在床，说待病愈后即去。要在平时这都不算个事儿，可眼下是非常之时，杨广极为不满，要发飙，就把一个嫔妃喊了过来。这个妃子姓王，她还有一个身份，李渊妹妹的女儿。杨广问她："汝舅何迟？"王氏说，舅舅病了。杨广怒不可遏，嘴上一秃噜，把心里话说了出来："可得死否？"

李渊听了外甥女的小报告，吓坏了，他意识到了事情的严重性。怎么破？换作一般人，必然是想方设法去解释、去弥补。但李渊不同，内心兵荒马乱，表面却风轻云淡。

---

① 李渊"体有三乳"。相传，周公体有四乳。
② 史载，一次朝会时，杨广死盯着阶下的李渊，忽然指着他大笑道："阿婆目。"意思就是说，李渊长着一双老太太样的眼睛。满堂哄然大笑。

只是，从此弘化人民发现敬爱的留守大人突然变了：原本不好饮酒，现在却纵酒沉湎；原本清正廉洁，现在却收受贿赂。咋啦，时间长了，装不住了？没过多久，宫里的人发现，陛下好像有段时间没骂李渊了。《旧唐书》道破天机："纵酒沉湎，纳贿以混其迹焉。"注意史官用的这个"混"字。李渊太了解这位比他小三岁的皇表弟了，你越解释，他越怀疑，越描越黑。所以，他迂回自证，一个生活奢靡、贪污腐化的人，怎能和"桃李子"画上等号呢?!

从没再计较的表现看，杨广似乎相信李渊了。但李渊的心从此悬在了嗓子眼儿，再也没能沉下去。

大业十一年三月，右骁卫大将军李浑被杀案让他的神经再度紧绷。

大隋有两个彪悍的李家，一个是李渊他们家，一个是李浑他们家。李浑家彪悍时，甚至更胜李渊家，族内连正在吃奶的孩子都是五品官，全族五品以上的官员多达一百余人。但就是这么彪悍的李家，一夜之间被连根拔除，宗族三十二人被杀，三族以内皆被流放边陲。

李浑一死，李渊就被朝野舆论推上了风口浪尖。人人都说，李渊是秋后的蚂蚱——蹦跶不了几天了。

人一着急，脑袋往往特别灵光。李渊忽然想起夫人生前曾多次提醒他："上好鹰爱马，公之所知，此堪进御，不可久留，人或言者，必为身累，愿熟思之。"当时他没把老婆的话放在心上，此时想起来才恍然大悟，立即"数求鹰犬以进之"。

别看整个大隋都是杨广的，但有人送礼，他还是很高兴的，马上任命表哥为山西河东① 慰抚大使。山河大使是实职、正职，权力很大，不仅有权决定山西河东境内各郡县所有文武官员的升迁贬退，而且有

---

① 河东泛指今山西西南部地区。

权节制境内所有军队。

李渊借此实现了第二次飞跃。弘化代留守的任命，使他初步接触军事并展示了能力；而接掌山河大使则意味着：他首次执掌了兵权，并从此由文转武，进入军事系统。

对于这次任命，李渊窃喜万分，因为河东一地乃陶唐故土。何为陶唐呢？陶唐是一个人的代称，这个人就是赫赫有名的三皇五帝之一——尧。尧初封于陶，后封于唐，陶唐之地就在河东，世人就以陶唐代称尧。联想到《桃李歌》的流行和自己的封号、姓氏，李渊"私喜此行，以为天授"。

到任后，他努力工作。龙门一战，反贼母端儿差点儿被李渊打成公端儿。绛郡一战，他身先士卒，大破敬盘陀、柴保昌义军。九月，雁门关之围，李渊是最先赶到的勤王将领之一。年底，他又彻底消灭了敬盘陀起义军。山西河东一带，从此无贼。

杨广极为满意。好钢当然要用在刀刃上。李渊即将迎来仕隋的第三次飞跃。

太原在历史上有三个别名，并州、晋阳和龙城。龙城是五代时期的叫法，暂且不提。这里我讲讲太原、并州、晋阳之间的区别与联系。简而言之，两条：

第一，太原≈并州。

"并州"历史最悠久。大禹分天下为九州，并州便是其中之一。秦朝实行郡县制，古并州地被称为太原郡。所以，"并州"和"太原"其实是一个硬币的两面。隋文帝时称并州，隋炀帝时改称太原。史书上之所以说太原起兵，而非并州起兵，原因正在于此。李渊称帝后，又将太原改回并州。

第二，太原＞晋阳。

因为既有太原起兵的说法，也有晋阳起兵的说法，所以很多人以为太原＝晋阳。其实，"晋阳"是并州府的州治，亦或太原郡的郡治，是"太原"和"并州"的下位概念。

太原"控带山河，踞天下之肩背，为河东之根本"，一度是战国时赵国、汉初、前秦的国都，还曾是北魏末期、东魏和北齐的"霸府"（实际行政中心）。用一句俗话概括，此乃兵家必争之地。

由于突厥的威胁，隋廷对太原的重视和经营有增无减。太原城池坚固、兵精粮足，虽未被冠以"都"称，但实际上却是仅次于帝都大兴和东都洛阳的陪都。隋炀帝其实给了李渊撬动大隋的阿基米德支点。

太原本来是有留守的，但在大业十二年四月被人打死了。打死他的人叫甄翟儿，是河北义军首领王须拔、魏刀儿的小弟。

区区几个蟊贼还不足以膈应到杨广，真正让他如芒在背的，是站在王须拔和魏刀儿背后的始毕可汗。从那时起，他就在考虑任命李渊为新留守了。

三个月后，正在洛阳度假的杨广突然下诏，要三下江都。消息一出，朝野震动。

为啥呢？因为这个时候"隋廷打地鼠"的游戏已进入地狱模式了，所有人都觉得大隋朝已经到了最危险的时候，皇帝应该也必然会返回关中，坐镇大兴，勒兵平叛。然而他们都失算了，在杨广这里，就没有什么不可能的。面对朝野的劝谏，他的态度十分坚决。

右候卫大将军赵才发了当头炮："今百姓疲劳，府藏空竭，盗贼蜂起，禁令不行，愿陛下还京师，安兆庶。"杨广的回应是：你站着多累呀，来，去牢里蹲会儿。赵才被关了十几天。他好歹是高级将领，杨广虽然不悦，却不至于要他性命。而建节尉任宗位卑官小，说话居然还那么直，杨广就不客气了，命人将他活活杖死。

出发前，杨广对南下后北方的军政做了安排：帝都大兴方面，以三孙子代王杨侑为负责人，留刑部尚书卫文升、左翊卫将军阴世师和京兆郡丞骨仪辅政；东都洛阳方面，以二孙子越王杨侗为负责人，以太府卿元文都、光禄大夫段达、右武卫将军皇甫无逸、右司郎卢楚为辅。

有人可能要问了，杨广这孙子怎么只用孙子呀，他的儿子呢?

须知，在历朝历代中，隋朝皇室人丁不旺是出了名的。杨坚只有五个儿子，到了杨广这里更少，只有三个。就这还早死一个（老大杨昭），晚生一个（老三赵王杨杲①时年五岁），只有老二齐王杨暕可用。可是，杨暕因为在哥哥死后急于当太子，为杨广所厌恶，弃之不用，贴身监视。

所以，只好用孙子。杨暕俩儿子都太小，只能用杨昭的三个儿子——燕王杨倓、越王杨侗和代王杨侑。这一年，这兄弟三人的年龄分别为13岁、12岁、11岁。杨广特别喜欢杨倓，下江都带在身边，就让杨侗和杨侑分别担任了东都和西京留守。

看来，早当家的也不一定是穷人家的孩子！

安排妥当，七月初三，杨广正式启程，乘龙舟南下江都。一路上劝谏的官员络绎不绝，但不是自杀，就是被杀。月底，杨广驾临江都。他很高兴，但此时的他无论如何也想不到，来的时候好好的，回不去了。当年底，杨广在江都颁布诏书，任命表哥李渊为太原留守，兼晋阳宫宫监。

就任不到一月，李渊、李世民父子就将甄翟儿从山西赶回了河北，还多次瓦解了突厥人的袭扰。朝野上下，一片赞誉之声。

大业晚期，朝中有两大后起之秀，一位是王世充，另一位就是李渊。杨广觉得，有这二人辅弼，大隋江山定会千秋万代地传下去。大业十三年的第一缕阳光降临了，他以为这是希望的曙光，却不知这是他和他的帝国所能看到的最后一抹夕阳……

---

① 杲，音搞。

第二章 太原起兵

01. 牢中问对

转任太原时，李渊将一家老小留在河东，只带了次子李世民赴任。是对此子极为看重吗？非也非也！实因这年17岁的李二正处于叛逆期。

李渊常年宦游在外，管教诸子的重任就落在了窦氏肩上。窦夫人是贞子式的人物，当然能镇得住顽劣的李二，可她已经没了。李二彻底放飞自我了，整日里舞枪弄棒，东游西荡，结交江湖人士。少年李世民似乎和少年刘武周没有分别。

每个叛逆儿子的背后都有一个焦虑的爹。每个浪游丈夫的背后也都有一个无奈的妻。观音婢的内心独白大抵如此：爱上一匹野马，可我的家里没有草原。

戎马倥偬，刀光剑影，本不宜将家属带在身边。但一件事情的发生，促使李渊下定决心将李世民带在身边。这就是大业十一年的雁门关之围。

当时李世民正在河东家中，一听皇帝被突厥人给围了，高兴得直蹦跶，招呼都没打，就离家出走了。大哥李建成各种找，找不到，只好修书晋阳。李渊也急坏了，托人四处打听。

打听啥呀，李世民早已身处雁门关前线了，投在屯门将军云定兴帐下效力。

云定兴看李渊的面子，对他客客气气。可李世民丝毫不拿自己当外人，一见面就给云定兴做指示："始毕可汗举全国之力围困天子，是因为他觉得我们没有准备，仓促无援。我们应该施疑兵之计，白天在道路上虚张旗帜，夜晚则安排钲鼓相应。敌人一定以为是我们的援兵来了，就会撤退了。不然的话，敌众我寡，一旦突厥人都扑了过来，我们肯定顶不住啊！"云定兴见他说得在理，就听从了。没想到这招真好使，始毕可汗果然上当，解围而去。

李渊率部赶到雁门关勤王，无意中在云定兴军中看到了儿子。那一刻他又气又喜，气的是此子胆大包天，万一有个闪失，如何对得起九泉下的妻子，喜的是他小小年纪就英武果敢，真乃李家之英物。

所以，转任晋阳时，李渊唯独把李世民带在了身边，这样起码能盯着他，知道他在干什么，心也就安了。只是李渊万万不会想到，在平静的外表下，李世民的内心正翻滚着滔天巨浪。

雁门关的日子虽然短暂，却是李世民三观的转捩点。

云定兴是前太子杨勇的岳父。杨勇被矫诏赐死后，云定兴与妻子"皆没官为奴婢"。为了东山再起，他贿赂了许国公宇文述。宇文述点拨他，你之所以无法翻身，是因为你的外孙们还活着呢！云定兴竟脱口而出："此无用物，何不劝上杀之？"在他和宇文述的劝诱下，杨广将八个侄儿全部杀死。

如此泯灭亲情的小人竟平步青云，官至屯卫将军！李世民感觉匪夷所思。再看看皇帝身边的红人，如宇文述、虞世基之流，不都是这样的人吗？这不正是君子道消、小人道长嘛？！根因还在于残暴不仁、麻痹放纵的皇帝，国家残破，百姓困顿，他居然还想着去江都游玩！这样的皇帝还拥戴他干吗？这样的国家还有什么希望？年轻的李世民断定：隋朝必亡！

虽然也有担忧，但他心中更多的却是喜悦，甚至可以说是狂喜。

危机，危机，危中有机，有大危则必有大机。隋朝将亡，重新洗牌已是必然，而这次洗牌或许就是李家霸住庄家之位的不二良机。这样的大变局有时几百年才有一次。李世民觉得赶上好时候了，李家应尽快举义，若再迟疑，必会被李密、窦建德之流捷足先登。

只是有一个难题困扰他很久了：父亲到底是怎么想的？李世民既不知晓，也不敢问，只好憋在心里，孤单，寂寞，冷。但他很快发现，有一个人能懂他。

如我等良善小民恐怕很难理解，在人的林子里怎么会有这样的稀有品种：唯恐天下不乱，越乱越开心。

这类人通常具备"三有一无"的显著特征：一是有野心，梦想吞食天地，肩担日月，手握乾坤；二是有勇气，有赌徒特有的胆大与执拗，舍得一身剐，敢把皇帝拉下马；三是有本事，当然，这里面又细分为的确有本事的和自以为有本事的；四是"一无"，没出身，不是寒门，就是平民。

非乱世时，世道运行已有成规，一个人能有多大的作为，主要看门第出身，具体就是看你爹是谁。而这正是这类人的最大短板，他们只能慨叹怀才不遇，一筹莫展。但乱世就不同了，礼也崩了，乐也坏了，什么明的、潜的规则统统作废，就一条硬规则：谁厉害，谁上位！所以，这类人发自心底地憧憬乱世，呼唤乱世，拥抱乱世。

晋阳令刘文静就是这样的人。刘文静，表字肇仁，祖籍彭城（今江苏徐州），世居京兆武功。他们家为啥能世居京兆呢？因为从他爷爷起，代代都在隋朝当官，他爷刘懿用官居州刺史，他爹刘韶更是在中央朝廷做到了仪同三司。父亲战死疆场后，刘文静就继承了仪同三司。但他爹的仪同三司是实职，他这个是虚衔。简单地说，老爹一死，他们家没有破，但确实落了。

此时的大隋朝，外面一张皮儿，里面是稀碎的馅儿，活脱脱一个饺子。而刘文静不仅拿起了筷子，还喜滋滋地问：有醋吗？亲家李密的创业之路更是深深地撩拨着他那颗躁动不安的心。但说不出为什么，反正他觉得亲家公绝非预言之子，真正的"桃李子"另有其人。

初见李渊，刘文静便觉得新来的留守大人绝非池中物，别看他没心没肺、大大咧咧，但刘文静就是能嗅到他血管里奔涌着的豪气、锐气与杀气。通过一段时间的观察，他进一步确定：没错，就是他了。

李渊具备刘文静眼中成功者所应具备的一切要素：论身份，他是纵横魏、周、隋三代的关陇李氏的继承人，大隋朝的唐国公，先皇后是他姨，先皇是他姨父，当今皇上是他表弟；论性格，倜傥豁达，任性真率，宽仁容众，群众基础极佳；论能力，晚隋将星，成就有目共睹，无须赘言。总而言之，完美！

于是，刘文静隔三岔五就往李渊家里跑。他原以为李渊已经是李家卓越的代名词了，直到撞见了李世民，他才无师自通地明白了什么叫青出于蓝而胜于蓝。李渊的锐气是隐藏在血脉里的，像静水深流，只有仔细聆听才能感受得到；而李世民浑身上下洋溢着叛逆与躁动，这股子不安分满得都快从双眸中溢出来了。

只有英雄，才能识英雄重英雄。年轻的李世民同样从刘文静眼中看到了和他一样的成色，他笑了。刘文静一愣，也笑了。有时真正懂你的人真的只需一个眼神。

两人感情迅速升温，没多久就站到了窗户纸的两头，但谁也不肯先伸出手指头。我知道你想干什么，但我不说。我知道你知道我想干什么，但我也不说。知道就知道，知道我也不说。爱说不说，反正我就是知道！

李世民几乎把所有问题都想透了，就剩两个：一个是举兵后具体该怎么做，一个是如何才能说服老爹。他知道刘文静有答案，但顾及身家性命，不敢贸然开口，坐等刘文静先张嘴。然而形势逼人，终究还是他先开了口。没办法,再不问就问不着了。

李密围着东都各种圈儿踢。杨广拿李密没办法,就拿刘文静败火,命李渊将他拿下,择日解送江都。

李世民急了,不顾身份地跑到牢中。

刘文静一点儿都不意外,他知道别人避己唯恐不及,但李世民一定会来。李世民还未张口,他已悠然说道:"天下大乱,非高(汉高祖刘邦)光(光武帝刘秀)之才,不能定也!"

李世民就是来摊牌的,答得非常直接:"你怎么知道没有这样的人,恐怕是一般人看不出来吧?我今天来不为别的,就是来和你商量大事的,你就说怎么办吧?"

刘文静等候这一刻已经很久了,拊掌大笑,侃侃而谈:"今主上南巡江淮,李密围逼东都,群盗殆以万数。当此之际,有真主驱驾而用之,取天下如反掌耳。太原百姓皆避盗入城,文静为令数年,知其豪杰,一旦收集,可得十万人,尊公所将之兵复且数万,一言出口,谁敢不从!以此乘虚入关,号令天下,不过半年,帝业成矣。"

这番话很简短,但信息量极大,含金量极高,对李世民关心的第一个难题做了彻底回答:首先,要不要干?要干!天下虽危,但危中有机,彪悍的人此时出手,取天下易如反掌。其次,有没有实力干?我刘某人有实力,你们父子也有实力,咱们强强联手一起干。再次,怎么干?很简单,一路向西,乘虚入关,直捣大兴,号令天下。最后,多久能干成?不超过半年!这段话解决了决心问题、路线问题,还对成功时间做了预测。后来的历史证明,刘文静的预测准得可怕。

李世民十分满意,又抛出了第二个难题:如何说服我爹?刘文静微微一笑,说了一个名字。

02. 隋朝豪放女

裴家当年也阔过，但家道中落，到裴寂这一代就落到沟里去了。

大业年间，靠着门荫①，他才熬到了宫廷"物业主管"的位置，还是副的——晋阳宫副监。此时比他长五岁的刘文静已经是晋阳的父母官了。二人同地为官，意气相投，成了无话不谈的好朋友。

一日，二人于城头夜饮。酒至酣处，裴寂凭墙远眺，不胜悲戚："贫贱如此，复逢乱离，将何以自存?!"刘文静向来达观："时事可知，吾二人相得，何忧贫贱?"裴寂无奈地笑了笑，权当好友宽慰自己。

没想到还真让刘文静给说中了，不久朝廷一声令下，裴寂这株野百合终于迎来了人生的春天——李渊。

裴寂和李渊是发小，本就有坚实的感情基础，如今同地为官，恨不得天天黏在一起。史书上说他们"延之宴语，间以博弈，至于通宵连日，情忘厌倦"。听着似乎有点儿魏晋风流的味道，其实就是夜以继日地胡吃海喝加赌博。

刘文静知道裴寂在李渊面前能说上话，就让李世民去找他。李世民请教裴寂的正确打开方式。刘文静呵呵一笑：樗蒲②！

如何取悦一个赌徒？很简单，让他赢！

李世民不会赌，就让龙山县令高斌廉代他与裴寂赌博。短短数日，裴寂竟赢了几百万钱，高兴得脑门儿锃亮。这么输下去，世民哥

---

① 门荫又称恩荫。广义的恩荫是指由于祖辈、父辈的功劳、地位而使得子孙后辈在入学、入仕等方面享受特殊待遇。狭义的门荫特指宋代以后出现的一种独特的门荫制度。

② 樗蒲，音出扑，隋唐之际的一种赌博游戏。

哥也受不了呀！钱你赢那么多了，且听我一言，如此这般就向裴寂摊了牌。他本以为裴寂会大吃一惊。没想到裴寂和刘文静一样淡定，静静地听完，然后很干脆地答应了。

李世民不明白，裴寂虽然贪婪，但并不愚蠢，要不然怎么够格让刘文静引为平生知己。刘文静能看得出李世民，裴寂怎会看不出？更何况刘文静早就对他评价过李世民："此非常人，豁达类汉高（指刘邦），神武同魏祖（指曹操），年虽少，命世才也！"时事如何，裴寂也很清楚，若能助李渊成就帝业，他日封侯拜相、光耀门楣绝非妄言。

不过，毕竟是劝人造反，关系再好也不敢挑明，这事得迂回着来！

这日，裴寂一如既往邀李渊在晋阳宫夜宴。二人推杯换盏，欢然道故，喝着喝着就大了。裴寂忽然拍了拍手。李渊只听得环佩声响，诱人香气扑面而来，回眸一看竟是两位美若天仙的女子，顿时心头老鹿乱撞。没等他回过神来，这对解语花已经分坐到身旁。酒不醉人人自醉，色不迷人人自迷。李渊又不是柳下惠、鲁男子，色授魂与之下，也就半推半就了……

第二天，他一觉醒来，偎玉倚香，仍觉回味无穷。床都上了，连名字都不知道，那说不过去啊！就问二女姓甚名谁，哪里人士？这一问不要紧，差点儿给他吓得魂飞魄散。两个美人说了，她们是晋阳宫中的张美人和尹美人。一直以为昨夜上演的是"隋朝豪放女"，殊不知竟是"皇的女人"。李渊扯上衣服，夺门而出。

裴寂早已恭候多时了。

她们……

是的，皇帝的女人。

李渊叫苦不迭，玄真啊玄真（裴寂字），你可把我害惨了！

裴寂笑得跟只羊驼似的，唐公，且不说一两个宫人了，即便那大隋江山，想要拿来又有何妨？

李渊瞪大了眼睛，张圆了嘴巴，四下瞅瞅，确认无人，方才压低声音："咱俩是大隋臣子，说这种话你不要命了？"

裴寂敛起笑容："二郎阴养士马，欲举大事，正为寂以宫人侍公，恐事觉并诛，为此急计耳。众情已协，公意如何？"这句话很裴寂——挑头的是你儿子，让皇帝的女人陪你睡也是他的意思，裴某不过遵照落实罢了。

李渊一听有李世民，急了！正要分辩，忽有卫兵前来报告：大人，不好了，突厥进犯马邑！李渊闻言大惊，无比复杂地看了裴寂一眼，匆匆离去。

雁门关之围后，突厥频繁南侵。马邑位处北疆，一夕数惊是常有的事。这不，突厥人又来了！马邑太守王仁恭不敌，飞书太原求救。李渊不敢怠慢，立差副留守高君雅率兵增援。但突厥人有备而来，王仁恭、高君雅连吃败仗。失败的消息一个紧似一个传到晋阳，让本就躁动的李渊越发惊慌。

李世民想，父亲一定会来找自己。可是已过数日，李渊都没动静。毕竟是年轻人，沉不住气，他一个冲动，直接找到李渊摊牌："今主上无道，百姓困穷，晋阳城外皆为战场。大人若守小节，下有寇盗，上有严刑，危亡无日。不若顺民心，兴义兵，转祸为福，此天授之时也。"

李渊见他，气就不打一处来："你再胡说，我就把你送官！"

这时的李世民已经无所顾忌了："送呗，送我也要说。"

当爹的怎么可能检举儿子？李渊软了："我怎么忍心告发你，但你不要再说这种大逆不道的话了！"

李世民只得退下。

真以为李渊没心没肺呢？他不是没态度，只是态度不定而已。

李世民、刘文静、裴寂以为他们几个是举兵动议的发起者。其实，他们根本排不上号。李渊还是山西河东大使时，他的副手——大理司直夏侯端就力劝他举兵反隋。到晋阳后，鹰扬府司马许世绪、前太子左勋卫唐宪、唐宪的弟弟唐俭也早就劝过他了。

时局如何，老江湖李渊看得很明白，大隋必亡，摆在他面前的路只有两条：一条是做大隋的死忠，结果就是忠死；另一条就是做大隋的叛臣，这个很刺激，赢了就是隋文帝，输了就是杨玄感。如此惊世豪赌，即便心大如李渊也得犯怵。起兵的念头在他脑海中盘旋已久，就是无法落地。

李渊不敢让内心的波澜有丝毫外露。因为，他身边有杨广的眼线——副留守王威和高君雅。李渊这辈子唯一比打仗强的本领就是演戏，内心翻江倒海，外表云淡风轻。别说王威、高君雅，连亲儿子都唬住了。

他缺的不是智慧，而是勇气。谁能给他勇气？李世民。果敢的儿子将他逼到了避无可避的境地，他必须得做出抉择了。这一夜，李渊辗转反侧……

翌日早，李世民又来了，又是一顿输出。李渊听他说完，长叹一声："吾一夕思汝言，亦大有理。今日破家亡躯亦由汝，化家为国亦由汝矣！"李世民听了，欣喜欲狂。

李渊递给他两封信。李世民粗略看完，惊喜万分，还是父亲考虑周全。李渊叮嘱他，注意保密，抓紧去办！

没想到平地起波澜，江都有圣旨传到。杨广认为，李渊、王仁恭二人守御失当，着即褫夺职务，执诣江都。李渊的心拔凉拔凉的，大业十二年的冬天很冷，但冷不过他的心。

天牢里的刘文静急坏了，以为裴寂不出力，竟威胁道："你身为宫监，却让宫人待客，这可是死罪！你死就死吧，可不要耽误唐公！"

裴寂被奚落得够呛，越发积极地劝李渊举兵。李渊终于被说动，密令李世民集结人马，整饬军械，择日举义。

不承想一夜之间峰回路转，杨广又有最新指示：赦免李渊、王仁恭，官复原职，戴罪立功。

李渊松了一口气，他还有大量的准备工作要做，而且最关键的是他等的人还没到。

想等的人没等来，却等来了一个犯人——马邑郡丞李靖李药师。

对于李靖其人，李渊并不陌生。李靖他们家也是关陇集团的一分子，但声望和厉害程度都不及李渊他们家。李靖最牛的亲人是他的舅舅——大隋名将韩擒虎。韩擒虎有多牛，感兴趣的朋友可以百度一下。李靖打小就显露出过人的军事天才，每次谈论兵法，其见解连韩擒虎都大为叹服："可与言将帅之略者，独此子耳！"吏部尚书牛弘称赞他有"王佐①之才"。宰相杨素甚至摸着自己的座椅对他说："卿终当坐此。"

既然提到了李靖和杨素，就不得不提到唐传奇《虬髯客传》了。布衣李靖拜谒宰相杨素，被杨素身边执红拂的侍妓张出尘看中了。红拂从府中偷跑到李靖下榻的旅店，在度过一个不能说的夜晚后，两人就私奔了。传奇中，李靖、红拂女、虬髯客并称"风尘三侠"。作家王小波曾以此为题材，创作了小说《红拂夜奔》。当然了，除李靖有历史原型外，那俩都是二次元。

有这么多牛人认可和站台，李靖的仕途顺得不得了，大业晚期官居马邑郡丞。

但前途大好的李郡丞不知怎的犯了大罪，依律需解送大兴，经刑

---

① "王佐之才"中的"王佐"并不是一个人名，王佐即为"佐王"（古汉语倒装），意为"辅佐君主或帝王"。

部审问提出处理意见,再发往江都由皇帝审定。

虽感意外,但李渊正在郁闷的当口,哪有心思理会李靖的破事,批示王仁恭,解送京师,该咋办咋办!

03. 借机募兵

大业十三年开春,刘文静被李渊偷偷释放。他献上妙计:大造政治谣言,说皇帝要四讨高句丽,将勒令太原、西河、雁门、马邑四郡所有20—50岁的男丁于年底在涿郡集结。消息一出,四郡百姓怨声载道,"思乱者益众"。

刘文静还指出,当前兵力过于薄弱,亟须募兵。这一点李渊早想到了,但朝廷有规定,未经皇帝批准,不得私自募兵,况且王威和高君雅的存在也断绝了偷偷募兵的可能。

怎么破?没关系,有人帮忙!

二月,马邑一声炮,反了刘武周。三月,刘武周破楼烦郡,占汾阳宫,将宫中所有美女打包送给了始毕可汗。

这可把李渊给急坏了,他镇守北疆,难辞其咎。在李渊犯愁的地方,刘文静却看到了募兵的机会。怎么办?这么办……

这日例会上,李渊忧心忡忡地问众人:"武周据汾阳宫,吾辈不能制,罪当族灭,若之何?"

王威一听,坐不住了。一来,他是副留守,主官问话,他应该也必须第一个回答;二来,汾阳宫被占,皇帝一旦追究,他也脱不了干系。但他胸中实无一策,只能表态说,唯大人之命是从。

李渊面露很难很难的难色："用兵须经朝廷审批，但圣上远在江都，你们说怎么办？"这是实情，等朝廷的批复下来，黄花菜都凉了。

王威赶紧说："您是皇亲国戚，又是当世贤人，为了剿灭贼人这个目的，临时专一下权，也是可以的！"

等的就是你这句话。李渊心头狂喜，嘴上却轻描淡写："然则先当集兵。"打仗需要兵，兵不够，就得招。没毛病！大家都没异议。

这李渊就不客气了，唰唰唰，点了四个人，全权负责募兵。第一个，李世民，大家都没意见。第二个，刘文静，王威面色微变。第三个，长孙顺德，王威为之错愕。等听到第四个名字——刘弘基时，王威的脸色已经很难看了。

因为，除了李世民，其余三人都是戴罪之人。刘文静虽是钦犯，但对本地情况很熟悉，用他也还说得过去。可长孙顺德和刘弘基本为禁军军官，在东征途中私自逃亡，是朝廷通缉的要犯。当初李渊收留二人时，王威就挺不高兴的，但考虑到长孙顺德是李渊亲家长孙晟的堂弟，也就没说什么。可现在李渊居然对戴罪之人委以重任，就不由得让他狐疑满腹了。散会后，他越想越觉得不对劲，便来找心腹行军司铠武士彟①商议。

武士彟，今山西吕梁市文水县人，河东商界一哥。他出身贫寒，少时以卖豆腐为生，后来借着隋炀帝大兴土木的东风，投机做木材生意，"因致大富"。但此人和寻常商人不同，有极强烈的政治抱负。富起来后，武士彟弃商从政，在晋阳做了一名鹰扬府队正（相当于军队中的排长）。他头脑灵活，财力雄厚，上层路线走得很溜，深得王威、高君雅信任。

王威向他抱怨，说长孙顺德和刘弘基犯了死罪，怎么还能带兵？

---

① 彟，音约。

他打算逮捕他们。可王威无论如何都想不到，武士彟早已投了李渊。

事实上，武士彟结识李渊比结识王威要早。当年李渊还是山西河东大使时，经常往来于汾晋。财大气粗的老武主动向他靠拢，李渊常常"休止其家"，二人关系可想而知。李渊转任晋阳后不久，即提拔武士彟为行军司铠。而且就在前不久，武士彟偷偷劝说李渊起兵，还进了兵书及符瑞。李渊当场许诺，如能成功，"当同富贵耳"。

当然，李渊决然想不到，这个帅气的武士彟后来生了一个很厉害的女儿，不仅夺了他李家的江山，还差点儿杀光他的龙子龙孙。

武士彟听了王威的话，吃惊不小，面上却不动声色："二人皆唐公客，若尔，必大致纷纭。"王威本就拿不定主意，见亲信反对，就打消了念头。王威刚走，司兵田德平也来了，打算劝说王威调查募兵一事，问武士彟怎么看。武士彟接着按，"德平亦止"。

田德平走后，武士彟马上将这些情况汇报给了李渊。

李渊指示李世民，抓紧募兵。李世民等人全力开动，不到十天就招募了近万新兵。

王威之所以放弃抓捕长孙顺德和刘弘基，武士彟的反对固然重要，但更为重要的原因在于募兵权和统兵权不能画等号。

兵是你李渊的门客招的，但终归得由朝廷官员统带吧?! 这是底线！但底线这玩意儿，有时就是用来突破的。当李渊下令由长孙顺德和刘弘基统带新兵时，王威无比震惊，用国贼带兵，这可是路线问题呀！李渊，你的脑子秀逗了吗？高君雅的政治敏锐性明显更高，他断定李渊必反！事态紧急，二人决定一面飞书江都，一面先发制人。

巧了，眼下就有个机会，入夏后太原大旱，李渊日前宣布将于五月下旬去晋祠祈雨。王、高商定，利用祈雨之机，控制李渊，稳定大局。但正规军的调度权在李渊手上，他们只能动用民兵，就找到了主抓民兵工作的晋阳乡长刘世龙。刘世龙把胸脯拍得啪啪响：为国除贼，义不容辞。王、高大喜，只等着祈雨日扭转乾坤。

五月十五日，本是极普通的一天。

是日早，李渊、王威、高君雅照常坐堂，处理军政大事。例会刚开，刘文静突然带着开阳府司马刘政会上堂，说刘政会要告状。李渊示意王威接状。岂料，刘政会不给，反而说："所告乃副留守事，唯唐公得视之。"王、高大惊失色。李渊也很吃"惊"："岂有是邪！"接过状纸一看，"震怒"，劈手甩给了王、高二人。二人拿起一看，上面就一行字："威、君雅潜引突厥入寇。"凭这九个字能说明个啥？高君雅大呼："此乃反者欲杀我耳。"李渊只是冷笑。二人看情形不对，也不理会李渊，下堂径直而去。刚出大门，傻了眼，街上乌泱乌泱全是兵，李世民、长孙顺德、刘弘基按剑而立，显然已等候多时了。

虽说控制了二人，但李渊也不敢伤他们性命。毕竟，仅凭刘政会的九个字就给二人定罪，难以服众。

无巧不成书，第三天，突厥大军居然真的兵临晋阳城下。咋回事儿呢？又是刘武周助攻，在他的怂恿下，始毕可汗派二弟俟利弗设①率兵五万奔袭晋阳。李渊被打了一个猝不及防。突厥轻骑甚至一度突入外城。裴寂等人要求关闭内城城门据守。

但李渊想了想，却决定打开所有城门。在那个没有罗贯中的年代，俟利弗设脑中当然不会有空城计的概念，晋阳城门洞开，他反而怂了，围而不攻。事到如今，无须李渊说什么，全体晋阳军民一致认定，王、高果然是突厥的内奸。李渊顺势以通敌罪名处决了二人。

内患虽灭，外敌未退。关键时刻，又是李世民站了出来，又是用的雁门关那一招。

突厥大帐中，俟利弗设面对一份接一份的情报，傻了。警告，一

---

① 突厥人称将军为设。

大拨隋军接近中……警告，又一大拨隋军接近中……刘武周不是说李渊只有不到两万人马嘛，这一拨接一拨的，没十万也有八万，没法打，撤了。回到漠北^①后，他向大哥始毕可汗极言李渊兵多将广，不容小觑。始毕可汗吃惊不小，不想这个"三乳怪胎"竟如此有料！

内忧外患都解除了，该动手了吧？但李渊依旧摇头，等的人还没到！到底等谁？当然是家人了！

04. 结盟突厥

一人得道，全家光荣；一人造反，全家"光荣"。

为了防止家人被"光荣"，李渊早有安排，当初他交给李世民的两封信正是写给家人的密信，一封发给河东的李建成，一封发给大兴的三女婿柴绍。

河东李府住着以万夫人为首的几个小妾，李建成、李元吉、李智云（母为万夫人）三子和年幼的六女，此外还有李世民的妻子长孙氏。李渊其余的五个女儿均已出嫁，但只有三女儿（唯一的嫡女）、三女婿住在大兴，太危险了，必须通知他们。

保护全家脱险的重任落在了李建成身上。经过周密计划，他首先安排万夫人、长孙氏以省亲为名带领女眷赶往晋阳。这个举动当然引起了地方当局的警觉，但因为是内眷且理由正当，也不好多说些什

---

① 大漠，古代典籍中又叫瀚海，即位处今我国和蒙古国之间的世界上最北的沙漠——戈壁沙漠，其南北两侧的边缘地带分别被称为漠南、漠北。

么，只能在暗中加强对李府的盯梢。

紧接着，在一个月黑风高的夜晚，李家三兄弟也消失了。

当局认定，李渊必反，立即发兵追捕。混乱当中，李建成、李元吉哥俩儿侥幸逃脱，李智云不幸被捕。

李建成、李元吉为躲避追捕，一路翻山越岭，露宿荒野，吃了不少苦头。走到半路，刚好碰见了由大兴前来的柴绍。叙旧一番，李建成突然发觉不对劲，我妹呢？她没来！你妹！大舅哥，听我解释……

柴绍收到老丈人的信后，左右为难。为啥呢？隋制，除省亲或外放，朝廷官员不得带妻子出远门。柴绍官居太子千牛备身，如果带着妻子来一场说走就走的旅行，并且目的地还是老丈人所在的晋阳，你们说朝廷会怎么想、怎么办？但是不带吧，妻子又有生死之虞。

有人说了，他是不是傻，不会学李建成跑路吗？行不通！大兴距离太原太远了，一路上关卡重重，根本逃不脱。

李三娘见丈夫茶饭不思，问他怎么了。柴绍就把顾虑说了。岂料李三娘听了，微微一笑："君弟速行，我一妇人，易以潜匿，当自为计。"柴绍放心不下，一再劝说。但李三娘主意已定，不肯听从。无奈之下，柴绍只得带着无限的忐忑，独自踏上了前往晋阳的路途。他决然想不到，再见面时妻子会让他傻了眼。

李建成、李元吉、柴绍三人抵达晋阳时，正值突厥刚刚退兵。至此，除去生死不明的李智云和不愿来的李三娘，所有的至亲都到了。李渊悬着的心放下了一大半，剩下的那小半都在李智云身上了，多次派人去打探儿子的下落。

这一次连李渊都觉得时机成熟了。但有人却说，不行，没熟！这个人居然是当初着急到不行的刘文静。大家就想问候他十八代祖宗了。当初是你要造反，造反就造反，现在却又跳出来，拦着不让反。

刘文静只用一个反问，就平息了大家的质疑：突厥和刘武周怎么破?

这一问,大家都蒙了,压根儿没考虑过这个问题呀,再一想,都不说话了。光顾着兴奋了,忽略了始毕可汗和刘武周的存在。

西进大兴?闹着玩儿呢?你前脚出晋阳,始毕可汗、刘武周后脚就抄你老窝。

刘文静和其他人的最大区别就在于:当别人还没想的时候,他已经在想了;当别人撸起袖子准备干的时候,他已经把后三步都想到了。造成反,需要有勇气的人;造反成,需要有智慧的人。而刘文静就是后者。

他当然有办法:交好突厥。这么做有两个好处:一是可以解除后顾之忧,刘武周虽然凶悍,不过是始毕可汗的一条狗而已,稳住了主人,鹰犬自然不成问题;二是可以借助突厥的声势和兵马。

那么,始毕可汗会接纳李渊吗?刘文静觉得,这是毋庸置疑的。唐公各类指标都远优于刘武周,始毕可汗既然连刘武周那样的货色都能接受,没道理排斥唐公。关键在于唐公是否会低下他高贵的头颅,向始毕可汗屈膝?

李渊的表现很好地诠释了什么叫能屈能伸,当即遣使突厥。

数日后,漠北突厥汗庭,始毕可汗望着眼前成箱成箱的珠宝,带着满脑袋黑问号,打开了李渊的亲笔函:"欲大举义兵,远迎主上,复与突厥和亲,如开皇之时。若能与我俱南,愿勿侵暴百姓;若但和亲,坐受宝货,亦唯可汗所择。"

此信字字珠玑,表达了两层意思:第一层,我要起兵,但我起兵不是造反,而是要将皇帝迎回大兴,然后恢复与大突厥的友好和亲政策。第二层,要不要一起南下,请可汗决断。如愿一起,我就一个请求,不要侵暴百姓;如不愿,您就坐等我把宝货奉上。

虽然李渊言辞间表现得不卑不亢,但来信征求意见这个举动已经表明了屈膝的本质。始毕可汗极为受用，这些汉人就爱玩文字游戏。刘文静所料不错，只要是给杨广添乱的人，始毕可汗都会支持，更何况是兵多将广的唐公李渊？

但对李渊的想法，始毕可汗也有不认可的地方。七天后，李渊收到了始毕可汗简单而粗暴的答复："只要你李渊称帝反隋，我大突厥鼎力支持。"这个表态符合了大家的预期，众人都很高兴，只有李渊不开心。李渊是个明白人，一旦称帝，就再无转圜余地，始毕可汗这是要他和大隋彻底决裂呢！所以，他委婉地拒绝了，"诸君宜更思其次"，有没有更周到妥帖的法子？

这一次，精明如刘文静也没辙了。当他都没办法的时候，就该裴寂闪亮登场了。

裴寂就说了两句话：第一句，"尊天子为太上皇，立代王为帝，以安隋室"。始毕可汗不是特恨杨广吗？简单，让杨广退居二线！这样做完全符合李渊只反暴君、不反大隋的政治宣传。第二句，"改易旗帜，杂用绛白，以示突厥"。既要忠于大隋，又要臣服突厥，怎么办？简单，突厥尚白，大隋尚红，我们的旗帜红底白边，象征隋突友好。

不得不说，裴寂这个人呀，三套衣服丢两套——他是真的有一套。这两句话对尺度的拿捏恰到好处，堪称神来之笔。

李渊在心里连声叫好，面上却露出尴尬之色："此可谓'掩耳盗钟'，然逼于时事，不得不尔。"

05. 晋阳起兵

大喜过后，却是大悲：李智云被河东当局解送大兴，日前已为朝廷处决。

大事未举，先丧一子，李渊痛彻心扉！朝廷处决李智云，即是认定他谋反。如果说此前他还有一丝犹豫，那么从这一刻起他再无动摇。他更明白朝廷必已整军备战，他得加速推进了。

但眼下除了要等待始毕可汗的答复外，他还要搬掉家门口的绊脚石——西河郡（今山西吕梁汾阳市）太守高德儒。西河乃太原至大兴首站，杨广故旧高德儒察觉李渊蠢蠢欲动，勒兵备战，准备据守。

李渊当即命李建成、李世民率军攻打西河。这一仗虽然很小，他却看得很重。一来，二子"初典兵权"，平日里纸上谈兵都挺厉害，尤其老二，如今看看他们临阵实战如何；二来，"军士新集，咸未阅习"，新兵有没有战斗力，战斗力几何，亟须实战检验。如果连一个小小的西河都拿不下，就别提什么进军关中了。"事之成败，当以此行卜之。"

六月初五，两位稚嫩的统帅带着同样稚嫩的新兵踏上了征途。

从一开始，这支军队就与旧式隋军、其他义军形成了鲜明对比。二李爱兵如子，"与之同甘苦，遇敌则以身先之"。部队纪律严明，"近道菜果，非买不食，军士有窃之者，辄求其主偿之，亦不诘窃者"，颇得民心。

五天后，他们就攻克了西河，只斩杀高德儒一人，其余秋毫无犯。四天后，大军凯旋晋阳。二李用一场速胜向李渊交上了一份满分的答卷。李渊大喜："以此行兵，虽横行天下可也！"

回军当日，李渊对军队进行了大刀阔斧的整编，特设大将军府为指挥机构，将全军分为左、中、右三军：他自任大将军，领中军；李建成为左领军大都督，领左军三统军；李世民为右领军大都督，领右军三统军。李元吉任晋阳太守，留守大后方。

裴寂、刘文静等骨干分子皆有任命。所有人都觉得刘文静功居第一，应位列大将军府长史（相当于参谋长），没想到却是裴寂拔得此筹。后来，大家才琢磨过味儿来，就在几天前，裴寂将晋阳宫中储备的四十万领铠甲、五万段彩布、九万斛大米转移到了义军的仓库，宫中的五百宫女也都送入军中。有人去晋阳宫看了，搬得那叫一个干净！张、尹二女不知所踪。不过有人说似乎在李渊的府邸看到了她们。

四天后，又一个好消息接踵而至，始毕可汗完全赞同最新方案。

任何政治联盟的达成必然有利益的勾兑。始毕可汗不是慈善家，不会不求回报地帮忙。这一点李渊很清楚，当即派刘文静出使漠北，与始毕可汗磋商。

刘文静临行前，李渊与他有过一次密谈。据《资治通鉴》记载，李渊只说少要突厥兵，多要突厥马。但至关重要的那句话并未载明是他所说。这成了唐史上一笔永远算不清的糊涂账。

至此，万事俱备。

七月初五，晋阳城锣鼓喧天，鞭炮齐鸣，彩旗招展，人山人海。隋太原留守李渊于今日正式起兵。

在誓师大会上，李渊首先发表了对时局的看法，指出由于皇表弟的胡搞，大隋已到了生死存亡的关头。作为大隋最最忠心的臣子，他有责任也有义务为复兴大隋贡献力量。所以，今天他要带领"义兵"，西行入关，拥立英明聪睿的表孙代王杨侑为帝，匡扶大隋。最后，李渊也对各地官吏提出了要求，希望他们理解配合，不要站到正义的对立面。

发言完毕，台下群情激奋，欢呼雀跃。黑压压的人群将黑压压的目光投射到他身上。李渊扭头向左看着李建成，28 岁的李建成郑重地点了点头。他又扭头向右看着李世民，19 岁的李世民也郑重地点了点头。此时此刻，李渊的心情无比复杂，从出生到现在，他的人生一直很顺，但从这一刻起，明天就是一个大大的未知数了。罢了，俱往矣，且看明朝。他掣剑在手，一声断喝：发兵！

李渊知道朝廷必有部署，只是没想到会这么快。义军刚出发，他便收到情报：朝廷调集七万大军，分作两路，上将屈突通领五万人马镇守蒲坂（今山西运城永济市），虎牙郎将宋老生领两万人马进驻霍邑（今山西临汾霍州市）。此布局深得兵法之要，李渊略一思忖，便知是何人手笔。

前文说过，杨广南下江都后，留卫文升、骨仪和阴世师辅佐代王杨侑。收到李渊家人逃亡晋阳的消息后，三人断定李渊必反。卫文升深知李渊之才具，忧惧成疾，无法视事。骨仪和阴世师一面飞书江都报变，一面斩杀李智云，捣毁李氏宗庙，扒李家祖坟，搜捕李氏宗亲。骨仪是文臣，防御李渊西进的重任自然落在了阴世师身上。

阴世师，大隋名将，其父阴寿亦是一代名将。作为将门虎子，阴世师根本不惧李渊，但他面临诸多困难，其中最大的就是兵力不足。关中原有驻军十多万，本来是够用的。但就在李建成兄弟逃亡晋阳前夕，为了对付李密，杨广抽调七万关中军驰援东都，一下子拉走了关中一半的兵力。有限的兵力当然不能撒了豆子，只能投放在要害位置。哪里是要害呢？阴世师判断有两处，一处是霍邑，一处是蒲坂。

有人问了，晋阳至大兴一路上雄关漫漫，他凭啥断定霍邑和蒲坂是李渊必经之路呢？万一李渊绕过这两个点呢？问题是李渊后来的确走的是这两个点。之前我也不是很明白，直到仔细研究了地图之后，我才恍然大悟。李渊的进军路线是：由晋阳向西南挺进，过霍邑，直插山西西南角的蒲坂,由此渡河取潼关,一路向西,夺取大兴。这当然不是唯一的路线,却是最短的路线。原因很简单,李渊急于夺取关中,当然要走最近的路。

霍邑是第一道防线。此城位处汾河河谷之中,"西北抗汾水,东拒霍太山,守险之冲,是为襟带",实为晋西南之北大门。阴世师委派隋军后起之秀宋老生扼守此地。当然,他心里很清楚宋老生不是李渊的对手,霍邑肯定守不住。但守不守得住是一个问题,能守多久则是另外一个问题。阴世师需要时间募兵,所以再三叮嘱宋老生,只需坚守,拖延时日。

蒲坂是第二道防线。这里为什么重要呢?大家看地图就明白了,蒲坂在黄河东岸,对岸就是大名鼎鼎的潼关。蒲坂是河东的西大门,潼关是关中的东大门,两城之间有蒲津桥相连,乃连接山西与陕西的生命之桥。只要守住了这对姊妹城,李渊就进不了关中。所以,蒲坂的重要性远在霍邑之上。也正因为如此,阴世师特委派上将军屈突通率五万大军镇守此地。

屈突通不姓屈,而是复姓屈突,这是库莫奚人①特有的姓氏。屈突家世代为将,屈突通更是大隋赫赫有名的将星,曾在平定杨玄感之乱和关中匪乱中有上佳表现。此人不仅能力出众,而且刚直不阿,时人有"宁服三斗葱,不逢屈突通"的评价。

代王杨侑和阴世师都对屈突通寄予厚望。出发前夕,杨侑亲自为他饯行,并赠之以自己的坐骑,勉励他为国尽忠,旗开得胜。屈突通信心十足,誓言保卫关中,将逆贼李渊投尸黄河。

---

① 库莫奚族,简称奚族,属东胡一支,隋唐时活动在今西拉木伦河上游一带。

第三章 长驱入关

01. 叔侄过招

七月十四日，义军挺进至距霍邑五十里处的贾胡堡。

赶了这么多天的路，将士们人困马乏的，李渊瞅着不落忍，决定休整一夜，明日攻城。孰料夜半时竟下起雨来，及至天明也没个停的意思。能怎么着？等等吧！没想到这一等就没时没晌了，雨一直下一直下，拖了一天一天又一天。

这下李渊可就坐不住了，为了提速，大军出发时没带多少粮食，原计划就食于霍邑，岂料却为大雨所阻。三万大军坐吃山空，一旦粮尽，后果不堪设想。为今之计，只能派人回晋阳催运粮食了。

运粮队刚走，始毕可汗的使者就到了。

刘文静抵达漠北后，用一句话就把始毕可汗撩得要要的："若入长安，民众土地入唐公，金玉缯①帛归突厥。"虽然后事证明这只是放空炮，但空炮也是炮，有时威力比真炮还大。如此大的承诺，刘文静当不敢擅作主张，应为李渊授意。

李渊决然不会想到，一百多年后他的子孙唐肃宗居然以相似到惊人的字眼对异族说："土地士庶归唐，金帛子女皆归回纥。"不同的是，李渊的卑微是带引号的，而肃宗的卑微是低到尘埃里的。

---

① 缯，音增。

听了刘文静的话，始毕可汗喜出望外，立即派人赶到霍邑，通知李渊：第一，你已经是我的小弟了，大哥不会抄你后路，也不会让刘武周在你后院放火；第二，支援你的人马都上路了，大胆地干吧。

这个好消息，多少冲抵了李渊的一些愁思。

这日他正在帐中闷坐，裴寂拿来一篇檄文。打开一看，赫然是大魏国魏公李密昭告天下的反隋檄文。

文章出自李密麾下第一写手——大隋大才子祖君彦之手，写得文采飞扬，酣畅淋漓。祖君彦历数杨广弑父、乱伦、嗜酒、劳民、滥赋、兴役、征辽、滥诛、卖官、无信十宗罪，说他的罪恶"罄南山之竹，书罪未穷；决东海之波，流恶难尽"，号召天下有识之士"择有德以为天下君，仗义讨贼，望兴仁义之师，共安天下"。成语"罄竹难书"即来源于此文。

李渊阅罢，拍案叫好，既为祖君彦文章之精彩而慨叹，更为李密事业之勃兴而喝彩。联系到缺粮的实际，他萌生了一个念头：招降李密。

这充分说明了一个道理：人闲的时候最容易干蠢事。李渊刚刚起兵，众不过三万，将不过百员。而李密此时已经是山东①反隋义军盟主，"道路降者不绝如流，众至数十万"。你一个三流小厂居然想收购行业龙头，谁给你的勇气？

但李渊打的不是实力牌，而是感情牌。啥感情，世交之情！李密他太爷李弼和李渊他爷李虎都是西魏的"大柱子"。两个李家世代交好，论资排辈，李密还应该叫李渊一声"叔"呢！李渊想靠这层关系把大侄子拉过来，一个冲动，就让麾下第一写手温大雅写了一封招降

---

① 山东地区泛指崤山、函谷关以东的广大地区，包括今山西、河北、河南、山东等省。本文提及的"山东地区"若无特别说明，均指上述说明。

信给李密。

李密看完信都蒙了,你手下才几根葱啊,想招降我,脑子生锈了吧?但到底是李密,脑子一转就是一个套路,让祖君彦回信:"与兄派流虽异,根系本同。自唯虚薄,为四海英雄共推盟主。所望左提右挈,勠力同心,执子婴(秦王子婴)于咸阳,殪①商辛(商纣王)于牧野,岂不盛哉!"他还邀请李渊亲至河内郡(今河南沁阳市),"面结盟约"。

这封信外恭内倨,似软实硬:第一,我才不叫你"叔"呢,你只是个"兄";第二,我可是汉高祖(执子婴于咸阳)、周武王(殪商辛于牧野)一流的人物,消灭隋朝是历史赋予我、而不是你或者别人的重任;第三,来,你来河内,咱们结盟,你入我的伙。

李渊看后傻了眼,我以为凭我们的交情,可以讲点感情,没想到还是一笔买卖。他很纠结。去吧?不行!一来,自己早就昭告天下,只反暴君,不反大隋,与重量级造反派头目结盟,这不是打自己脸吗?二来,若去河南,恐怕是自投罗网。不去吧?似乎也不行!你看李密连叔都不叫了,显然已动了暗火,若不答应,只怕他率军杀来。

怎么办?这么办!李渊笑着对众人说:"密妄自矜大,非折简可致。"紧接着,他话锋一转:"咱们要进军关中,如果现在拒绝李密,只会多出一个敌人。不如用卑下的言辞捧他当皇帝,让他替我挡住东都隋军。这样我就能够集中精力西征了。等到平定关中后,我们坐观鹬蚌相争,再收渔翁之利。"

众人还能怎么说,领导圣明。

于是,李渊又让温大雅回信,说自己生是隋朝的人,死是隋朝的鬼。当然,这么说显然是将自己摆到了李密的对立面,所以他话锋一

---

① 殪,音亦。

转,大拍李密马屁,"天生蒸民,必有司牧,当今为牧,非子而谁",你就是真命天子!"老夫年逾知命,愿不及此。欣戴大弟,攀鳞附翼,唯弟早膺图箓,以宁兆民!宗盟之长,属籍见容,复封于唐,斯荣足矣。"您好好干,我看好你,将来你当上了皇帝,封我一个唐国公,我就心满意足了。通篇假大空,只有一句最实际,"汾晋左右,尚须安辑;盟津之会,未暇卜期"。我不是去大兴,而是去"安辑"汾晋。档期太满,河内我就不去了!

李密接到信后,"甚喜",对左右说:"有唐公推举我,还怕平定不了这天下吗,哈哈!"此后他便不再干扰,放李渊西去。

如此看来,李密似乎被李渊的马屁神功忽悠瘸了。起初我也这么认为,直到我注意到两处细节:

第一处,这一年五月,即李建成兄弟北逃晋阳当月,李密曾派部将柴孝和西征关中。结果,由于关中七万隋军的增援,李密被重创。受此影响,柴孝和的人马也溃散了,西进失利。可见,李密不仅有心取关中,而且也有实际行动,只是失败了而已。

第二处,七月,经过两个月的努力,李密又把关中军打残了。杨广无奈,又调涿郡留守薛世雄、邛都将军王隆、河北讨捕大使韦霁、河南讨捕大使王辩、江都郡丞王世充五路大军援洛。韦霁和王辩因为离得近,到得最早,严重牵制了李密的兵力。所以,李密当时即便对李渊有阻挠之心,也无阻挡之力。在诱盟失败的情况下,还不如卖个人情,放李渊西去。况且,他料定李渊拿不下大兴,至少短时期内拿不下。理由很简单,我三十万大军围攻东都一年多都没搞定,你李渊三万人马就想鲸吞关中大兴?

别说李密了,李渊自己都想不到,他仅用了不到四个月就占领了关中。

02. 攻拔霍邑

歌曰：雨一直下，气氛不算融洽，在同个屋檐下，渐渐感到心在变化。

眼瞅到月底了，天杀的老天爷没有丝毫要停雨的意思，军粮即将告罄，运粮队又迟迟不到，李渊忧心如焚。

危机深重之际，往往也是谣言四起之时。一则恐怖的谣言在军中蔓延：知道刘文静为啥去这么久还没回来吗？早被始毕可汗杀了！知道运粮队为啥去这么久还没回来吗？始毕可汗和刘武周把晋阳围得铁桶一般，插翅难飞！

谣言传啊传，全军议论纷纷，军心大动。

起初李渊是抗拒的，但传到最后，他也不由得信了。这场大雨对他的信心是一个极其沉重的打击。说实话，李渊一直觉得自己就是天命所归的"桃李子"。可他刚起兵，老天爷就如此打脸，哪有一点天命所归的样子，分明是天象示警嘛！再这么耗下去，只怕进不能过霍邑、退不能回晋阳，不如暂退晋阳，从长计议。于是，他召集众人开会，商议退兵。

裴寂从不说违拗李渊的话，第一个表态赞成。他的表态得到了晋阳本土派众人的一致附议。但是李建成、李世民兄弟二人却不同意。注意，在很多史料当中，李建成赞同这一点被抹去了。只有李世民的话流传了下来："今遇小敌，遽已班师，恐从义之徒一朝解体，还守太原一城之地为贼耳，何以自全！"现在不过是遇到了一点小小的挫折，如果突然班师，只怕跟着咱们的这些人就散了。我们退回去，也只能占据太原一城，届时还背着国贼的名声，又能维持多久呢？！

但李渊撤意已决，不顾二子反对，下令左军先行撤退。

散会后，李世民还不死心，又来找老爹私聊。知子莫若父，李渊知道他会来，借口就寝，不予接见。知父莫若子，李世民"号哭于外，声闻帐中"。李渊没辙，只得召见。

李世民继续劝：第一，刘武周和突厥的联盟其实是"塑料"联盟，双方各怀鬼胎，未必同心；第二，开弓没有回头箭，一旦撤军，人心就散了，队伍就不好带了，离败亡之日就不远了；第三，咱们现在其实处于难得的战略机遇期，最大的敌人李密被牵制着，只待雨过天晴，破霍邑、杀老生，就能打开局面。

李渊掂量了一番，终于松了口："左军已发，奈何？"李世民赶紧说："右军严而未发；左军虽去，计亦未远，请自追之。"李渊无奈地点了点头。

于是，李世民找到大哥，兄弟二人分道出发，当天夜里就把左军追了回来。两兄弟不知道，他们这一追，追出了大唐289年的基业。当然，李建成也不可能知道，这289年的基业和他没半点关系。

一夜之间，峰回路转。第二天，晋阳的粮食运到，谣言不攻自破，军心大定。又过了三天，八月初一，持续了半个月之久的大雨终于停了。李渊大喜，令全军晾晒铠甲，准备作战。

初三一大早，大军即由山间小道直趋霍邑。由于道路狭窄，李渊父子率数百轻骑，先行抵达城东五六里处。

宋老生接报，披挂在身，登城眺望。只见东门外有一队敌骑，人数几百，打头的正是逆贼李渊。少顷，又见两个着戎装的年轻人各率小队驰至城下，扬着马鞭，指指戳戳，似乎在部署攻城。此二人当为老贼李渊的两个孽种。宋老生心头的火啊，呼呼地往外冒，黄口竖子，欺人太甚！

李建成、李世民兄弟看到宋老生，也不淡定了，破口大骂。宋老生急了,把阴世师的叮嘱忘了个一干二净,点起两万人马,从东、南二门杀出,列阵备战。

隋军刚刚列阵完毕,殷开山率领的义军主力也赶到了。为确保获胜,李渊有意让饥肠辘辘的将士们吃完早饭再战。李世民反对:"时不可失。"李渊一想也对,好不容易将宋老生激出城来,万一他转过弯儿来,又缩回去,就不好办了。于是,他变更部署,与李建成领一路人马阵于城东,分李世民一路阵于城南。

宋老生气势汹汹,猛攻李渊一路。霍邑守军乃隋军精锐,战斗力十分了得,李渊、李建成这厢竟然抵挡不住。李世民瞧见,引兵自南原驰下,直插隋军阵后。他一马当先,"手杀数十人,两刀皆缺,流血满袖,洒之复战"。李渊这边压力顿减,士气复振,转入反扑。霍邑城外,红尘暗合,鼓角相闻,尘土飞扬。李渊有手腕,命人传呼:"已获老生矣!"隋军听了,不辨真伪,意志瓦解。

宋老生害怕了,打算撤回,岂料东南二门已被李建成、李世民守住,他只得跑到城墙根下呼救。守军扔下绳来。宋老生"攀绳欲上,去地丈余",被义军"跳跃及而斩之",传首李渊。

宋老生一死,隋军战斗意志彻底归零。义军刚刚举事,虽然连攻城器械都没有,但士气如虹,竟"肉薄而登",傍晚时分就破城而入了。

一切都很顺利,但到论功行赏时出问题了。咋回事呢?义军的成分比较复杂,有世家子弟,有平民,有江湖人士,还有奴隶,三教九流,应有尽有。李渊定的封赏标准很简单:只看战功,不看出身。平民以上的阶层就不乐意了,奴隶怎么能和我们这些良人等量齐观呢,耻与为伍!

李渊就说了,刀剑弓矢会管你是什么出身?既然"矢石之间,不辨贵贱",那么"论勋之际,何有等差"?这番话可是把那些出身卑贱的士兵感动坏了，将军这么讲究，还能说什么呢，玩命干吧！

对于归附的霍邑吏民，李渊更是慷慨至极，各种封官。短短数日间，城里就冒出了数千个散官①。那时的霍邑，从城头扔块砖下去，砸到十个人，得有九个是散官。

左右都劝他，物以稀为贵，官封得这么滥，就不值钱了。

李渊的解释是，随手写几个官职而已，一没有实岗实权，二不用开工资，就能收买人心，何乐而不为？

03. 进入关中

霍邑一破，至蒲坂间已无险阻，义军一路挺进，于十五日抵达龙门渡口（今山西运城河津市西北），饮马黄河。

当日，刘文静带着蒙古高原的风，外带五百突厥悍兵和两千突厥战马，风尘仆仆地回来了。李渊西进，再无后顾之忧。

下步当然是渡河。

从哪里渡呢？本来方案只有一个，就是从蒲坂渡河。但两个新人却提出了两个新的方案。这两人，一个叫薛大鼎，一个叫任瓌②，都是地方小吏，半路投了李渊。薛大鼎建议从龙门渡河，任瓌则主张从梁山渡河。这个梁山在今陕西渭南合阳县西北，不是水泊梁山那个梁山。

三个渡口由北至南依次是龙门、梁山、蒲坂。

---

① 隋始定散官名称，加给文武重臣，无实际职务。
② 瓌，音归。

蒲坂受到晋阳文武官员的一致拥护，原因很简单，如果绕过蒲坂，义军就会处于被大兴隋军和蒲坂隋军夹击的险境，所以应先打蒲坂，解决屈突通这个后顾之忧。李渊原本也看好这个方案，但薛大鼎和任瓌的方案在渡河后都指向了同一个地方，正是这个地方激起了他的浓厚兴趣。

这个地方叫作永丰仓。隋朝富得流油，粮食多到吃不完。为了平衡供给，两代隋帝修筑了不少大粮仓，如洛口仓、回洛仓、黎阳仓、永丰仓等。永丰仓始建于隋文帝开皇三年，仓址在渭南华阴市东北渭水南岸的广通渠渠口，是关中最大的粮仓。

李渊起兵以来，困扰他的最大难题始终是粮草供给。河东地区没有像永丰仓这样的大粮仓，所以他不得不争分夺秒地挺进，只能不断筹粮。而在那个城头变幻大王旗的年代，粮食就是人心，就是源源不断的兵员。李密为啥发展那么快，就是因为他先后占领了洛口仓、回洛仓、黎阳仓三个大粮仓。

所以，薛、任二人攻占永丰仓的提议让李渊眼前一亮，心中一过，便果断放弃了蒲坂方案。

有人问了，从蒲坂渡河就不能攻占永丰仓吗？

当然也可以，但大家看看地图就明白了，永丰仓在华阴县，华阴的东边是潼关，潼关对岸是蒲坂。若从蒲坂取永丰仓，势必得和屈突通死磕，难度系数高到爆表。

但从梁山或龙门渡河就不同了，龙门渡河，对面是韩城，梁山渡河，对面是韩城以南的合阳，合阳再往南就是冯翊（今渭南大荔县）、华阴。这些地方兵力空虚，守备薄弱。义军若从梁山或龙门渡河，数日内便可攻占永丰仓。一旦拿下永丰仓，不仅大军粮草供给问题迎刃而解，而且断了大兴和蒲坂的粮食供给，隋军势必军心大动。

本来呢，选梁山还是龙门都 OK，但任瓌有个加权，他的加权是一个人——关中最大的反朝廷武装首领孙华。任瓌说，他可以说服孙华来降，使其接应大军渡河。李渊大悦，当即修书孙华，表明求贤若渴的态度。

大计既定，二十日，义军掉头北上壶口（今山西临汾吉县壶口镇）。

任瓌果然给力，一出马就说降了孙华。二十四日，孙华渡河至壶口见李渊。李渊热情至极，"握手与坐，慰奖之"。孙华一介草民，哪想到尊贵的唐国公居然如此平易近人，感动得要要的。李渊还当场给他封官赏爵。孙华表示，誓死追随唐公。

至此，万事俱备，只待渡河。

但屈突通毕竟是一个无法漠视的强力威胁。为稳妥起见，李渊兵分两路，自己率主力留下来牵制屈突通，以掩护刘弘基、王长谐、陈演寿、史大奈四将六千人马渡河。

61岁的屈突通用实际表现证明，人上了年纪真的会老糊涂。他顽固地认定，李渊必会从蒲坂渡河，因此亲自坐镇蒲坂，命大将刘纲驻守潼关，以为两点一线，万无一失。其实，当李渊大军没有南下，而是突然北上壶口时，他就应该有所察觉。然而他太自负了，竟对这一异动视若无睹。

结果，刘、王、陈、史四将在孙华的接应下，安安全全、轻轻松松地从梁山渡河，踏上了关中的大地。

屈突通大惊失色，事到如今，他只能先努力消灭渡河的义军了。

为麻痹四将，他特意拖了十几天，于九月七日突然派大将桑显和率五千精兵夜袭义军。刘弘基、王长谐防备松懈，猝不及防之下吃了大亏。要不是孙华和史大奈的人马及时赶来增援，后果不堪设想。

没想到这场阻击战居然有意外收获。义军其实并没有追击桑显和的想法，但桑显和被打怕了，仓皇撤过蒲津桥后，竟然命人一把火把桥烧了。李渊做梦想办却办不到的事，桑显和分分钟帮他搞定。屈突通暴跳如雷，大骂桑显和无能，但大错已然铸成，无可挽回。

第二天，李渊趁势来攻蒲坂。屈突通避战不出。打是打不过了，但我守得住，也守得起，等你断粮，看我怎么收拾你！

然而，形势的发展不仅远远地超出了他的预期，甚至也远远地超出了李渊的预期。在孙华的宣传鼓动下，义军渡河的消息像插上翅膀一般，迅速传遍了关中大地。早已对朝廷绝望的官吏和士人纷纷前来投奔。大兴附近诸县遣使请降，"三辅豪杰至者，日以千数"。

大好形势撩拨着李渊的心，主力渡河的念头越来越强烈了。裴寂等人都主张先灭屈突通，而李世民则极力主张渡河西进，李渊犹豫不决。

恰在这时，一个天大的好消息传来，扼守永丰仓的华阴县令李孝常归附了！让李孝常守卫永丰仓是阴世师犯下的弥天大错。一来，李孝常和杨广有杀父之仇，他爹是被杨广逼死的；二来，他和李渊是连襟，都是窦家的女婿。这样的情况阴世师居然不做预防，可见智者千虑必有一失。

永丰仓到手，李渊再无犹豫：过河！

十二日，义军主力由梁山渡河，李渊就此踏上了关中的土地。当然，他并没有忘记屈突通，特留大将吕绍宗率军万人继续围攻蒲坂。

四天后，李渊进抵朝邑长春宫（今渭南大荔县朝邑镇北寨子村），"关中士民归之者如市"。

休整数日后，他再次分兵：派李建成、刘文静、窦轨（李渊小舅子）率军，会同先前渡河的王长谐等军，共六万人进驻永丰仓，防备潼关、蒲坂之敌；分李世民、刘弘基、殷开山率一万人马攻略渭北。

屈突通这时坐不住了。蒲坂对李渊是否构成威胁，全在于大兴之存亡。大兴存，蒲坂就是头顶剑；大兴亡，蒲坂就是锅里肉。慌了神的他留尧君素镇守蒲坂，亲率主力渡河击追李渊。

李建成、刘文静挥军阻击屈突通。隋军力战而不能胜，反被刘文静攻下潼关都尉南城。屈突通前进不得，又不甘心撤回蒲坂，只得退保北城。东岸的义军吕绍宗部也趁机攻打蒲坂。好在尧君素防守无懈可击，蒲坂才安然无恙。

04. 前推后阻

潼关鏖战之际，李世民已挥师渡过渭水，向西疾进。

起初，李渊对他这一路比较担心，毕竟主力都调拨给了李建成，李世民手上只有一万兵马。但很快他就不担心了，因为有几股强大的生力军加入了李世民的队伍。

李智云被捕后，阴世师四处搜捕李渊亲眷。李家人基本上都是机灵鬼，除李渊的二女婿窦诞、五女婿赵慈景和堂弟李神符被捕外，其余的都跑了。在脱逃的这些人中迅速冒出三个狠角色，李渊的四女婿段纶、李神符他哥李神通以及李三娘。

段纶跑到了蓝田，李神通跑到了鄠[①]县（今西安鄠邑区），就地拉起了队伍，分别拥有一万人马。最牛的却是李三娘。夫君走后，她变卖家产，于司竹（今西安周至县司竹镇）起兵。凭借着强大的人格魅力和李渊亲女的身份，她接连说降何潘仁、李仲文、向善志、丘师利等多股义军，实力迅速壮大。等到李渊入关时，李三娘已坐拥七万之

---

①鄠，音户。

众，几与李渊全军等。她格外傲娇地将这支军队命名为"娘子军"。

这位奇女子用不到三个月的时间，书写了一段震烁古今的传奇。在此前的人生中，她以父亲和夫君为傲；但从此以后，他们都以她为傲。

三人多次挫败前来围剿的隋军，接连攻克鄠县、盩厔（今西安周至县）、武功（今咸阳武功县）、始平（今咸阳市西北）、蓝田（今西安蓝田县）诸县，完全控制了大兴城以南地区。听闻李渊渡河，他们喜大普奔，纷纷遣使来迎。

李渊做梦都没想到亲人们居然如此给力，一夜之间手上就平添了九万人马。他命令三人都归李世民指挥。

不过，三人组取得的成绩与李世民相比就差太多了。他们用三个月拉起了九万人的队伍，而李世民做到这一步只用了半个月。渭北兵力空虚，李世民义旗所至，摧枯拉朽，"吏民及群盗归之如流"。到泾阳（今咸阳泾阳县）时，他的队伍已暴涨至九万。除了民心所向，我实在找不到别的词来解释了。算上三人组的人马，李世民直接指挥的兵力已近二十万。

李世民的机敏在此时显露无遗，他"收其豪俊以备僚属"，将一大批人才选拔、充实到了麾下。其中有一支潜力股，姓房，名乔，字玄龄。

很多人以为房家是有了房玄龄以后才发达的，其实清河（今河北邢台清河县）房氏一直都很厉害。他的曾爷爷房翼是北魏的将军，混军界的；爷爷房熊是北魏的州主簿，混政界的；老爹房彦谦虽然只是隋朝的一个县令，但人家学术成就大呀，是当时数一数二的大学者。

房玄龄自幼聪慧，善诗能文，博览经史。开皇年间，隋文帝废掉太子杨勇，改立次子杨广。当时还是少年的房玄龄竟对父亲说："皇帝篡夺了北周江山，不想着为子孙立长久之计，却乱了嫡庶之分的规矩。别看现在天下太平，迟早祸起萧墙而亡国！"要知道当时正是隋朝如日中天的"开皇之治"，"论者咸以国祚方永"，小小少年竟能窥破历史的烟云，岂非神人？

当然，神人房玄龄并不知道，他可没有指责杨坚"不为子孙立长久计"的资格。他倒是苦心经营了一生，可教子无方，房家的基业传到第二代就没了，没比杨家强多少。

18岁时，房玄龄就考中了进士，授羽骑尉①。隋朝的组织部长——吏部侍郎高孝基非常欣赏他："仆阅人多矣，未见如此郎者。必成伟器，但恨不睹其耸壑凌霄耳。"

李世民驻军泾阳，房玄龄主动登门投靠，确认过眼神，他遇见了对的人。

两人一番深谈，"一见如旧识"。李世民任命房玄龄为记室参军。

略作休整后，根据李渊的指示，李世民又分刘弘基、殷开山二将率六万人马攻占扶风。至此，渭水以北已无大隋一兵一卒，进攻大兴的时机成熟了！

刘、殷二将随即南渡渭水，作为先锋，直指大兴。李世民、李神通、李三娘、段纶四路人马事实上已完成了对大兴的合围。李世民由泾阳挺进司竹，遣使李渊，请他亲临一线指挥总攻。

李渊接信后，命李世民与刘弘基、殷开山合兵一处，进驻汉长安旧城②；留刘文静、王长谐领两万精兵屯永丰仓，阻击屈突通；命李建成率其余兵力直插长安旧城东南的长乐宫。随后，他自领中军，向大兴进发。

屈突通坐困潼关，对关中战况一无所知。他知道李渊有些本事，

---

① 隋文帝时武散官名。
② 隋唐的长安城在秦汉长安城东南二十里外的龙首原上，并不重叠。

但无论如何也想不到李渊居然如此得人心，更料不到李渊渡河仅半月，大兴就成了一座孤城。但当李建成率大军西去时，他察觉到了事态的严重性！

屈突通明白，江都山高水长，远水解不了近渴，而东都为李密所迫，自顾尚且不暇，遑论施以援手？能救大兴的只有他一人了。为今之计，只有趁着李建成西去的机会，击败刘文静、王长谐，夺回永丰仓，再从背后邀击李渊，或可逆转乾坤。

如果留守的只有王长谐，那屈突通的算盘或许就打成了，但很可惜偏偏还有一个刘文静。这是一个很明白很明白的人。自李建成西去之后，刘文静连睡觉都睁着半只眼。他料定屈突通势必会来，勒令全军人不卸甲，马不离鞍，枕戈待旦，严加防范。

果然，在一个月黑风高的夜晚，隋军来了！这一次屈突通把全部兵力都压上了，只给桑显和提了四字要求：不胜不归！长官下了死命令，背水一战的隋军把吃奶的力气都使上了，气势如虹，竟然接连突破义军两道防线。混战中，刘文静身中流矢，虽无大碍，却对义军士气造成强大冲击。讲真的，这个时候桑显和只需咬咬牙，奋力一击，义军必定土崩瓦解。但这位将军突然做了一个谜之决定：吃饭！先干饭再干人！

机会稍纵即逝。千钧一发之际，改变历史的段志玄登场了。段志玄和他爸段偃师一同追随李渊起兵。两军交战时，他本不在战场，风闻前线吃紧，立即带着随从二十余骑赶来增援。

他到的时候，隋军正在做早餐。段志玄一声断喝，带着小弟们就杀入隋军中。隋军又累又饿，注意力涣散，战斗力低迷。一伙人好似狼入羊群，一路驰骋，杀了个三进三出，段志玄仅受轻伤。防线里的义军将士本已夺气，为段志玄之神威鼓舞，瞬间满血。刘文静更是带伤指挥，命令全军转守为攻，全面出击。打仗这事全靠士气。隋军士气已泄，哪里还能挡得住义军的冲锋？顿时全线崩溃。隋军主力被歼，桑显和单人匹马逃回潼关。

事实证明，在坑领导这事上，桑显和很有天分！第一次，他一把火帮李渊烧了蒲津桥。第二次，他一顿饭帮李渊灭了隋军主力。明天，就算刘文静拱手放屈突通西去，屈突通也无回天之力了！这真是坑爹他妈给坑爹开门——坑爹到家了。

屈突通气得连骂桑显和的气力都没有了。帐外，他的坐骑非常应景地嘶鸣了一声。屈突通面如死灰，代王的马还在，但代王的人他救不了了！

闭上眼，他看见了自己的前途。

05. 入主大兴

十月的关中，秋去冬来，寒风料峭。初四，李渊抵达大兴城东门——春明门外。除去驻守永丰仓的刘文静、王长谐部，义军各部近三十万人马均已抵达。

那么，守军有多少呢？只有两万！根据《剑桥中国隋唐史》的记载，大兴城东西长5.92英里，南北宽5.27英里。1英里是1609.344米。算一下，周长就是36017米出头。什么概念呢？就是说，城上每隔1.8米放一个兵；而义军方面，则有十四五个人来争夺这1.8米。

阴世师这仗怎么打？没法打！这时即便子牙再世、孔明复生，也无力回天了。

众将请求立即总攻。李渊却摇了摇头，慢慢悠悠说了两个字：喊话！一直以来，他口口声声"只反暴君，不反大隋"，如今刚到大兴城下就迫不及待攻城，岂不是打自己的脸？所以，一定要把姿态摆出来、摆足了，决不能省略。

然而，面对义军24小时不间断的喊话，城中没有任何回应。

从一开始，阴世师就没打算留后路，他就是要为大隋鞠躬尽瘁，死而后已。

喊话持续13天，停了！够了，够意思了，姿态已经摆得很足了，不需要再客气了！二十七日，李渊下达总攻令，二十余万大军如潮水般冲向大兴城……

惨烈的攻防战持续了14天。十一月初九傍晚，西天的云彩被残阳烧得殷红如血，大兴的丧钟终于敲响。李建成所部军头雷永吉第一个攀上了城头。在他身后，如潮水般的义军将士援梯而上。

大兴陷落！

当初，刘文静断言："不过半年，帝业成矣！"从七月初五晋阳起兵，到十一月初九攻破大兴，仅四月有余，刘公真乃神人也！

由于李渊早已有令在先，义军入城后，并未烧杀抢掠，城中秩序迅速安定。

李渊办了三件事：一是将代王杨侑迁居大兴殿；二是废除隋朝的全部法令，与百姓约法十二条；三是将阴世师、骨仪等隋朝主战将领（卫文升在攻城期间病逝）"俱斩之"，"余无所问"。

随后，他亲自去天牢迎接两个女婿和堂弟李神符出狱。他高高兴兴而去，怒气冲冲而回。咋回事儿呢？有个人他想杀，却没能杀了！

这个人就是李靖。李靖刚被解送至大兴，李渊就起兵了，阴世师等人顾不上办他，一直关在天牢里。

李渊看到李靖，颇为惊诧，药师何故在此？李靖说了一番话，当场就让李渊炸毛了。原来，早在马邑时李靖就断定李渊必反，素来谨慎的他信不过王仁恭，决定曲线救国，检举李渊。怎么个曲线法呢？故意犯罪，递解大兴，先汇报朝廷；再解江都，面圣告状。李渊脸都青了，来人哪，把这个心机男推出去砍了。

李靖急了："公兴义兵，欲平暴乱，乃以私怨杀壮士乎！"这时，一旁的李世民说话了，说李靖是不可多得的人才，就这么杀了未免可惜。李渊拗不过儿子，气得扭头就走。李靖迈进鬼门关的那条腿这才收了回来。李世民随即将他召入幕府，奉为上宾。

入城第六天，李渊将代王杨侑扶上了皇帝宝座，改大业十三年为义宁元年，大赦天下。对表弟杨广，李渊还是很关照的，升一级，"遥尊"为太上皇。

小皇帝"任命"李渊为大丞相，进封唐王，除了祭祀天地这样的大礼，所有军国机务都归相府。李渊"固辞不受"。公卿将佐自然要做他的思想工作："唐公您辅佐一个小毛孩子，怎么能辞去宰相职务呢？！"于是，李渊只能"勉为其难"地接受了册封，并说出了这个时代的最强音："王家失鹿，遂使孤同老狼。"隋室无道，显得我李渊像头老狼似的！我虽无意逐鹿，确知苍生苦楚。

李建成受封唐王世子，李世民封秦国公，李元吉封齐国公，裴寂任丞相长史，刘文静任丞相司马，其他功臣各有重用。

榆林、灵武、平凉诸郡守官纷纷派来使者表态：坚决拥护新大隋，唯大丞相李渊马首是瞻，同暴君杨广彻底划清界限。

消息传到潼关，屈突通万念俱灰，摸着脖子慨叹："当为国家受人一刀耳。"桑显和劝他投降，他潸然泪下："我服侍过两代隋帝，他们都对我很不错。我拿着大隋朝的俸禄，干不出背叛大隋朝的事！"

很快，李渊就找上门了。来者是屈突通的家童。屈突通没给他开口的机会，"立斩之"。随后，他留桑显和守潼关、尧君素守蒲坂，自率残部东进洛阳，准备去投越王杨侗。老上司刚走，桑显和就向刘文静打开了潼关的大门。屈突通自以为后方无忧，一路徐徐而行，刚走到今河南三门峡灵宝函谷关，就被追上了。

两军阵前，屈突通看见桑显和，心痛得差点儿从马上跌落。别急，更心碎的还在后面呢！义军阵中忽然跑出一个熟悉的身影，脆生生地喊了一声："爹！"这一声直喊得屈突通肝儿颤。但错不了，的确是他儿子屈突寿。屈突寿说："爹，隋朝气数已尽，唐王旭日东升，您快快弃暗投明吧！"屈突通羞愤万分，破口大骂："以前我们是父子，现在你就是国贼，是我的仇人！"说罢，就让左右向儿子射击。屈突寿慌忙躲入军中。

这时，桑显和站了出来，对隋军将士说："兄弟们，京城已经沦陷了，你们都是关中人，去洛阳干吗？"这句话彻底瓦解了早已涣散的军心，兵器落地的声音叮叮当当响成一片……

屈突通翻身下马，冲着江都的方向跪下，泪流满面："臣力屈兵败，不负陛下，天地神祇，实所鉴察。"话音刚落，对面的义军已经扑了过来，兜头一条麻绳，走你。

大兴，丞相官邸，李渊笑问屈突通："你怎么这么晚才来见我啊？"屈突通放声痛哭："我不能尽人臣之节，力屈被擒，实为大隋的耻辱，愧对代王。"李渊超级会劝人："你是个好人，再说已经尽了臣子的本分了！我天天都盼着你来呢！"

当晚，二人做了一次很长很长的谈话。也不知李渊是怎么谈的，反正第二天新朝多了一个蒋国公、兵部尚书屈突通。

千古艰难唯一死！

蒲坂，尧君素在城头，屈突通在城下，相对唏嘘。屈突通喊话："我军已经败了，唐王义旗所指，各地纷纷响应。大势已经去了，你还是早点儿投降吧！"尧君素擦干眼泪："你是国家大臣，受命坐镇关中，代王把江山社稷都托付给你了，你却投敌卖国，现在还跑来当说客！你胯下的那匹马是代王赐给你的,你还有何脸面骑着它?"屈突通满脸通红:"君素,我真的尽力了!"尧君素斩钉截铁地说:"你尽力了,我还没尽力呢,不必多说了!"屈突通羞惭而退。

这是两人最后一次对话。此后,昔日的上峰与下属各奔东西,各行其是。屈突通一路加官晋爵,图形凌烟阁,成为开唐二十四功臣之一。尧君素则坚守蒲坂,直到生命的尽头。

江都宫,"当啷"一声,斟满美酒的金樽重重摔在地上,奏乐声戛然而止,杨广目光迷离,喃喃自语:"'桃李子'原来是他,原来是他……"

第四章 左右开弓

01. 御西援东

李渊入主关中，最先做出反应的居然不是杨广，而是西秦大帝薛举。当初薛举放着关中大西瓜不取，非去捡河西小芝麻，结果芝麻没捡着，西瓜还让李渊给摘了。薛举急了，立即发兵东进，来夺关中。

西秦军先锋大将是薛举长子薛仁杲。此人孔武有力，精于骑射，乃西秦军中第一悍将，有"万人敌"之称。在他的统领下，西秦军迅速逼近。扶风郡（今陕西宝鸡扶风县）太守窦琎①（李渊小舅子）、河池郡（今陕西宝鸡凤县）太守萧瑀（萧皇后之弟、萧铣堂叔）不敌，飞书向李渊求救。李渊立即派李世民率军迎战。

十二月十七日，李世民和薛仁杲遭遇于扶风城下。

虎父薛举对儿子充满了信心，虎父李渊也对儿子充满了信心。然而，事实证明在李世民这只真虎面前，薛仁杲不过是只病猫而已。一场大战下来，"万人敌"薛仁杲被打得抱头鼠窜。李世民穷追猛打，大有直捣金城之势，只因粮草不济才罢兵。

扶风之战对薛举问鼎天下的信心是一个极其沉重的打击，他竟问大臣们："历史上有天子投降的故事吗？"

话音刚落，有人接道："转祸为福，自古有之。"薛举定睛一看，

---

① 琎，音今。

是麾下第一高参——黄门侍郎褚亮。

褚亮这个人不简单，乃名满天下的大才子，之前是前太子杨勇的东宫属官。杨广登基后，将他远远地发配到了青海湖畔。薛举将他招致幕下，参与机密。褚亮和他儿子褚遂良当然看不上薛举，屈膝事人不过为形势所迫尔。他们父子遍观群雄，认定只有李渊才是天命所归的"桃李子"。因此，当薛举流露出归降李渊的意思后，褚亮马上站出来敲顺风锣。

西秦文武，均不置可否。谁都没想到，这时一个很边缘的人却站了出来。此人就是原大隋金城令、现西秦卫尉卿郝瑗。他强力回击褚亮："陛下您就不该问！褚亮的话其心可诛，是悖逆之言！"

这就有意思了，要知道薛举造反夺的就是郝瑗的权。但兵变后薛举并未加害郝瑗，反而予以任用。郝瑗一个感动，得了斯德哥尔摩综合征，摇身一变成了薛举的忠实拥趸。他对薛举说："当年刘邦屡战屡败，刘备连夫人都死了，还一次死了两个，可他们最终都成就了大业！陛下您只不过败了一场，就想着投降了？"

这席话说得薛举惭愧万分，赶忙分辩："哎呀，我是开玩笑的，试试大家而已！"

扶风之战后，以窦琎、萧瑀为代表的河陇隋官陆续归附李渊。李渊本应携胜利之势，彻底消灭薛举，但他并没有这么做。因为眼下有一件更重要的事情要办，那就是救援东都！

李渊西去后，李密深知时不我待，加紧围攻东都。杨广又调集五路大军，以涿郡留守薛世雄为总指挥，驰援东都。

七月，当李渊在霍邑城外挨淋时，薛世雄的大军一路南下，开至今河北沧州河间市七里井。也不知他是怎么想的，非要去搞乐寿（今河北沧州献县）的窦建德。当时的窦建德还很弱小，听说老薛要搞自己，慌得不得了。

不承想，接连发生两个"没想到"，剧情分分钟反转。薛世雄没想到窦建德会偷袭自己，窦建德没想到他的冒险居然赢了。结果，薛世雄全军覆没，遁入河间城内，不久即惭恚发病而死。

薛世雄以他的失败为杠杆，撬动了山东的格局：窦建德借此战威震河北，实力迅速壮大；王世充继任为援洛五军总指挥，来到了河南。

王世充北上中原后，铆足劲和李密干了四仗，屡战屡败却屡败屡战。干着干着，李密忽然刀口向内，把大哥翟让干死了。咋回事呢？

瓦岗寨独特的二元体制使其内部不可避免地形成了翟、李两个派系：前者都是当初跟着翟让上瓦岗的元老，包括他的兄弟子侄和单雄信、徐世勣、邴元真等人；后者则是由李密嫡系蒲山公营和冲着他加盟瓦岗的各路豪杰组成，代表人物有草莽出身的王伯当（王伯当的历史原型）、程知节（程咬金的历史原型），以及从隋军那边投过来的裴仁基（裴仁基的历史原型）、裴行俨（裴元庆的历史原型）、秦叔宝（秦琼的历史原型）、罗士信（罗成的历史原型）、贾闰甫（贾润甫的历史原型）等。受各自大哥的影响，这两大派别在生活旨趣、政治观念乃至人生信仰等各个方面，完全是南辕北辙、格格不入。三观不同，势必难容。时间一久，分歧演变为争执，争执变成了争斗，矛盾日积月累，终于无法调和。

大业十三年十一月十一日，李密借宴会之机，诛杀了翟让及其兄侄。不过，为了最大限度地搞好团结，单雄信、徐世勣、邴元真等元老他一个没动。他觉得分寸把握得很好，团结的大局顾住了。殊不知从这一刻起他真的成了光棍，他对翟让的恩将仇报，寒了那些已经跟随他和正准备跟随他的天下英雄的心。

大权独揽后，李密继续猛攻东都。东都危若累卵，朝不虑夕，而杨广已无兵可派。

没关系，他们没人手，李渊有呀！义宁二年正月，李渊派李建成、李世民率十万大军救援东都。当然，这是打引号的救援。李渊名义上还是大隋的丞相、唐王，东都有难，他有不可推卸的救援义务，虽然他不想救，也救不了。在出兵前，他已经向二子交代得很清楚了："有征无战，是谓义师。招谕不从，勿难还也。初年孟月，春作方兴，不夺农时，宜知其速。"听到没？有征无战，只出兵，不打仗，而且要不夺农时，速去速回，分明就是作秀给天下人看。

四月初一，李建成、李世民率军抵达东都近郊。李密很生气，当初你入关，我可没拦着；现在你得了关中，却来阻我，也忒不厚道了！立即挥军逼近二李。不过，双方都很小心，稍一接触，就各自鸣金收兵了。

表叔们远道而来，杨侗却紧闭城门。

二李实地考察一番，觉得李密和东都目前实力都不弱，不宜与之开战，三天后就撤军了。李密也不想在东都未定前与李渊闹翻，坐放二李西归。

越王杨侗毕竟太嫩，偏要派光禄大夫段达率一万精兵追击。

李世民还能没准备？半路伏击，打得段达抱头鼠窜。而后，二李扬长而去。

回到大兴后，李渊告诉他们一个石破天惊的大消息：杨广死了！

02. 李渊建唐

初到江都的小半年，是杨广一生中最后的疯狂。

《资治通鉴》以生动的笔触为我们呈现了这段画面:"隋炀帝至江都,荒淫益甚,宫中为百余房,各盛供张,实以美人,日令一房为主人。江都郡丞赵元楷掌供酒馔,帝与萧后及幸姬历就宴饮,酒卮①不离口,从姬千余人亦常醉。"杨广每天到一个美人处留宿,经常和后妃们办 Party、喝大酒。

每天,大家都是醉醺醺的。这就是末日狂欢了。

好景不长,进入大业十三年,局势迅速恶化,群雄竞起,遍地烽火。尤其李渊晋阳起兵、人主关中,更是予杨广以沉重打击。

重压之下,杨广"扰扰不自安",言行几近癫狂,每日退朝后换上便装,拄着手杖,在江都宫里到处转悠,一直到夜幕降临才恋恋不舍地回寝宫。为啥呢?"汲汲顾景,唯恐不足",唉,这大好的风光,能看一天是一天吧,不抓紧看就看不着了。他时而乐观地对萧后说:"外边有很多人想杀我,但我怎么着也能当个陈叔宝第二,你也能当陈叔宝第二的皇后,想那么多干吗,喝酒!"时而他又对镜自怜,摸着脖子叹息道:"这么好的头颅,不知道会被谁砍掉?"萧后怪他乱讲。他却惨然一笑:"贵贱苦乐都是循环的,我也没什么好悲伤的!"

其实,彼时局势虽乱,但也未必无法收拾。倘若他能"拍拍身上的灰尘,振作疲惫的精神",挥军北上,与东都内外夹击平了李密,而后在尧君素的策应下,西行入关,再灭了李渊。二李一死,余者如窦建德、杜伏威、薛举、刘武周皆不足惧也。

但他已经彻底失去了自信。

杨广决定,南渡长江,迁都丹杨(今江苏镇江丹阳市),割据江东。此举得到了绝大部分臣子的支持,但却丧失了群众基础:大隋近卫军——骁果军非常不满意!

---

① 卮,音只。

骁果军最显著的特点就是关中化,军中上下一水儿的关中人。这个特点又催生了另一个特点——恋家,不愿在外久留。自抵达江都后,骁果军将士私自脱逃的事情就时有发生。不过,绝大部分将士仍旧觉得,皇帝迟早是要回去的,他们可以等!他们等啊等,等啊等,等来了皇帝要迁都丹杨的消息。这下,全军炸了锅。

骁果军指挥官——司马德戡联合已故许国公宇文述的儿子宇文化及、宇文智及,于义宁二年三月十日发动兵变。翌日,杨广被缢杀于江都宫彭城阁。这一次,他终于将自己永远地留在了心爱的江都。

叛军管杀不管埋,萧后仓促之间搞不到棺椁,就用床板做了一副简陋的棺材,将丈夫草草葬于江都宫西院流珠堂地下。宇文化及北上后,留守江都的陈棱才为杨广发丧改葬。

后来,李渊用一个"炀"字对杨广荒唐的一生做了总结。何为"炀"?古代谥法,去礼远众为炀,去礼远众就是脱离群众的意思,一语中的!表哥对表弟还是很了解的。

又后来,杨广的次女成了李世民的杨妃。贞观五年(631年),李世民按帝礼,将老丈人改葬于城北的雷塘。

又过了一千余年,2013年4月,施工人员在扬州市邗①江区的一处工地上,意外发掘出两座古墓。其中一座墓志上赫然写着"隋故炀帝墓志"等字样。至此,隋炀帝之墓终于大白于天下。古墓占地面积仅二三十平方米,远远达不到帝陵应有的规模和气势。墓主尸骸已荡然无存,只找到两颗牙齿。经鉴定,牙齿主人当为五十岁左右的男性个体,而杨广死时正好五十岁。

一代帝王落得如此下场,不禁令人唏嘘。这正是:文质彬彬,威风凛凛。只道是并吞八荒,功盖万古;横槊赋诗,笑傲前尘。却不

---

① 邗,音函。

料，南征北战竭民力，予雄予智失民心。眼看着，如画江山都丧尽，好头颅也与那诗歌肝胆分。只落得"一代英雄归黄土，几行烟柳掩孤坟"。

顺便说一句，该工程的房地产商名字刚好叫杨勇。

丧钟并非只为杨广一人而鸣，隋朝皇室和虞世基、来护儿、许善心等骨干大臣也遭到血腥清洗。两代隋帝的男性子嗣，除杨广三弟的两个儿子秦王杨浩和济北侯杨湛外，不分老幼，全部被杀。隋炀帝的嫡系子孙，除去次孙杨侗、三孙杨侑以及齐王杨暕的遗腹子杨政道（当时还未出生）和长女南阳公主、次女杨氏（封号不明）等几个女儿外，一无孑遗。

好好的"大业"，被杨广造成了大孽。隋文帝杨坚一生经营，辛辛苦苦几十年，方才成就"开皇之治"，然后托儿子杨广的福，一夜回到解放前，历史拐个弯，他还是杨白劳。

隋帝一死，皇潮来袭。

萧铣有地利之便，最先收到消息，于四月初称帝。

当月底，李渊也收到了消息，高兴得号啕大哭："吾北面事人，失道不能救，敢忘哀乎？"

然后就是熟悉的配方，隋帝三提禅让，群臣三次劝进，李渊装模作样地扭捏了两次，于五月二十日接受"禅让"，登基称帝，改国号为唐，以义宁二年（618年）为武德元年，改大兴为长安，定为国都。根据五德始终说，唐得土德，土色为黄，故唐人尚黄。大家看历史剧，如果皇帝穿黄色龙袍，百分之九十九是唐朝了。

名震中外、光耀古今的大唐王朝正式开张。

故事讲到这里，可能很多人还是不明白：为什么偏偏是李渊？答案就在接下来的封赏功臣中。

中央政府官员中，职位最重、权力最大的便是三省六部的长官级官员。中书省的长官叫中书令（早期叫内史令），副长官叫中书侍郎，办事人员叫中书舍人。门下省的长官叫侍中（也叫纳言），副长官叫黄门侍郎，办事人员叫给事中。尚书省名义上的最高长官叫尚书令。但唐朝的第一任尚书令是李世民，他后来当了皇帝，所以他干过的位置别人就不能干了。于是，尚书省的实际最高长官便成了原为副手的左仆射和右仆射。两仆射以下，就是尚书左右丞和各部尚书了。

李渊论功行赏，拜裴寂为右仆射，刘文静为纳言，陈叔达为黄门侍郎，萧瑀为内史令，殷开山为吏部尚书，窦琎为户部尚书，前隋大臣李纲为礼部尚书，屈突通为兵部尚书，独孤怀恩为工部尚书。

我们看看这个名单，除刘文静和殷开山外，其余都是豪门出身。

裴寂，河东裴氏的代表。

陈叔达，南陈宣帝之子、陈后主之弟，江南陈氏的代表。

萧瑀，西梁明帝之子、萧后之弟，兰陵萧氏的代表。

窦琎，关陇窦氏的代表。

李纲，陇右李氏的代表。

屈突通，关陇豪门屈突家族的代表。

独孤怀恩，独孤信之孙，李渊表弟，关陇独孤氏的代表。

李渊能够迅速成功，除了他本人出众的能力、贤良的辅弼、得当的策略等因素外，一个很重要的原因就在于：他是以世家大族利益的维护者、而非破坏者的面目出现的。

从两晋到隋唐的几百年，实际上是一个门第的时代。各种大大小小的世家大族作为一个整体统治着中国，皇帝其实只是他们的利益代言人。他们既介意但又不那么介意皇帝的人选。甭管谁当皇帝，只要能继续维护他们的利益，保障他们的权势，他们可以不介意。在时人眼中，李渊不过是推翻了世家大族不合格的代言人——杨家而已，他的出现不仅无须害怕，反而值得欢迎。

这就是李渊仅凭三万人马、仅用半年时间便入主关中、成就帝业的原因所在。初定关中时，他的实际控制范围不过大兴周边。但当他以书信诏谕四方时，"东自商洛，南尽巴蜀，郡县长吏及盗贼渠帅、氐羌酋长，争遣子弟入见请降，有司复书，日以百数"。究其原因，也在于此。

封赏功臣后，李渊立李建成为皇太子，李世民为秦王，李元吉为齐王。

按照两唐书和《资治通鉴》的记载，李渊征求李世民的意见，想立他为太子，遭到李世民的"固辞"。其实，这都是受到了贞观史臣歪曲记载的影响。从一开始李渊就打算沿袭礼法，将帝位传给长子。

他还亲自批定了17名太原元谋功臣，依次是：秦王李世民，右仆射裴寂，纳言刘文静，左骁卫大将军长孙顺德，右骁卫大将军刘弘基，右屯卫大将军窦琮①，左翊卫大将军柴绍，内史侍郎唐俭，吏部侍郎殷开山，鸿胪卿刘世龙，卫尉少卿刘政会，都水监赵文恪，库部郎中武士彟，骠骑将军张平高、李思行、李高迁和左屯卫府长史许世绪。李渊又说了，前三名可以恕二死，后14名可以恕一死。就是说，只要大唐在，李世民、裴寂和刘文静就可以豁免两次死刑，有三条命，而柴绍等人也可以免一死。真是皇恩浩荡、吾皇万岁！

四天后，元文都、王世充等东都留守大臣拥戴越王杨侗称帝，改元"皇泰"。

逊帝杨侑被李渊降为酅②国公，安置于长安。一年后，年仅15岁的他突然暴毙。

---

① 琮，音从。
② 酅，音西。

03. 爆炒西秦

李渊一称帝，薛举就上火，于六月再次兴兵犯境。李渊派李世民领刘文静、殷开山，率刘弘基、慕容罗睺①、李安远等八大总管应战。七月初，两军遭遇于今咸阳长武县北的高墌②城。

紧要关头，李世民生了大病，一病不起。唐军的实际指挥权落到了刘文静和殷开山手上。交权前，李世民一再叮嘱："薛举远道而来，利于速战。你们不要理会他，坚守不出。等我病好了，看我怎么收拾他。"二将自然连连称是。

不过，等李世民休息后，殷开山却躁动了。他认为此战乃大唐开国首战，避而不战有辱国格，便征求刘文静的意见，想让大军开出营门，耀武扬威，以震慑敌军。换作从前，刘文静必会坚决执行李世民的指示，但时过境迁，眼看裴寂在朝中如日中天、一时无两，刘文静亟须一场胜利来压一压这位老伙计。于是，他做出了一个足以让他悔断肠的决定：出兵！

初九，唐军于高墌城西南的浅水原列阵。

没想到，此举正落薛举彀中。当第一队唐军开出大营时，薛举果断派薛仁杲率精锐偷偷插到唐军背后。唐军刚刚列阵完毕，西秦军就发动了总攻。在薛氏父子的前后夹击下，八大总管被打得七零八落，慕容罗睺、李安远、刘弘基三人被生擒，"士卒死者什五六"，连高墌

---

① 睺，音侯。
② 墌，音止。

城也丢了。残暴的薛举将唐军的尸体筑成京观①，以此炫耀武力。

大唐开国首战，竟是一场大大的败仗。

到了这般田地，病愈的李世民也没辙了，只得率残部奔回长安。李渊大怒，将刘、殷二人削职为民。

不过，我以为李世民病得太蹊跷，何等重病，以致无法指挥？浅水原之战很可能就是李世民亲自指挥的一场败仗。为了替尊者讳，刘文静和殷开山二人推说他得了疟疾，将失败的责任揽到了自己头上。李渊未必不知情，但为了儿子脸面，只好装作不知。

西秦军气势如虹，大有席卷关中之势。长安人心惶惶。

接下来发生的事情只能说是天佑李唐了。关键时刻，薛举居然病倒了，没几天就死了。紧接着，郝瑗"哭举得疾"，也病得不省人事。

如果薛仁杲继续挺进，说不定二十四史中就没有两唐书了。但他终究只是薛仁杲，老爹一死，他想起金城还有个弟弟薛仁越，很不放心，赶忙回军。一番忙乎，薛仁杲如愿以偿地登上了帝位，并迁都于折墌城（今甘肃平凉泾川县）。帝位倒是有了，但进取长安的良机也丢了。

残忍是老薛家的传统。薛举喜欢断舌、割鼻、棰捣，他的妻子鞠氏酷爱小皮鞭。但他们两口子对杀戮充其量只能算喜欢，而薛仁杲已达到了狂热的程度。他曾将拒绝投降的隋朝官吏活活烤熟，给士兵们分食。薛举五十步笑百步："你这么残暴，迟早颠覆我的国和家。"这样当老大连老爸都看不下去，怎么可能赢得部下和民众的拥戴？所以，西秦内部人心涣散。

唐秦州（今甘肃天水秦州区）总管窦轨察知，想浑水摸个鱼，攻打折墌城。薛仁杲可不是什么小鱼小虾，而是一条吃人的大鲨鱼。窦轨被一顿暴扁，仓皇逃归秦州。西秦军顺势反弹，兵围泾州（今甘肃

---

① 京观，用尸体加土盖成的土堆。

平凉泾川县北）。李渊派堂弟李叔良去救泾州。李叔良才具泛泛，轻易上了薛仁杲的当，被围于城中。

贼焰熏天，李渊觉得光靠大唐的力量很难搞定薛仁杲，得找个帮手了。敌人的敌人就是最好的朋友。河西大凉王李轨就是在这种情况下进入了他的视野。李轨在左，李渊在右，中间夹着个薛仁杲。二李若是联手，妥妥的汉堡夹热狗之势。

于是，李渊遣使凉州（今甘肃武威凉州区）招抚李轨。李轨反应积极，不仅一口答应，还派弟弟入贡称臣。李渊随后遣使凉州，拟册封李轨为凉王。

有李轨做保障，李渊的底气又足了。九月底，病愈的李世民再度兵临高墌城。依旧是那座城那块原，只不过对手变成了宗罗睺。薛仁杲现在是皇帝了，身娇肉贵，轻易不上火线。

唐军远道而来，利于速战，李世民却高挂免战牌，坚壁不出。这么一搞，不仅宗罗睺憋坏了，唐军诸将也憋坏了，天天请战。李世民就是不同意。但众将非是不听，惹得李世民怒起："敢言战者斩！"

谁都没想到能等两个月，一等就等到了冬天。

这天，对面忽然有人来降。谁？宗罗睺的部将梁胡郎。李世民问他为什么投降。梁胡郎说，我军粮食吃光了，迟早被贵军打败，与其日后做俘虏，还不如现在投诚！李世民听了，哈哈大笑，各位，攻灭薛仁杲就在近日。

初战浅水原失利后，李世民做了深刻反思。西秦军长于陇右苦寒之地，骁勇彪悍，战力惊人。硬碰硬，唐军很难讨到便宜，应思智取。再凶悍的敌人也是娘生肉长的，也得吃饭，所以他避而不战，专待西秦军断粮。

根据部署，总管梁实所部迅速前插浅水原。宗罗睺正为粮食发愁，一听唐军出击，喜上眉梢，立即发动猛攻，很快就将梁实部包围了。众将担心梁实安危,日日请战。但李世民置若罔闻。大家心下黯然,梁兄,自求多福吧!

如是延宕了几日,十一月初八晚,李世民突然升帐:"今天可以出战了。"众将无不欢欣鼓舞。

清晨时分,唐军庞玉部赶到浅水原增援。宗罗睺围点打援玩得很溜,庞玉"几不能支"。眼看庞玉和梁实就要被歼灭了,西秦军后方出现了一支军队。由于距离较远,宗罗睺看不清对方旗号。等到近了,他定睛一瞧,大惊失色,是唐军!

原来,梁实只是诱饵,庞玉则是加量不加价的新饵,两人存在的意义就是将宗罗睺钓住、钓死。真正的渔翁,也就是唐军主力,则趁着鱼儿撕咬诱饵的时候,悄悄迂回到了它的后方。熟悉吗?第一次浅水原之战,薛举就是这么对付唐军的。现在,李世民来了个以彼之道还施彼身。

他一马当先,杀入阵中。唐军将士备受鼓舞,"表里奋击,呼声动地"。西秦军饶是厉害,也架不住前后夹击,被杀得人仰马翻,全面崩溃。

总算一雪一战浅水原之耻!唐军上下,吐气扬眉,都打算好好休整庆贺一番。李世民却不作声,挑选出两千骑兵。众将不明白,问他干吗?他说要带着轻骑直薄折墌城。众人不相信自己的耳朵?两千轻骑就敢打折墌城,这算不算胡闹?

别人不敢阻拦,但窦轨直接扯住了外甥坐骑的缰绳:"折墌城十分坚固,不可小觑,还是徐徐图之为好!"李世民很固执:"吾虑之久矣,破竹之势,不可失也,舅勿复言!"说罢,纵马而去。

事实证明,他又对了!

李世民逼近泾水,薛仁杲闭门据守。日暮时分,唐军主力赶到,将折墌城围得水泄不通。薛仁杲觉得折墌城城池坚固,兵精粮足,怎么也能坚持一阵子。唐军诸将也是这么认为的。然而，现实却是：当天夜里，守军纷纷缒城来投，到天明时城中几无一兵一卒。薛仁杲无奈，只得出降。

至此，李世民仅用了不到三个月，就将劲爆西秦变成了"爆炒西芹"。

祝贺之余，诸将表达了共同的疑问：大王为何断定折墌城可一蹴而下？李世民这才给了他们一个完美的解释：很简单，闪电追击之下，浅水原的溃兵来不及躲入折墌城，城中兵力空虚，势难久支。众将心悦诚服。

很快，唐军分兵略定陇右全境，西秦国烟消云散。

李世民拣选西秦人才，文如褚亮、武如翟长孙者皆被收编，唐军战力愈加强大。随后，他踏上了凯旋的路途。

李渊特意派了一个人来迎接他。让李世民倍感意外的是，来者居然是李密。

04. 李密之死

其实，早在李世民出兵陇右之后，李密就来投李渊了。为什么？因为他出局了！

李密出局的过程可以用一句话概括：先被宇文化及撞了一下腰，又被王世充当头一板砖给干趴下了。

江都宫变后，宇文化及扶植秦王杨浩为帝，率十余万骁果军北归。他一北上，东都的皇泰主杨侗就紧张了。因为宇文化及走的是水路,先由大运河北上东都,再走广通渠(永通渠)西入关中,直接威胁着东都的安全。

东都头号辅政大臣——太府卿元文都提议招降李密,让瓦岗军去PK骁果军。所有人都觉得是个好办法,唯独王世充嗤之以鼻。皇泰主最终还是采纳了元文都的意见。

东都使节还没到,李密和宇文化及已经掐了起来。双方打得正火热时,东都使节到了!那么,曾发誓与隋朝不两立的李密会接受招安吗?他几乎没做任何犹豫,当场就答应降隋了。

李密有自己的盘算,他担心东都方面会趁机抄他后路,所以暂且以假降稳住隋廷,待打垮宇文化及后再取东都。皇泰主拜李密为太尉、尚书令兼东南道大行台行军元帅,封魏国公,命他先平定逆贼宇文化及,再入朝辅政,中兴大隋。再无后顾之忧的李密遂摆开阵势,死磕宇文化及。

七月,两军决战于今河南鹤壁浚县西南的童山。一方是装备精良、训练有素的官军精锐,一方是横行天下、百战扬名的民军精锐,双方从早晨打到傍晚,异常激烈胶着。最终的结果是四六开,瓦岗军被重创,而骁果军损失殆尽。宇文化及率残部北渡黄河,龟缩于今河北邯郸魏县,苟延残喘。

李密满脑子都是入朝辅政,也没去追击,就匆匆向东都进发了。没想到到了东都城下,他却吃了闭门羹。倒不是皇泰主食言了,而是东都刚发生了政变,元文都被杀,王世充掌权了。

咋回事呢?这就要说到东都内部的权力斗争了。根据杨广南下前的安排,东都的实际掌权者是元文都。但王世充来了以后,日渐受到杨侗的信任,招致元文都的强烈不满。在招降李密一事上,王世充多次在公开场合唱反调,彻底激怒了元文都。元文都决定诛杀王世充。没想到本是他这边的段达暗中倒向了王世充。王世充抢先动手,诛杀了元文都等人。

李密只得退回洛口。

自掌权第一天起，王世充心心念念的就是向李密复仇。经过一个多月的准备，九月初十，他率两万精兵出击。李密留王伯当守金墉城（洛阳西北角外的卫星城）、邴元真守洛口，亲率大军屯驻洛阳城北的北邙山。

二十日，双方决战于北邙山。酣战之时，王世充预先埋伏在山谷中的两百精骑突然自瓦岗军背后杀出。瓦岗军的阵脚开始动摇。王世充玩阴的，命人将一个酷似李密的人押到高处，大呼："已获李密矣！"李鬼有时比李逵还好用！瓦岗军全线崩溃。

危机之下，李密诛杀翟让的恶果显露出来。偃师、洛口等战略要地闻风而降，裴仁基、裴行俨、程知节、秦叔宝、罗士信、邴元真、单雄信等绝大多数瓦岗军将领也归附了王世充。余者如刘德威、高季辅、徐世勣、郭孝恪、张善相等皆散落各地，各自为政。李密众叛亲离，见大势已去，只得带着王伯当、贾闰甫等残部两万人，西行入关，来投李渊。

随行人员中有一个人不得不提，他就是后来的大唐谏臣——抬杠冠军魏征。

魏征幼时父母双亡，不得已出家做了道士。但他这个道士六根不净，不爱宗教爱政治，"属意纵横之说"。隋末大乱，他做了武阳郡（今河北邯郸大名县）郡丞元宝藏的幕僚，后跟随元宝藏归附李密。李密见他文章写得漂亮，就用他当了文学参军，专掌文书卷宗。但魏征最引以为傲的不是笔杆子，而是脑瓜子，经常进言。李密根本不听，你个文书也配谈论军政大事？！

归唐后，魏征主动请缨，一举说服黎阳徐世勣来降，由此进入李渊的视野。徐世勣举要地重兵而降，被赐国姓，从此更名李世勣。刘德威、高季辅等瓦岗残部也陆续来降。

李世民击灭西秦时，李密归唐已近两月。李渊有心夸子，特派他到豳州（今陕西咸阳彬县）迎接李世民。李密纵横中原，意气自雄，面对李渊"犹有傲色"。可如此狂人在亲眼见识到李世民的风采后，也"不觉惊服"，对殷开山说："真英主也！不如是，何以定祸乱乎！"

十一月二十二日，西征军回到长安。李渊将薛仁杲斩于市井，并重新起用了刘文静和殷开山。

至此，关中、陇右和已经归附的巴蜀连成一片，李唐的实力更加雄厚了。

而亲眼见证这一切的李密心里越发不舒服了。他自以为有大恩于李渊：若不是他塞住河洛，李渊岂能唾手而得关中；若不是他打退了宇文化及，十几万骁果军杀回关中，李渊的江山哪能坐得住？所以，入关前他对王伯当、贾闰甫等人豪言："我拥众百万，如今解甲归唐，只要我写封书信，山东数百座城池都会归附李唐。李渊不得给我个朝廷高官当?!"部下们也被他说得欢欣鼓舞。

在他们来的路上，李渊的亲笔信更是一封接一封，每一封都带着浓情厚谊，甜到发齁。

然而真到了长安，他们却傻了眼。屯驻于城外的瓦岗军不仅被数倍于己的唐军重重监视，而且缴械后一连数日都没得到一粒粮食。上自李密，下至普通一兵，怨愤非常，却无可奈何。

几日后，当局才有了初步的安置。瓦岗军被打散，编入唐军。李密也没当上朝廷高官，李渊只给了他一个光禄卿的闲职和邢国公的虚衔。光禄卿听着很高大上，其实就是皇宫后勤部主任。堂堂魏公，竟然沦落到照管李渊吃喝拉撒的地步，李密悲愤莫名。

李渊很清楚，李密是个人才，但这是一个会吃人的人才。如果让李密在大唐得了志，保不齐自己就会成为翟让第二。所以，尽管他亲热地称呼李密为弟弟,尽管他把舅舅的女儿嫁给了李密,但在内心深处,他对李密是提防的,甚至是敌视的。

这就是命运给李密的安排。如果他能接受,或许还可以善终。可他已经习惯于和命运抗争了,他不甘心!

李密经常向王伯当诉说心中的愤懑。王伯当也受不了寄人篱下的屈辱生活,怂恿李密:"魏公,如今徐世勣在黎阳,张善相在洛口,河南还有很多忠于我们的军队,我们何必寄人篱下呢?"这句话在李密的心头燃起了熊熊大火,大丈夫生于天地间,岂能郁郁久居人下?!

昨天所有的荣誉,已变成遥远的回忆。勤勤苦苦已度过半生,今夜重又走入风雨。

第二天,他上奏李渊,说要去山东为大唐招降旧部。李渊一听能招降瓦岗残部,高兴坏了,准备答应。可裴寂、刘文静等重臣一致反对:"李密十分狡猾,让他回去,无异于纵虎归山。"但李密的饼画得太大太香,李渊被钓住了,十一月二十九日,他在宫中设宴,为李密和贾闰甫饯行。李密也是影帝,"再三拜谢",并提出加派王伯当随行。李渊一高兴,要一送一,王伯当给了,另外再赠送一个李密的原秘书张宝德。

李密刚走,李渊就转过弯来了,传敕让他分一半人马在华州。李密冠冕堂皇的理由找了一大堆,继续前进,而且是昼夜兼程。他万万没想到,张宝德竟密信李渊:李密必叛!李渊急了,命令招抚使团继续东进,要团长李密回来"更受节度"。

李密知道这下蒙混不过去了,索性对贾闰甫说:"吾今若还,无复生理,不若破桃林县,收其兵粮,北走渡河。比信达熊州,吾已远矣。苟得至黎阳,大事必成。公意如何?"

说实话,贾闰甫早已心灰意冷了,这次他本不想来。听了李密的话,他十分坦诚地相劝:"主上待明公甚厚;况国家姓名,著在图谶,天下终当一统。明公既已委质，复生异图，任瓌、史万宝据熊、谷二州，此事朝举，彼兵夕至，虽克桃林，兵岂暇集，一称叛逆，谁复容人！为明公计，不若且应朝命，以明原无异心，自然浸润不行；更欲出就山东，徐思其便可也。"

这番话有理有据，绝对是金玉良言。只可惜此时的李密鬼迷心窍，已经听不进去了，他大骂贾闰甫："谶文之应，彼我所共。今不杀我，听使东行，足明王者不死；纵使唐遂定关中，山东终为我有。天与不取，乃欲束手投人！公，吾之心腹，何意如是！若不同心，当斩而后行！"说罢抽出刀就要砍贾闰甫。

好在一旁的王伯当眼疾手快，硬生生将他拉住。李密兀自喝骂不休。贾闰甫急得号啕大哭，冲李密拜了几拜，无限哀婉地看了众人一眼，转身离去。王伯当替贾闰甫说了几句好话。李密听了，竟然怀疑起他的忠诚来了："莫非你也想学贾闰甫？"王伯当急忙跪下来，剖白心迹："义士之志，不以存亡易心。公必不听，伯当与公同死耳，然终恐无益也。"

十二月三十日清晨，一行人抵达桃林县城（今河南三门峡市西南）。李密忽悠县令，说他奉敕暂返京师，希望能把家眷暂时安置于县衙。县令当然应允。

不一会儿，李密就带着几十名"妇女"直入县衙。县令亲自出迎，一看李密的家眷，差点儿没吐了，太丑了，怎么一个个五大三粗，跟男人似的?！什么叫跟男人似的？分明就是男人。县令还没反应过来，这帮男扮女装的家伙就砍了他的头。

随后，李密一面派人通知伊州的张善相派兵接应；一面放出风去，说要前往洛州。

李密占据桃林反叛的消息马上传到了熊州（今河南洛阳宜阳县）。守将史万宝万分忧虑，对副将盛彦师说："李密是一代枭雄，我们估计挡不住他。"盛彦师却微微一笑:"给我数千兵马,我肯定能砍了他的脑袋。"史万宝大喜:"公以何策能尔?"盛彦师故弄玄虚:"兵法尚诈,不可为公言之。"

随后,盛彦师从史万宝处讨得五千兵马,直接赶到了熊耳山,于山南要道两侧埋下伏兵。有偏将不太理解:"听说李密要去洛州,咱们跑到熊耳山干吗?"盛彦师就笑了:"这是李密瞒天过海之计,他说要去洛州,其实肯定是要经熊耳山去投张善相,我必杀之!"

果然,李密去洛州是假,奔熊耳山是真。不一会儿,他们一行人就进入了山谷。望着两侧嶙峋的峭壁,李密浮想联翩,等走出这片谷地,便是人生的新天地了。

正在畅想之际,忽听四周杀声大作,箭如飞蝗。李密大惊,回头吩咐王伯当等躲闪,却见王伯当身中数箭,坠落马下。李密仰天长叹,苍天啊,你为何如此不公?又一片箭雨洒了过来……

不好意思,桃李子真的不是你。

05. 李轨覆灭

"桃李子"究竟是谁?李轨笑了,舍我其谁?!

武德二年正月,李渊收到了凉州的来信,打开一看,气得差点儿没背过气去。只见信的开头赫然是:"皇帝的堂弟、大凉国皇帝、臣下李轨……"

原来,早在年前十一月李世民在浅水原对战宗罗睺的时候,李轨就称帝了。他原想等唐使来了以后,委托其向李渊说明称帝的想法。

可左等右等不见唐使踪影，李轨一个把持不住便称了帝。其实，唐使早在八月就上路了，但当时唐秦交战，道路阻绝，唐使只得绕道而行，一直到这年二月初才赶到凉州。

看完李渊的敕书，李轨傻了眼，人家李渊写得清清楚楚，只要他做大凉王，而他却称了帝。虽然心里老大不情愿，但李轨还是打算去掉帝号，接受唐廷的册封，毕竟李渊他惹不起。没想到手下的兄弟们不同意。本来嘛，大家已经封侯拜相了，如果李轨退位为凉王，那他们的荣华富贵就得打二五折了，当然不行！李轨自己本来就不乐意，见众兄弟都不同意，索性不退了。当然，他不敢过分开罪李渊，尤其西秦已被唐廷消灭，便遣使长安，向李渊解释此事。

解释也没用！天无二日，谁称帝，谁就是李渊的死敌，在这件事上李渊零容忍。当时，王世充已逼迫皇泰主"禅让"，称帝建郑。李渊本想兴兵讨伐王世充，见李轨如此不懂事，就改主意了：扣押河西使者，准备对李轨用兵。为了增加成功率，他又拉了一个帮手——吐谷浑伏允可汗。

吐谷浑是一个国家，其国土在祁连山脉和黄河上游谷地一带，包括今青海省大部和甘肃省西部。大家看看地图，就知道李渊为什么要拉上伏允可汗了，吐谷浑在河西以西，相当于一把抵着李轨后背的利刃。李渊相当善于借力，当初拉李轨夹薛仁杲，现在拉伏允可汗来夹李轨。

吐谷浑是个小国，却是个历史悠久的小国。别看如今在西北，当年吐谷浑的老家可是在东北。公元4世纪初，当时的慕容鲜卑酋长死了，其庶长子慕容吐谷浑争夺酋长之位失利，带着属部七百户，一口气从大东北跑到了大西北。他们轻易吞并了当地的部族，实力迅速壮大。到第三代酋长时，正值中原的西晋时期，一看都够一个国家的规模了，索性立国，国号就叫吐谷浑。

吐谷浑自西晋时立国，历三百余年直到隋唐，创下了少数民族政权的最长纪录。那么，问题来了：小小吐谷浑为何能坚挺三百余年？很简单，小国未必不是强国。吐谷浑虽小，却是个经济发达、军事发达、文化发达的强国。

当年汉朝强大时能有效地控制西域，汉人可以自由地经西域与中亚、东南亚通商。但从汉末到唐初的几百年间，汉人失去了对西域的控制，只能通过吐谷浑附庸白兰国掌控的白兰道①，才能与中亚、东南亚通商。吐谷浑人一面拦路设卡征收重税，一面当起了二道贩子，他们的商队足迹遍布大半个亚洲，赚得盆满钵满。

吐谷浑这么富有，却没人敢轻易动它，因为它有一支彪悍的骑兵。骑兵最重要的装备是战马和武器。吐谷浑人在这两方面都很厉害。青海出产良马，尤以龙种和青海骢最为著名。每年冬季，青海湖结冰，吐谷浑人就把良种母马和公马赶到湖中心的海心山上，到第二年开春，母马产下了体格健壮的马驹，号为"龙种"。青海骢是波斯马与当地土马杂交而生，以耐力著称，号称日行千里。吐谷浑又盛产金属，金属冶炼十分发达，能锻造出性能优良的兵器。

经济发达，武力强大，偏偏文化也不弱。吐谷浑人到处做生意，眼界很宽，他们深知中华文明的先进，所以主动汉化。吐谷浑周边的吐蕃、突厥等国虽然比它强大，却都处在奴隶社会末期，只有吐谷浑昂首进入了封建社会。

靠着这三样，吐谷浑笑傲西域三百多年。到隋朝时笑不起来了，因为隋朝实在太强大了！伏允可汗不得不把儿子慕容顺送到隋朝当人质。但隋炀帝还是灭了吐谷浑。伏允可汗率残部数千人逃奔党项。隋末中土大乱，他才乘机复国。

---

① 白兰道位处青藏高原东部，由青海南抵四川松潘，绵延两千公里。

二月，王世充杀害了皇泰主。江都隋将陈棱遣使降唐。使团中有一张西域面孔，正是吐谷浑质子慕容顺。李渊派人游说伏允可汗，只要肯帮忙对付李轨，就把慕容顺送还。伏允可汗当即答应。李渊如约安排慕容顺回国。

没想到形势比人强，伏允可汗还没出手，唐廷还未出兵，李轨就完蛋了。

李渊有个粟特族①小弟叫安兴贵，只是一名普通官员，但此人有个重要的海外关系，他弟弟安修仁是李轨重臣。安兴贵向李渊自荐，说他能说服李轨归降。李渊就让他回凉州试试。

五月初，安兴贵打着归附的名义，抵达凉州。因为他是安修仁的哥哥，李轨一出手就任命他为左右卫大将军。

安兴贵也不知怎么想的，初来乍到，情况还没摸清，就劝李轨降唐。他的错误就在于低估了皇权对一个人的诱惑。李轨勃然变色："我有山河之固，李唐虽然强大，能把我怎么样？"紧接着，他语带杀气反问："你是不是替李渊来当说客的？"安兴贵吓得直冒冷汗，一顿忽悠才稳住了李轨。

十三日，安兴贵、安修仁兄弟联络河西胡人突然发难，攻破凉州城，生擒了李轨。凉州一破，河西五郡陆续归降。当月底，李轨被杀于长安闹市。毕竟，"桃李子"也不是他。

因此大功，安兴贵封凉国公，安修仁封申国公。安氏兄弟能力泛泛，平定河西是他们一生中见诸史书的唯一事迹。不过，他们的后代出了不少人物。"安史之乱"时，安兴贵的曾孙安重璋、安修仁的曾

---

① 粟特人是中亚地区的古老民族，在以今乌兹别克斯坦撒马尔罕为中心的附近地区建立了九个城邦。我国史籍将这九个城邦冠以康国、安国、曹国、石国、米国、何国、火寻国、戊地国和史国之称，统称为"昭武九姓""九姓胡"。

孙安太玄耻于和安禄山同姓，分别被唐廷赐名为李抱玉、李抱真，乃中唐一代名将。又过了一百多年，李抱真的曾孙李振做了朱温的谋士，并怂恿朱温大杀朝廷大臣，酿成了"白马驿之祸"。当然，这是很后很后，后到本书第八本的后话了。

06. 金刚来了

河西归地是好事，但李渊却笑不出来，因为他的龙兴之地——晋阳危在旦夕！

天兴皇帝刘武周原本胸无大志，只想守着代北过诸侯的小日子。但最近他变了，一个人的到来刷新了他的三观。这个人名叫宋金刚，原是河北义军首领魏刀儿的部将。

魏刀儿大家不陌生，当年派甄翟儿入寇河东、给李渊提供机会的就是此人。他自称魏帝，活动于今石家庄、保定、衡水地区。东邻窦建德假意与他结盟，趁其不备，发动突袭。魏刀儿兵败被杀，残部四千人在宋金刚带领下，投了刘武周。

这个宋金刚可不是一般战士，乃魏刀儿麾下头号骁将，长于用兵，威震河北。对于他的到来，刘武周表示了最热烈的欢迎，并做了三件很有魄力的事情：一是册封宋金刚为宋王，并将全军指挥权交给他；二是将宋金刚招为妹夫；三是分个人财产的一半给宋金刚。

一个丧家之犬，一夜之间成了天兴政权最炙手可热的人物。刘武周的器重与信任，把宋金刚感动得耍耍的，他决心帮助刘武周成就千秋大业。刘武周目光短浅，但宋金刚却是个不折不扣的战略家。他告诉刘武周，天兴政权与李唐势同水火，与其坐等李唐来攻，不如主动出击，先取晋阳，再拔长安。这番话说得刘武周热血沸腾。但他的另一个妹夫苑君璋却持反对意见，说李唐太强大，主张保持现状。老刘觉得也有道理，就纠结了。

怎么办？外事不决问突厥。刘武周马上派人赴漠北，征求始毕可汗的意见。没想到始毕可汗闪电回复，坚决支持打晋阳，还说要联合朔方的梁师都，三路进军。

什么意思？始毕可汗不是李渊的盟友吗？怎么翻脸比翻书还快？其实，始毕可汗对李渊不满已经很久了。当初，李渊起兵，主动向突厥靠拢，名为结盟，实为臣服。虽然史书上没有明确的大段记载，但从零散字句来看，李渊对始毕可汗可以说是卑躬屈膝。他的卑躬屈膝也换来了丰厚的回报，整个进军期间，始毕没派一兵一卒攻打晋阳，也没让刘武周抄李渊的后院，李渊得以毫无后顾之忧地长驱入关，建立唐朝。但李渊所有的卑躬屈膝只为了一个目的：暂时稳住始毕可汗。待到入主关中、站稳脚跟后，他的态度就变了。虽然突厥方面每次来人他仍旧是好吃好喝好招待，临走还给拿上，但"金玉缯帛归突厥"的承诺早已被他默默删除了。

始毕可汗乃一代枭雄，当然不会受这鸟气，他不方便出手，就让梁师都出手。武德元年七月，梁师都入寇灵州（今宁夏灵武市西南），被唐军击退。李渊当然知道怎么回事，却也只能暗中问候始毕可汗十八代祖宗。打这以后，梁师都隔三岔五就南下骚扰。

随着李唐在陇右、河西陆续得手，始毕可汗逐渐意识到他低估了李渊，此人很有可能是再度整合汉人的人，他的大唐极有可能统一全国。一个统一而强大的汉人王朝，这是突厥人最不愿意看到的。他觉得有必要遏制李唐的崛起了，正巧刘武周来征求意见，所以他马上表态力挺。

对于这次联合行动，始毕可汗的热情甚至在刘武周之上。武德二年二月，他亲率大军南渡黄河，与梁师都会师于朔方。而此时刘武周的人马还没出马邑呢！

眼瞅着唐、突就要开战了，始毕可汗居然暴毙了。莫非老天爷真的偏爱李唐？突厥大军只得撤退。梁师都不敢单兵冒进，也撤了。这就留给刘武周一个难题：干，还是不干？

宋金刚：干！！！

刘武周：好，说干咱就干！

太原留守李元吉最近比较烦，因为他刚刚度过了一次免官风波。事情的经过是这样的……

晋阳起兵前夕，他被老爹委任为太原留守。父兄在前线披荆斩棘、披肝沥胆，他在大后方花天酒地、醉死梦生。李元吉酷爱打猎，经常挂在嘴边的一句话是："我宁三日不食，不能一日不猎。"太原"境内六畜，因之殆尽"。他还肆意掳掠、奸淫良家妇女，组织奴仆与侍妾玩战争游戏。最让李渊感到愤怒的是，奶妈陈善意多次规劝，恼羞成怒的李元吉居然命人将大恩人活活扯死了。

为了弄清这个儿子到底在干啥，李渊特派二女婿窦诞和右卫将军宇文歆到晋阳任职。没想到窦诞却和李元吉打得火热，还替小舅子遮掩。宇文歆看不惯，如实上报。李渊大怒，将李元吉免官，并勒令他回长安。此间乐，李元吉才不想去长安呢，就指使晋阳士绅联名上书，说留守大人如何如何勤勉，晋阳百姓如何如何对他爱戴有加，希望陛下能顺从民意，不要调走留守大人。

这世上没有哪个父亲愿意承认儿子是浑蛋。李渊看了万民书，高兴坏了，就让元吉继续留任吧！

虚惊一场，李元吉越发肆无忌惮，殊不知他的好日子马上到头了。

三月中旬，刘武周以宋金刚为前锋，率三万精兵南下，直指晋阳。由于李元吉毫无防备，天兴军一路如入无人之境。直到月底李元吉才有所察觉。而此时天兴军主力已经抵达晋阳北郊外的黄蛇岭。

仓促间，李元吉派车骑将军张达率一百步兵迎战。没错，只有一百人，还是步兵！张达"固请不行"。李元吉强令他出战。张达无奈，率众到了黄蛇岭，一战下来全军覆没，就剩了他一个。张达怒了，索性投降。有张达带路，宋金刚横扫晋阳以北各重镇。

四月十六日，刘武周亲临晋阳，指挥攻城！李元吉吓坏了，准备弃城而逃。

关键时候，有个人挺身而出。这个人就是原瓦岗军降将刘德威。刘德威早年曾与秦叔宝、罗士信等人，一同在原隋朝虎牢关守将裴仁基帐下效力，后又随裴仁基归附李密，北邙山之战后又归降了李唐。刘德威能力是有的，但在初唐这个牛人辈出的时代，他排不上号。但是刘德威的后代就厉害多了，他的孙女刘氏是李渊曾孙唐睿宗李旦的正妻。刘氏是唐朝唯一一个由皇后变成太子妃的女人，也是第一个被杀的太子妃，而杀害她的人正是唐朝最牛的女人武则天。

刘德威一点儿都不慌，他对李元吉没信心，但对晋阳城很有信心。在他的部署调度下，守军成功顶住了天兴军的轮番猛攻。不过，他也只能确保晋阳不丢而已，河东其余的地方就顾不上了。

刘武周不再强攻晋阳，而是兵分两路，他率偏师向东攻打西河，宋金刚则率主力向南挺进。

战情报到长安，李渊立即派左武卫大将军姜宝谊和太常卿李仲文率军救援。

六月中，姜、李二人率军渡河，进入河东。宋金刚抢先一步，进驻战略要地——今山西晋中介休市，挡住了他们北上晋阳的道路。

在来的路上，姜宝谊和李仲文已经做好了打硬仗的准备。但三场遭遇战过后，他们就不这么想了。因为他们已经打得很保守了，天兴军却败得很狼狈。当敌人第四次挑衅时，二人大胆决定：主力压上，歼灭敌军。果然，天兴军还是一触即溃。

唐军穷追不舍，追着追着，就追到了介休城郊的雀鼠谷。雀鼠谷，顾名思义就是只有麻雀和老鼠可以通过的山谷，虽说略有夸张，但谷底之狭仄可想而知。脚下的路越走越窄，眼前的敌人却倏忽不见，一种不祥的预感涌上了二人心头。

不祥，就对了！

接下来就是说书里常见的情节了：忽听两旁峭壁上连珠炮响，顷刻间杀声四起，四周尽是天兴军的旗帜。原来，先前的三战失利不过是宋金刚的诱敌之计。是役，唐军全军覆没，连姜宝谊和李仲文都当了俘虏。不过，这哥俩儿比较机灵，瞅了个空子，又逃了出来。姜宝谊继续主持战事，李仲文则去协防西河了。

此战之后，天兴军士气越发高涨。刘武周继续猛攻西河。但西河现在有了李仲文，吃过亏的李仲文学乖了，守得很好。刘武周无隙可乘。宋金刚则以介休为根据地，四面出击，每战必胜。

必须得派援军了！不消说，当然该秦王李世民闪亮登场了！没想到有人却抢先一步站了出来，说要为陛下分忧，请求率军讨伐刘武周。此人的请战震惊了所有人。因为，他赫然是大唐"首相"裴寂。

唐朝实行群相制，并无首相之名。但是几个宰相里总有一个要比其他人"个子"高些，是事实上的首相。

07. 刘文静之死

裴寂站出来是为了证明自己，之所以要证明，是因为有人总质疑他。这个人就是他的刎颈之交刘文静。

李唐开国，朝野公认臣子中刘文静是首功。但大家想归大家想，李渊可不这么认为，他觉得裴寂的功劳最大。早在称帝前，他就授意隋帝杨侑加封裴寂为魏国公，食邑三千户，赐良田一千顷、豪华别墅一栋、布匹四万段；称帝后，他更是经常"赏赐服玩"，"不可胜纪"。

光物质待遇就已让人艳羡非凡了，更何况裴寂在政治上几乎享有"副皇帝"的待遇。李渊从不直呼裴寂的名，连字也不呼，而是亲昵地称"裴监"。每天，注意是每一天，他都要赏赐御膳给裴寂。全大唐只有裴寂一个人，皇帝吃啥他吃啥，皇帝喝啥他喝啥。上朝时，李渊拉着裴寂排排坐，一同处理朝政。裴寂说一，他决不说二；裴寂说东，他决不说西。散朝后，君臣二人大手牵小手，走路不怕滑，一同返回后宫促膝长谈、饮酒作乐。

这当然会引起群臣百官对裴寂的羡慕嫉妒，但只有刘文静多了一个"恨"字。就裴寂那几把刷子，能配得上这样的待遇吗？想我老刘，首定大计，羁縻突厥，阻击屈突，助攻西秦，一路出谋划策、冲锋陷阵，为大唐开国立下了赫赫功勋。他裴寂出过一个计谋吗？打过一场仗吗？他不过是拍了一路的马屁而已！凭什么他的待遇和恩宠在我之上？刘文静越想越生气，上书李渊："今贵贱失位，非常久之道。"您是贵的，某人是贱的，你们这么处，不好！

李渊看了很不舒服，但还是颇为克制地回复："昔汉光武与严子陵共寝，子陵加足于帝腹。今诸公皆名德旧齿，平生亲友，宿昔之欢，何可忘也。公勿以为嫌！"这不是"贵贱失位"，而是礼贤下士。朕仿佛光武帝，裴寂好似严子陵，我们之间高尚得要要的。

刘文静奈何不了李渊，只好去奈何裴寂。每次廷议，凡裴寂所支持的，他一概反对；凡裴寂所反对的，他一概拥护。他还在公私场合散布裴寂无能的言论。裴寂又羞又恼，当然予以反击。二人多年友情一朝飞灭。

李渊夹在中间很不高兴。他有他的逻辑，裴寂是朕的故人，又是世家子弟，你刘文静凭什么和人家比？

刘文静无可奈何，只好在家中借酒浇愁。酒至酣处，自然要大骂裴寂，捎带着说几句抱怨皇帝的话，还不解气，就用刀乱砍柱子："必当斩裴寂耳！"

刘文静智识过人，但涵养确是不够。

反过来说裴寂，他也憋了一肚子气。我怎么会是无能之辈呢，我可是有大才华大本事的国士，文能运筹帷幄之中，武能决胜千里之外，只不过一直没机会展示而已。哎，机会说来就来了！刘武周、宋金刚威逼太原，关中震动。裴寂就想，若能击退二贼，稳定河东，看尔等还有何话可说？！

其实，他这个劲儿较得完全没必要。因为，刘文静马上就要受死了。

不知何故，刘府夜间常有妖精作祟，搅得家宅不安。老刘的弟弟刘文起就请了道士厌①胜。啥叫"厌胜"呢？简单地说，就是画个圈圈诅咒你。这个"你"包括但不限于人、物或妖魔鬼怪。这种事情在古代很普遍，但官员们从不敢公开搞，因为他们身份特殊，很容易被人诬告诅咒上峰乃至皇帝，轻则丢自己的脑袋，重则丢全家的脑袋。刘文静就是偷偷搞的。岂料刘文静的一个小妾因失宠怀恨在心，通过

---

① 厌，音压。

兄长上书朝廷，检举刘文静厌胜。

厌就厌了，就事实而言，目的只是禳灾，虽有失朝廷体面，顶多也就罚个俸。

然而，老话说得好，茅坑不臭搅起来臭。裴寂插了一脚，定性就变了，就不是禳灾，成厌胜皇帝、图谋不轨了。这事就大了！

李渊将刘文静打入大牢，令萧瑀和裴寂彻查此事。让裴寂查刘文静，还能有好？

刘文静真害怕了，上书自白："刚举义的时候，我和裴寂名位声望相同。现在裴寂官居宰相，还住着豪宅。而我呢，得到的官职赏赐和其他普通大臣没有区别，连个给老母亲遮风挡雨的窝都没有，所以才心生怨望。"

这番话感动了所有人，唯独感动不了李渊。李渊阅后，就说了八个字："文静此言，反明白矣。"没错，大家的眼睛没有瞎，李渊的逻辑是：因为妒忌，所以谋反。他是糊涂了吗？当然不是！原因其实很简单：他也想杀刘文静。

刘文静为他、为大唐做了那么多，他为何如此对人家？答案或许就藏在与突厥结盟这件事中。虽然史书上闪烁其词，但彼时强弱悬殊，李渊必然对始毕可汗极尽屈膝献媚之能事。具体办事的是刘文静，很多见得人和见不得人的事情，除了李渊就只有他知道了。

李渊给始毕可汗开出的最大支票是"金玉缯帛归突厥"。据《资治通鉴》记载，这话是刘文静面见始毕可汗时说的。但是即便刘文静有大魄力，在如此重大的问题上，也不敢擅作主张。显然，这话是李渊让他说的。虽说李渊只是在忽悠始毕可汗，可这话一旦泄露，对他的声誉将是一个巨大的打击。而李渊是一个极为爱惜自己羽毛的人。

本来，他和刘文静很有默契地保守着这个秘密。但因为对裴寂不满，刘文静连带着对李渊也不满。于是，李渊就会担心，刘文静会不会在某个不合时宜的场合，嘴一秃噜，把那些见不得人的内幕都抖出来？

这种担忧只有一个解决办法——杀人灭口。但杀人的理由可不是说有就有的。终于，刘文静自己送上门来了。刘文静是不是真的厌胜他，李渊并不关心，他只知道他想要的机会来了。

但是他的荒谬逻辑说服不了众人。朝中的耿直之臣如李纲、萧瑀等都为刘文静说话。李世民更是"为之固请"。

这样李渊就没办法了吗？他把球踢给了裴寂。

可能只是想杀刘文静，也可能是揣摩到了圣意，或者两者兼而有之，总之，裴寂说了李渊想听的话："刘文静才略过人，性情又粗鲁，如今天下未定，留下他肯定会有后患！"此言一出，尘埃落定。什么是刎颈之交？就是关键时候刎你颈的交情。

刘文静已是必死无疑，但裴寂仍要执着地证明自己。他觉得他行。李渊也觉得他行，朕看中的人还能不行?！裴寂举了手，连李世民都得靠边站。李渊任命裴寂为晋州道行军总管，全权主持太原战事。裴寂随即率大军向河东进发。

九月初六，刘文静兄弟被杀于长安闹市。临刑之前，刘文静仰天长叹："高鸟逝，良弓藏，故不虚也。"这一年他年仅52岁。说好的恕二死、三条命呢？

刘文静被杀是唐朝第一桩政治冤案。他的死首先是李世民的损失。刘文静智谋超群，决策果断，兼有房、杜所长，更在房、杜之上。他若没死，李世民后来不至于被兄弟逼得那么狼狈，"玄武门之变"或许就不会发生。他的死更是李唐的历史性损失。以他的才干，初唐在经济、政治、军事等各方面的成就或许会更好。

但历史没有假设。

他有两个儿子，同音不同字，长名刘树义，次名刘树艺。贞观三年（629年），太宗李世民为刘文静洗刷冤情，恢复名爵。为了安抚刘家人,他让刘树义继承了其父的爵位,还下嫁了一个公主。但二刘对父亲被杀一事耿耿于怀,策划谋反,事泄被杀。

一代名臣竟落得身死家破,岂不悲乎?!

08. 度索原之战

当刘文静引颈就戮时,裴寂大军已抵达介休,与姜宝谊合兵一处。

从扎营地点看,裴寂也不是扛着脑袋就来了,还是做了一点儿功课的。两个月前,姜宝谊和李仲文在雀鼠谷被打了伏击。裴寂仔细研究了这个案例,得出一个结论:决不能去山谷之类的地方,连宿营都不行。所以,他特意选择了一块名叫度索原的小平原作为宿营地,原上还有一条小溪,便于大军汲水造饭。

然后开始扎营。扎着扎着,忽然有人发现小溪的水流越来越细。唐军远道而来,人困马乏,连个水都喝不上,个个怨声载道。

这个突发情况摆到了裴寂面前。如果是有经验的统帅,如李世民,一定会逆向思考造成这种现象的原因。比如说,是不是有什么黑手在作怪?但裴寂只是裴寂,只会顺着常人的思维往下想:应该离水源地更近些。他一拍脑袋,命令全军向上游移营。

故事讲到这里,大家也该猜到接下来会发生什么了。刹那间,杀声四起,天兴军从介休城中杀出。宋金刚一直密切关注着唐军的部署。当他探知唐军安营度索原时,大喜过望,立即命人从上游切断水流,只待唐军移营时趁乱击之。裴寂没经验,果然上套。以有备对无备，结果可想而知：唐军再次全军覆没。可怜姜宝谊又被俘虏，之前觉得大难不死必有后福，没想到后福被裴寂没收了，想逃没逃得了，生生被杀。

全军那么多二十来岁的精壮小伙儿愣是没跑过46岁的裴寂，他仅用一天一夜就狂奔到了晋州（今山西临汾）。

拜他所赐，晋州以北诸郡，除晋阳和西河外，全部沦陷。

晋阳城人心惶惶，这一次连刘德威都慌了。只有一个人特别淡定，就是李元吉。大家很纳闷，毕竟上次被围时，这位王爷的惊慌失措给大家留下的印象太难以磨灭了。难道一个人的思想境界真能在短期内迅速升华？李元吉召集文武，对刘德威说了一句话，差点没把大家给感动哭了。他说："卿以老弱守城，吾以强兵出战。"

大家很感动，但他是皇帝的儿子、大唐的齐王，若有闪失，不好交代，都不同意。可李元吉把胸脯拍得震天响，本王明知山有虎，偏向虎山行。刘德威只得同意。

晋阳军民倍感振奋，誓与晋阳共存亡。但现实无情打脸：傻瓜，你们想多了！当天晚上，李元吉带着几个侍妾，偷偷打开城门，一溜烟儿跑了。

翌日早，刘武周杀到。城中人心离散，迅速沦陷，刘德威、刘世让等晋阳文武悉数被俘。

太原一破，河东满盘震荡。刘武周坐镇晋阳，宋金刚则挥师南下，克晋州，逼绛郡，陷龙门，收浍①州（今山西临汾翼城县），指哪儿打哪儿，打哪儿下哪儿。

而裴寂所能做的就是收缩收缩再收缩，一路退至晋西南。在他来之前，情况虽不乐观，但起码未失控；他一来就失控了，各种损兵

---

① 浍，音会。

折将，各种弃城失地。裴寂想做些补救，迟滞宋金刚的攻势，坚守待援。想啊想，想到了一个办法：**坚壁清野，焦土抗战**。

他派出工作队深入晋西南，号召百姓提高政治觉悟，与大唐同呼吸共命运，烧掉房屋和粮食，躲入城中，不留给敌人一粒粮食。老百姓不肯，裴寂就来横的，命工作队纵火焚烧百姓的房屋粮食。他用这个方法证明了，除了拍马屁，在帮倒忙上他也很有天分！

百姓根本不关注西风该压倒东风、还是东风该压倒西风的问题，他们没有义务支持李唐对付刘武周，更没有义务毁家纾难、焦土抗敌。他们只知道，谁不让他们过日子，谁跑来烧他们的房子和粮食，谁就是他们的敌人。百姓们愤怒至极。一些州县豪强趁机拉起了反唐队伍。其中要数夏县人吕崇茂领导的义军规模最大。

裴寂笑了，我打不过宋金刚，还打不过你一介草民嘛，气势汹汹地来攻吕崇茂。没想到在他的指挥下，堂堂大唐正规军被一帮农民用锄头、叉子打得落花流水。吕崇茂的势力迅速壮大，居然受到宋金刚青睐，受邀加入了刘武周一伙。

李渊闻讯大惊，增派堂弟永安王李孝基、陕州总管于筠①、内史侍郎唐俭三人率军征讨，又令独孤怀恩由蒲坂助攻。

情况糟糕透顶，还可以更糟吗？可以！这不，宋金刚又拉了一个人入伙，组成了反唐铁三角。这个人就是镇守蒲坂的隋军主将，不过，不是尧君素，而是王行本。有人问尧君素哪儿去了？他已经死了！

如果换作别的城，李渊完全可以无视尧君素。但问题在于蒲坂是河东与关中的锁钥，太重要了！

蒲坂一天未拿下，李渊就一天睡不安稳。

起初，河东一线由刘文静经略。但在擒获屈突通后不久，他就被

---

① 筠，音云。

召回朝中。接手的吕绍宗和韦义节都是泛泛之辈，奈何尧君素不得。也不知李渊是怎么想的，用了时任工部尚书的表弟独孤怀恩。

独孤怀恩，"中国第一老丈人"独孤信的孙子，隋文献皇后和唐元贞皇后的亲外甥，李渊的表兄弟。此人在隋宫中长大，被独孤皇后惯成了个浪荡公子哥，想法很多，能力却稀松。

但李渊偏偏觉得表弟有才干。武德元年九月，他将独孤怀恩派到蒲坂前线，取代韦义节，主持攻城。十一月，独孤怀恩第一次出战，就把表哥坑哭了。由于他指挥无方，随军作战的李渊五女婿、桂阳公主之夫赵慈景负伤被擒。尧君素百般诱降，但赵慈景很硬气，为了避免继续受辱，猛灌冷水，受风而死。尧君素将赵慈景的首级悬于城头示威。消息传到长安，桂阳公主、李渊悲痛欲绝。

即便如此，李渊仍未放弃招降尧君素的念头。在通过上司和同僚劝降失败后，他又搬出了尧君素的老婆。尧君素的老婆在城下边哭边喊："隋朝已经亡了，你这样是何苦呢？"尧君素在城头慨然作答："天下名义，不是你一个娘们儿能知道的！"说罢，"引弓射之"，其妻"应弦而倒"。

李渊没办法，拿出了最后一招——免死金券，承诺只要尧君素归降，决不害他性命。然而，尧君素始终不肯屈服。

有人不太理解，尧君素为何如此决绝？因为，他是杨广做藩王时的亲信，跟随杨广多年。在尧君素心里，他生是杨广的人，死是杨广的鬼。

他明白，杨广远在江都，能救蒲坂的只有越王杨侗了。可唐军将城围得铁桶一般，连只鸟都飞不出去。尧君素想了个办法，特制了一只木鹅，将求援信用皮子包好，绑于木鹅脖上，由城头掷入河中。木鹅可能会顺流漂到洛阳，也可能会被沿途的任何人捞起。但这是唯一的办法了。

没想到，这个办法居然奏效了，木鹅被驻守河阳的隋军拾到，辗转呈到了杨侗面前。彼时，杨侗已经称帝。他哭着看完了尧君素的信，大隋若是多几个尧君素这样的忠臣，何愁不能中兴？他真想挥军去救尧君素，可此时的东都前有宇文化及、后有李密，老贼李渊也从旁窥视，他有心无力呀！尧君素，朕只能祝你好运了！

等啊等，没等来东都一粒粮食，蒲坂的粮食却吃光了，城中甚至出现了"人相食"的惨剧。终于，压倒骆驼的最后一根稻草来了：江都宫变、皇帝被弑的消息传入城中。

十二月底，隋将薛宗、李楚客发动兵变。尧君素的另一名部将王行本听说后，立即率领本部七百精兵赶来增援。可惜他晚到一步，尧君素已殉国，首级被快马送往长安。

王行本将叛军全部诛杀，继续据守。

可怜尧君素孤忠一片，最终为国捐躯。他的忠贞不屈不仅感动了世人，也深深地感动了李渊父子。贞观十二年（638年），李世民颁布诏书，专门褒奖尧君素："隋故鹰击郎将尧君素，虽桀犬吠尧，有乖倒戈之志，而疾风劲草，实表岁寒之心，可赠蒲州刺史。"

按理说，城中经过内讧，实力越发消减。可草包独孤怀恩仍旧攻不下蒲坂。李渊极为恼火，多次下敕斥责。托独孤怀恩帮忙，王行本不仅将蒲坂城安全地护送入武德二年，还在天兴军节节胜利之际，接受了宋金刚的招抚。

这让唐廷高层极为震动。以宋金刚之善于用兵，必会长驱直插晋西南，与吕崇茂、王行本会师，由蒲坂渡河，直捣长安。届时，不仅河东不保，关中亦危矣。

李渊很惊慌，也很悲观，河东守不住了，能把关中保住就不错了。他下敕给裴寂，要裴寂放弃河东，撤回关中。敕书都下了，有人却站出来反对。还能有谁？当然是秦王李世民！

09. 二郎出击

李世民坚决反对放弃河东："太原是龙兴之地，河东又很富庶，怎能说不要就不要了?!"这是尽人皆知的事实。关键是他发下宏愿："给我三万精兵，我一定能灭了刘武周，克复汾晋。"

见儿子如此硬气，李渊备受鼓舞，撤回敕书，召裴寂回京，下狱治罪；以李世民为晋州道行军总管，配属关中五万唐军，并将新近自王世充处投来的秦叔宝、程知节、李君羡、牛进达（尤俊达的历史原型）等将领划拨到李世民麾下。

十万火急，十月十二日，大军自长安开拔。年轻的李世民临危受命，再一次将大唐的国运担在了肩上。对于敌我情况，他早已做了全面考察。刘武周有勇无谋，不足挂齿，真正有威胁的是宋金刚，只要打败宋金刚，刘武周不攻自破。他不想绕来绕去，打那些无谓的仗，他要一战定乾坤。在哪里决战呢？柏壁。

十一月十四日，趁着黄河结冰，唐军由龙门渡河，直插柏壁。这一插，插出了气势，插出了水平，插得宋金刚很难受。

为什么这么说呢？还是请大家打开地图。首先，找到介休，在今晋中市的西南角。然后，找到蒲坂和夏县，都在运城，一个在西南部，现在叫永济；另一个在中部，还叫夏县。最后，找到柏壁，在运城北部，现在叫新绛县。发现了吗，柏壁刚好处在由介休南下蒲坂和夏县的路上。李世民驻军此地，相当于在宋金刚和吕崇茂、王行本之间钉入了一根楔子，不仅能阻击宋金刚，而且能为李孝基、独孤怀恩攻拔夏县、蒲坂争取更多时间。

宋金刚一定会来，李世民对此深信不疑，只是没想到来得这么快。唐军刚刚进驻柏壁，宋金刚的人马就到了。李世民很纳闷，根据雀鼠谷和度索原两战的情况看，宋金刚用兵老辣而稳重，急躁不是他的风格。

事出反常必有妖，他略一思忖，心中一片透亮，宋金刚缺粮！

晋阳虽然丢了，但西河还在。李仲文不仅顶住了刘武周的轮番猛攻，还频频派出精骑截击刘武周转运给宋金刚的粮食。宋金刚的粮草供给很快成了问题。另外，裴寂的坚壁清野虽然自损一万，但也的确起到了伤敌八千的效果。粮食得不到又刮不来，宋金刚只能速战速决。

这是个聪明人，但这一次他聪明反被聪明误了！他不着急还好，李世民一时半会儿看不清他的意图。他一着急，反倒将底牌暴露了。有些人，比如裴寂，你即便将底牌放到他眼前，他也不知道该怎么办！而有些人，比如李世民，哪怕只让他瞟一眼，都是致命的错误！

果然，李世民马上有了破敌之法。

天兴军日夜挑战，叫骂不休。唐军人人切齿，恨不能生啖宋金刚之肉。唯独李世民不以为忤，严令众将不得出战。

能出战吗？当然不能！一来，唐军也缺粮，救急之军仓促出发，没带多少粮食；二来，天兴军屡战屡胜，士气正盛，而唐军接连失败，军心低迷。在缺粮的同等条件下，士气占优者显然胜算极大，此时出战，殊非明智。

当前，李世民最关注的还是己方的吃饭问题。托裴寂的福，晋西南的粮食都烧得差不多了，剩余的都在躲入深山的百姓手里。唐军要筹粮，只能向这些百姓筹。可是裴寂办不到的事情，他李世民就能办到吗？

能！人的名树的影，大唐最好的形象代言人就是李世民。他晓谕百姓，支持王师。百姓们听说秦王来了，欢呼雀跃，纷纷前来归附。人都来了，粮食还能少吗？！

在解决了自己的吃饭问题后，李世民就开始关照宋金刚的饭碗了，不断派出小股骑兵，打击他的征粮部队。宋金刚求战不得，坐吃山空，只能加大挑衅力度。

唐军诸将对他的忍耐已达到极限，力求李世民与宋金刚决一雌雄。但李世民把话说得很透："宋金刚是主力，刘武周是偏师。宋金刚缺粮，所以想尽快决战。我之所以坚守不出，就是为了挫一挫他的锐气。他粮食耗尽后只能撤退。届时，就该我们宰割他了！"诸将有明白的，也有不明白的，但他们知道，秦王这么做一定有他的道理，听他的错不了。

转眼已是腊月。

当李世民与宋金刚于柏壁对峙时，唐军在夏县、蒲坂两个战场牢牢地掌握了主动权。夏县方向，李孝基连败吕崇茂，将其压制于城中，动弹不得。蒲坂方向，李渊又增派秦武通助攻，王行本残喘度日。

没想到宋金刚落下一子，差点儿逆转局势。

这枚棋子是一个人，复姓尉迟，单名一个恭，表字敬德。演义对尉迟敬德的描述基本准确，一来他的确很猛，二来他早年的确是刘武周的人。略有出入的是，尉迟敬德的武器可不是什么钢鞭，而是我之前说过的隋末唐初最拉风的武器——马槊。

尉迟敬德是山西土著，生就一身蛮力，以打铁为生。隋末，他投入军中，"讨捕群贼，以武勇称"，逐步被提拔至朝散大夫。刘武周起兵后将他网罗麾下，是天兴军中仅次于宋金刚、苑君璋的人物。

这不，眼看吕崇茂撑不住了，宋金刚就派尉迟敬德、寻相二将率偏师救援。

李世民收到情报时，尉迟敬德已出发多时，他担心李孝基不以为备，忙分殷开山、秦叔宝二将驰援。二将还在路上，尉迟敬德已大破夏县唐军，生擒了李孝基、于筠、唐俭和独孤怀恩。

为营救四人，李渊以夏州①刺史的价码，招降了吕崇茂，让他偷袭尉迟敬德。没想到事情泄露，尉迟敬德抢先动手，杀了吕崇茂。随后，他留吕崇茂余党继续守夏县，回师柏壁。李渊又调桑显和攻打夏县。

殷开山认为，李孝基既已兵败，救援已无意义，应当撤军。但秦叔宝却觉得尉迟敬德得胜不备，应半路邀击。二人商定，在尉迟敬德回军必经之美良川（今运城闻喜县南美阳川）设伏。尉迟敬德猝不及防，吃了大亏，逃归柏壁。

美良川之战虽未能扭转战局，却救了独孤怀恩的命，他趁乱逃脱，重归蒲坂。

他回去得正是时候。因为，蒲坂已到了最后关头。王行本接手时，城中就已断粮。如今又过一年，城中已经没几个活人了。王行本多次派人向宋金刚求援。宋金刚再派尉迟敬德前往救援。

但这一次李世民早有准备，留大军牵制宋金刚主力，亲率三千精骑走小路直插柏壁到蒲坂的必经之路——安邑（今山西运城盐湖区）。

尉迟敬德的本事对付李孝基绰绰有余，但在李世民面前他只是小学生水平。安邑一战，他被李世民打得全军覆没，仅与寻相死战得脱。不过，他的勇猛给李世民留下了非常深刻的印象。

这一战彻底瓦解了王行本的抵抗意志，于武德三年正月献城投降。

自大业十三年九月起，蒲坂就成了大隋在河东的飞地。在没有任何增援的情况下，尧君素、王行本坚持抗争达28个月之久，如今终于归降。从此，河东与关中之间再无窒碍。

---

① 夏州即朔方。隋朝称朔方郡，唐初改称夏州。

捷报传到长安，李渊大喜，传敕将亲临蒲坂，犒劳大军。他肯定想不到，一个针对他的巨大阴谋正在急遽迫近。

我们知道独孤家的女人很厉害，一门三后，旷古绝今。没有对比，就没有伤害。女人彪悍的时候，往往也是男人尴尬的时候。独孤怀恩从小就想代表独孤家的男人们雄起一把，他常常挂在嘴边的一句话是："我家岂女独贵乎？"他和李渊是从小耍大的，看着曾经的玩伴如今成了称孤道寡的九五之尊，自己还要三跪九叩、山呼万岁，独孤怀恩心里很不是滋味。他不觉得李渊有什么过人之处，李渊我还不了解吗，他那两下子还不如我呢！

李渊称帝后，有次和他开玩笑："姑姑的儿子们都已经当了天子，接下来是不是该舅舅们的儿子了？"这本是一句戏言。没想到独孤怀恩听了，居然真的动心了！他攻打蒲坂近两年，损兵折将折驸马。李渊忍无可忍，多次下敕斥责。独孤怀恩本事不大，脾气倒挺大，一来二去，急了，气了，恨了，起杀心了，怀恩改怀恨了。

说来也巧，唐朝历史上两个著名的叫怀恩的男人，最后都怀恨了。莫非这个名字有毒？

虽说他是个草包，但客观地讲，他成功的概率还是很高的。因为根本没人想到他会谋反。

可独孤怀恩能管住自己的嘴，却管不住亲信元君宝的嘴。夏县之战，元君宝也被俘虏，和唐俭软禁一处。也不知他是怎么想的，居然对李渊的发小唐俭掏心掏肺："独孤尚书最近在谋划一件大事，如果他早下决断，就不会被擒受辱了！"唐俭蒙了，你说的是啥？没听清啊？没关系，再给你讲一遍！美良川之战，独孤怀恩脱逃。元君宝又美滋滋地对唐俭显摆："独孤尚书能从敌营逃回蒲坂，这真是王者不死啊！"这次唐俭听懂了，面上不动声色，却在私下里偷偷接触尉迟敬德，劝他降唐。

尉迟敬德猛而不粗，他看得清楚，宋金刚撑不了多久，刘武周必败！面对唐俭的诱降，他的态度明显软化。唐俭提出放刘世让回去，将独孤怀恩的阴谋告诉李渊。尉迟敬德同意了，可见此时他已有归唐之意。

刘世让回去得正是时候，稍微晚一点都不行。

原来，独孤怀恩早已定下大计：趁李渊驾临蒲坂劳军之机动手。当时李渊不仅到了潼关，而且已经登上了驶往对岸的船。正要开船，刘世让到了，说啥都要立刻见李渊。两人一见面，刘世让如此这般、这般如此一汇报，李渊脸都绿了："吾得免，岂非天也！"随后借口他事，召独孤怀恩前来觐见。独孤怀恩根本想不到计划会败露，仅带了数名随从轻舟而来，当场被拿下。李渊随即挥军渡河，进驻蒲坂，立即差人分捕独孤怀恩的党羽。数日后，降将王行本及独孤怀恩一党被就地诛杀。

独孤怀恩用生命证明了一个简单而朴素的真理：不怕神一样的对手，就怕猪一样的队友。

10. 决战介休

吕崇茂、王行本覆灭，宋金刚三合一的大战略彻底落空！四月，河东战局发生关键性扭转：十四日，宋金刚自柏壁后撤。

对于李世民而言，这就是全面大反攻的信号。唐军全线追击，穷追猛打。宋金刚撤退的速度极快，昼夜不休，日奔二百余里。唐军一路追追打打。两军交手几十次，甚为激烈。

然后，唐军就跑不动了。天兴军是为了生命奔跑，动力爆表。而唐军犯不着拼命，扛不住高强度的急行军。

追到半路，刘弘基实在受不了了，扯住李世民坐骑的缰绳苦劝。但李世民的态度很坚决，必须追！

将令不可违，众将士只得咬紧牙关，继续追击。经过艰苦卓绝的急行军，唐军终于在雀鼠谷撵上了宋金刚。一日之内，天兴军八战八败，被毙俘近万。

当天夜里，李世民总算松了金口，勉强同意在雀鼠谷西原宿营。直到这时，他才意识到全军上下已经两日粒米未进了。

真惨！但再惨也惨不过一只羊。

五万饿得前心贴后背、两眼冒绿光的唐军找了半宿，总算找到了一只羊。如果当时有吉尼斯，那么这只羊一定可以永载史册，因为它是史上分食人数最多的羊。一只成年羊剥皮去骨去内脏，净重四十斤左右。五万人，四十斤，每人连根儿肉丝都分不到，只能喝点带羊肉味的汤水。

趁着唐军喝羊汤的工夫，宋金刚率部撤入城中。他刚刚进城，唐军就风风火火地赶到了，叫骂不休。宋金刚欲哭无泪，为今坚守必败，出战或有一线生机，他留尉迟敬德率八千精兵守城，亲率残部两万出战。

背水一战的天兴军居然力挫唐军。李世民不信邪，率精骑绕到天兴军背后，发动猛攻。两下夹击，天兴军全线崩溃，宋金刚仅带数骑逃出生天，其余全部被歼。李世民一心想活捉宋金刚，一直追到西河境内的张难堡，实在看不到宋金刚的影子了，才不得不作罢。

此时，李渊堂侄任城王李道宗和宇文士及已经根据李世民的指示，招降了尉迟敬德和寻相。天兴军在晋阳以南已无一兵一卒。晋阳的刘武周慌了神，连老家马邑都不回了，直接弃城北走突厥。宋金刚随后也逃往漠北。李世民大军兵不血刃,收复晋阳。唐俭等被俘官吏皆被营救。唯独永安王李孝基因试图逃跑,已为刘武周所杀,成了大唐开国后第一位王级"烈士"。

李世民再一次在关键时刻挽救了大唐。将士们以旧曲填入新词,给他唱赞歌:"受律辞元首,相将讨叛臣。咸歌《破阵乐》,共赏太平人。"这是唐军最早的军歌。李世民即位后,让有司将这首乐曲编成了大型乐舞——《秦王破阵舞》,又名《七德舞》。

李世民本拟直指马邑,略定代北。可惜,突厥新任可汗处罗已先他一步。

前文讲过,在即将发起对唐联合打击的前夜,始毕可汗暴毙。始毕有三个儿子,什钵苾、欲谷设和结社率。突厥的传统也是父死子继,所以汗位应由始毕长子什钵苾继承。

然而,有个女人却跳出来反对,她就是隋朝的和亲公主义成。义成公主有三不详,父亲不详、母亲不详、名字不详。我们只知道她和杨广是表兄妹关系。

当年,隋朝为笼络启民可汗,曾嫁给他一位公主。开皇十九年,公主去世。为了推进隋突关系继续奔向更加灿烂美好的明天,杨坚又把义成嫁给启民可汗做可敦。

可敦,就是突厥的皇后。

启民死后,他的长子始毕当上可汗。始毕一即位,依照草原上的收继婚习俗[①],把后妈变成了老婆。

如今始毕尸骨未寒,义成却站了出来,坚决反对什钵苾即位。她的理由是什钵苾年幼,无力统驭部众,应由年富力强的人继承汗位。谁合适呢?义成郑重推荐始毕的二弟俟利弗设。没错,就是当年被李

---

① 收继婚制又称为转房婚,指女性在丈夫死后嫁给其兄弟的习俗。

渊空城计吓退的那个俟利弗设。

有人说了，这里面一定有奸情。但我以为这方面的原因或许有，但并不重要，最主要的还是义成公主的政治立场。

义成公主对大隋的忠诚与热爱是基因里自带的。一个妙龄少女永别双亲故土，为国家远嫁漠北而无怨无悔。没有对国家发自心底的热爱和大无畏的牺牲精神，是不可能办到的。她就是隋版王昭君，可她命没王昭君好。王昭君嫁过去以后，汉匈化干戈为玉帛了，人家以一己之身换来了六十年的和平。而义成嫁过去以后，大隋就完蛋了。

妾欲忠而国不在，怪谁？要怪宇文化及，怪王世充，但义成最恨的还是身为皇亲国戚却背叛大隋的李渊。她对大隋有多爱，对大唐就有多恨。

她为什么要支持俟利弗设呢？因为在对唐廷的态度上，俟利弗设远比始毕可汗强硬。什钵苾年幼，他若即位，义成当然不可能成为他的可敦，就无法左右突厥的大政方针了。而俟利弗设正当盛年，有手腕，有控制力，对唐强硬，还特别喜欢她，特听她的话，要娶她当可敦。在这种情况下义成会怎么选，大家摸着脚指头都能想到。

在义成公主的力挺下，俟利弗设顺利接掌汗位，是为处罗可汗。处罗可汗刚即位，就迎娶义成为可敦。

处罗和义成公主当然想不到，始毕的三个儿子后来居然都有了大出息。什钵苾最终还是成了东突厥的大汗。欲谷设则成了西突厥的大汗。结社率虽然没当上大汗，但他更牛，几乎干掉了李世民，差点儿报了突厥亡国的大恨。

处罗可汗对大唐、对李渊一直很有看法。也是合该有事，他刚即位，李渊就在不知情的情况下给他添堵了。

咋回事儿呢？前不久，始毕联合刘武周、梁师都，准备侵唐。李渊很着急，赶忙派人带着大批金银财宝去收买始毕。使者还没到，始毕就挂了。这个使者是个会过日子的人，人都死了，干吗还送呢？把财宝就地封存于丰州（今内蒙古巴彦淖尔市五原县）的府库中。

问题是处罗已经知道李渊要来送礼，眼巴巴地等着呢，左等右等，毛都没见一根，一打听，封存了。我哥死了就不送了？处罗大怒，当时就要举兵南下，饮马渭水，打到长安去。丰州总管张长逊是个明白人，便宜行事，将财宝连夜送给了处罗。处罗得了好处，这才骂骂咧咧地停止了用兵。

被人逼着送礼，送了还被骂，你说李渊心里能痛快吗？！

李渊痛不痛快，处罗根本不关心，他只知道谁让他不爽一次，他就要让对方一直爽不起来。这不，他愣是逼着李渊杀掉了归唐的原西突厥可汗曷娑那。

西突厥自建立起，混战与分裂就是主流。大业年间，时任可汗曷娑那被内讧逼得出走隋朝。武德元年十二月，他摆脱了宇文化及的控制，由河北归唐。处罗得知，马上派人到长安，要求李渊杀掉曷娑那。李渊不肯！可太子李建成及满朝文武都主张顺了处罗的意思，只有李世民坚决反对："人穷来归我，杀之不义。"李渊也想扛，但扛来扛去没扛住。最后，东突厥使者居然跑到长安，光天化日、众目睽睽之下在政府官邸中杀了曷娑那。

进入武德三年，处罗又办了一件让李渊极为不爽的事情。二月，窦建德派兵护送萧后、杨政道至定襄（今内蒙古呼和浩特市和林格尔县北土城子古城）。处罗马上加封杨政道为隋王，不仅重新竖起了大隋旗帜，还将突厥治下所有汉人都划拨给杨政道。

此举显然背叛了当初始毕与李渊订立的盟约，李渊虽然愤怒，也无可奈何。

这次同样是处罗搞事情，明知李世民要攻下马邑，他抢先派长子郁射设①率军进驻马邑，与苑君璋一同防守。李世民只得留下李仲文守晋阳，班师回朝。

回朝后，他意外发现裴寂已经出狱了；不仅出狱了，还官复原职了；不仅官复原职了，李渊对人家还"宠待弥厚"。原来，下狱不过是在百官百姓面前做做样子。联想到刘文静的悲惨际遇，李世民的心头一阵悲哀。

六月，处罗突然率军开入晋阳。因为是友军，李仲文不好、也不敢驱赶。突厥人马在城中肆意奸淫掳掠，将晋阳多年积蓄的财富抢掠一空。处罗虽然不久后撤离，却在城中留下八百精兵，还在晋阳以北各处要塞布下人马，美其名曰协防刘武周。李渊除了叮嘱李仲文盯紧外，别无他法。

更让李渊感到极度愤怒、无力的是，处罗竟然在定襄建牙，将汗国高层整个安在了唐突边境。这正是：瓦蓝蓝的天上飞雄鹰，他在定襄眺望长安，侧耳倾听劫掠的声音……此后一直到贞观四年（630年）李世民击灭东突厥，定襄都是突厥汗庭所在。

这是一种强势的战略压迫。

不久后，丧失了利用价值的刘武周和宋金刚先后为突厥所杀。苑君璋兵微将寡，只能赖突厥自保，已不足以对大唐构成重大威胁了。

唐廷高层觉得，进军山东的时机成熟了！

---

① 又译奥射设。

第五章 一战两克

01. 打脸达人窦建德

李密出局后，山东地区进入了"大河双雄"的时代，以黄河为界，窦建德称雄河北，王世充虎踞河南。

花开两朵，各表一枝，先说窦建德。

上次说到窦建德还是在七里井之战，距今已有三年。三年前，他只是河北的一路小蟊贼。三年后，他已是河北义军头牌，头顶夏王光辉，坐拥二十万之众。

逆袭的原因很多。比如说，他身为义军领袖，却不吃鱼肉，只吃蔬菜粗粮，对女人也毫无兴趣，只有妻子曹氏一人。更何况他还善良正直，重义守信，人格魅力闪闪发光。

当然，以上这些只是加分项，窦建德之所以能迅速崛起，最根本的原因在于能得惢①。惢者，一曰人心，二曰兵心，三曰官心。

大夏境内轻徭薄赋，约法省刑，百姓安居乐业，俨然是隋末乱世里的武陵源。仁义之君无须标榜，自有百姓追随。

窦建德不爱财，缴获的战利品基本上都分给了将士们。领导如此讲究，部下得有多渣，才好意思不尽心竭力？

当时，各路"田鼠型"义军只要抓到隋朝官吏和读书人，一律

---

① 惢，音蕊。

杀无赦。窦建德却反其道而行之，对被俘或投降的官吏和士人予以礼遇。

这里有个例子，夏军在一次战斗中俘虏了景城县户曹张玄素。正要杀，景城百姓组团来求情："户曹清慎无比，大王杀之，何以劝善！"窦建德听了，二话不说，当场释放张玄素，并就地任命为治书侍御史。没想到，张玄素不干，说大隋没亡、皇帝还在，他要守臣节。而窦建德居然同意了，还把张玄素好吃好喝地养在了幕下。后来，杨广被杀，他问张玄素要不要跟自己干。张玄素才答应。窦建德当即任命他为黄门侍郎。

残忍其实很容易，手握生杀大权，想要谁的命就是一个念头的事。仁慈则难得多，因为仁慈需要的东西太多了，需要和善，需要觉悟，有时还需要克制，甚至需要丢脸。但唯其艰难，所以强大。

窦建德义薄云天、爱才如命的名声远播天下。河北的官吏和士人望风而降。得人才者得天下，正是在这些人的辅佐下，他才迅速壮大起来。

彼时，河北正处于三国杀的状态。

窦建德控制着保定以南的河北地区，大致包括今石家庄、保定、衡水等市，以乐寿为根据地，实力最为雄厚。

他北面是罗艺。罗艺本是涿郡（今河北保定涿州）的一名虎贲郎将。天下大乱后，他是郡将中唯一一个抗击反贼屡战屡胜的人，因而遭到猜忌和排挤。罗艺愤然兵变，自称幽州总管，其势力范围大致在今涿州、廊坊一带。

罗艺再往北是高开道。高开道早年追随格谦起兵。格谦被王世充打死后，他搜集残部向北发展，逐渐控制了今北京、天津、承德、唐山一带地区。

窦建德的短期目标是消灭罗艺和高开道，统一河北。

刘武周覆灭后，唐廷即准备进军山东，首要打击对象无外乎就是 A 河北窦建德和 B 河南王世充。唐廷高层中绝大多数人都主张选 B，只有李渊选 A，因为他已经忍窦建德很久了。

凡事总有个开头，这个故事的开头则是一个男人的归属。这个男人就是罗艺。他雄踞幽州，手握精兵，自然成了各路势力竞相争取的对象。具体过程如下：

宇文化及：我要！罗艺：滚！

高开道：我也要！罗艺：滚蛋！

窦建德：我还要！罗艺：滚远点！

李渊：我要要要！罗艺：要要切克闹，涿郡关中配成套！

这下窦建德不开心了，扔掉鲜花，对罗艺挥起了大棒。

他这么一搞，李渊就不开心了，小罗是我的人，打在他身，疼在我心。当时唐廷正在全力对付薛仁杲，加之罗艺又特别抗揍，所以李渊就忍了，但从此在心中给窦建德重重记上了一笔。

没过多久，在让李渊不开心的道路上，窦建德又迈出了一大步。

当年底，李渊派李神通抚慰山东。此时，龟缩在魏县的宇文化及早已毒杀秦王杨浩，称帝建许。他抵挡不住李神通的攻势，一路向东逃窜，被围在了聊城。眼瞅就要破城，窦建德忽然跳了出来，也发兵来打聊城。李神通掂了掂他的斤两，又掂了掂自己的斤两，很识趣地撤退了。窦建德轻松攻破聊城，萧皇后、杨政道、宇文化及兄弟以及大批隋廷大臣落在了他的手上。

当年杨广登基大赦天下，给了窦建德一个做良民的机会。虽然命运最终没让他做成良民，但窦建德以自己的方式回报了杨广的恩情：宇文家族中除宇文化及三弟宇文士及提前投奔李渊外，其余全部为窦建德所杀。

果然历史才是最好的编剧。

通俗小说中，宇文化及有一子名宇文成都，是隋末武力值仅次于李元霸的虎将。这里我可以很负责任地告诉大家，这小伙儿是个二次元，在历史上根本不存在。

到嘴的肥肉被窦建德夹走了，李渊当然不开心，不过他也清楚，李神通绝非窦建德的对手，所以又忍了。

节奏太快，缓缓？不，很快窦建德又让他心塞了。

王世充称帝后，窦建德宣布与之断交，虽然依旧称王，却建了天子旌旗，并且下书也改称诏了，称帝之意已昭然若揭。

这时义成公主派来使节，希望迎接萧皇后、杨政道到突厥。窦建德正想傍上突厥，欣然答应，派兵一路护送萧皇后、杨政道至定襄。

此事说明窦建德在政治上也是短视的。杨政道作为杨广唯一尚存的亲孙子，是极其珍稀的政治资源。窦建德如果聪明的话，大可内尊杨政道为帝，收买人心，外结义成公主，拉拢突厥，如此何愁霸业不成?! 但他太想当皇帝了，错把杨政道当累赘，拱手送给了突厥人。

这事儿尤其令李渊生气。当然，他最在乎的既不是萧皇后，也不是杨政道，而是他们随身带走的那个宝贝——传国玉玺。

传国玉玺就是蔺相如完璧归赵的那块和氏璧。赵亡后，和氏璧入秦。嬴政称帝时，命李斯以篆书于璧上镌刻"受命于天，既寿永昌"八字，制成玉玺。秦始皇是中国第一个皇帝，被后世帝王尊称为"祖龙"。他所用的玉玺也被视为天授皇权的象征。玉玺在谁手上，谁就可以理直气壮地说自己是天命所归。如此宝物，窦建德却不识货，任由萧皇后、杨政道带到了突厥。

李渊做梦都想得到传国玉玺，只要玉玺在汉人手上，迟早能夺回来，如果落在突厥人手里就不好办了！所以，他十分痛恨窦建德。

但当时唐廷正在代北讨伐刘武周，无暇分身，他把牙咬了又咬，还是忍了。

顺便说一句，李渊当了九年皇帝，一直没有传国玉玺，这让他颇为尴尬。李世民即位之初也没有，只得刻了"受命宝""定命宝"等玉"玺"，聊以自慰。一直到贞观四年（630年）灭了东突厥后，萧皇后和杨政道归降，玉玺才落到了李世民的手上。

都说事不过三，窦建德偏"过"给李渊看。

依旧是抢人。这次争抢的对象叫徐圆朗，是活动于今济南、济宁、泰安一带的义军领袖。大家看看地图就会发现，此人地盘的战略位置极其重要，既可配合李唐夹攻窦建德，也可配合夹攻王世充。在李渊的极力拉拢下，徐圆朗投唐，被封为鲁国公。没想到仅过了三个月，他忽然改弦更张，又投了窦建德。

这四记大耳光打下来，李渊可是真急眼了，泥腿窦，有种你再试试？

试试就试试！

夺下聊城后，窦建德也不客气了，接连攻取了李唐控制下的邢、沧、洺、相、赵等州。李神通俨然就是个舞娘，旋转，跳跃，他闭着眼，尘嚣看不见。最后实在没地儿躲了，他只得跑到了黎阳。

黎阳有谁呢？对喽，原瓦岗军银枪小霸王李世勣在此！别看神通叔打仗不行，见识还是有的。果然，窦建德哪儿都敢打，就是不敢来攻黎阳。

接下来发生的事情，只能说是无巧不成书了。

武德二年十月，窦建德二攻幽州，再度为罗艺挫败。憋了一肚子火的窦建德率军撤往卫州（今河南新乡卫辉），路上有个必经之所，正是黎阳。不过窦建德很知趣，特意命令大军绕城而过。

黎阳早已处于战备状态，全城上下如临大敌，李世勣的神经也是绷得紧紧的。没想到，夏军绕城而过了。有惊无险，李世勣终于松了一口气，但他是个谨慎的人，为保万全，特命骁将丘孝刚率三百精骑尾随夏军侦察。

理论上讲，这个安排没毛病。问题不是出在决策上，而是出在用人上，错用了丘孝刚这个二杆子。

也是合该有事，丘孝刚一路尾随夏军，突然遭遇了一队夏军骑兵。他虽然害怕，但是立即发起攻击，打得夏军落花流水。要命的是，窦建德本人就在这队骑兵中。丘孝刚穷追猛打，险些搞死窦建德。后来，夏军主力赶来增援，丘孝刚部被团灭。

窦建德心里那个火啊，噌噌地往上蹿，我不去打你们，你们倒来搞我，来嘛，互相伤害呀！也不去卫州了，命令大军掉头，直扑黎阳。

黎阳城上上下下，包括李世勣在内，都断定夏军不会再回来，因此毫无防备。窦建德的回马枪杀了他们一个措手不及，半天不到，黎阳就被攻破了。

窦建德也没想到，他这一网下去居然捕了那么多大鱼：李神通、李渊的亲妹妹同安长公主、魏征、李世勣的父亲李盖。李世勣倒是跑脱了，跑着跑着想起了老爹，长叹一声，拨转马头归降了。

窦建德的处置很有手腕：将李神通、同安、李盖三人带到新都洺州（今河北邯郸广平县），好吃好喝地养起来；却重用魏征为起居舍人，李世勣为左骁卫将军，依旧镇守黎阳。

这可把李渊急坏了。他急，李世勣比他还急。李世勣的部将郭孝恪有办法："咱们刚刚归顺窦建德，还不被信任，不如先立个功劳，赢得他的信任再说。"李世勣依计而行，立即攻打王世充的新乡，俘虏了一名郑军将弁刘黑闼。一问，此人居然是窦建德的同乡好友。李世勣就把刘黑闼送到了窦建德面前。他万万想不到，就是这个刘黑闼，开头看着像个青铜，孰料竟是王者。

窦建德对李世勣的戒心渐渐消除了。这时，一个完整的脱夏计划已经在李世勣的脑海中酝酿成型了。上次坑王世充，这次坑孟海公。

当时在今山东省地区活动着两股义军，一股是徐圆朗，另一股是活动于黄河以南、菏泽一带的孟海公。李世勣怂恿窦建德渡河攻打孟海公。窦建德欣然应允，因为孟海公的地盘紧挨中原，若能得到，将会成为他进取中原的桥头堡。

根据计划，窦建德的小舅子曹旦带本部人马，会同李世勣所部先行渡河；而后，窦建德再率主力渡河，一起攻打孟海公。李世勣的盘算是：以精兵突袭窦建德，杀了他最好，若杀不了，起码能救出被他带在身边的父亲。这个计划堪称完美，但再完美的计划也赶不上变化。节骨眼上，夏王妃曹氏临盆。喜当爹的窦建德哪还顾得上什么孟天公、孟地公的，计划推迟了！

虽然无奈，但李世勣可以等，问题是他新收的小弟李商胡等不了，也没请示他，就抢先对曹旦动手了。结果计划泄露，曹旦重兵戒备。李世勣只得带着郭孝恪等十余骑向关中逃去。李商胡随即兵败被杀。大夏群臣强烈要求杀掉李盖。但窦建德却说："李世勣是个忠臣，他的父亲有什么罪？"没有杀害李盖。

武德三年正月底，李世勣一行到达长安。他虽早已归降，但一直待在黎阳，此次入京才算真正进入了李渊父子的视野，并由此开始了他传奇的仕唐生涯。

综上，李渊对窦建德的确忍无可忍。

但是唐廷高层其他人均主张先打王世充，因为窦建德虽一再触怒天威，但深得人心，且实力雄厚，而王世充貌似强大，内部危机却十分深重。

02. 恐怖大亨王世充

都说王世充差窦建德很多,其实是王奶奶碰见了玉奶奶——就差那么一点儿:做人。

王世充的根本问题就是不会做人,嘴里说得很美,但所作所为尽不着调,典型的口是心非。时间一久,面具脱落,人心自散。

北邙山之战后,他被皇泰主册封为太尉,执掌军权。但区区一个太尉已经不能满足他急剧膨胀的胃口了,王世充将目光投向了皇泰主的宝座。

武德二年正月,马军总管独孤武都、司隶大夫独孤机兄弟联络一帮反对王世充的势力,意图归附李唐,事泄被杀。随后,王世充逼迫皇泰主"禅让",称帝建国,国号大郑。

可怜皇泰主逊位仅一月即被杀害,死前说了一句已经有很多人说过、将来还有很多人要说的经典台词:"愿自今已往,不复生帝王家!"

当年,北周国丈随国公杨坚篡权,在确定国号时可是费了一番心思。因为他的封号是"随",带走字底,有溜走的意味,不祥。杨坚绞尽脑汁,终于想出了一个点石成金的办法:去掉走字底,改"随"为"隋"。可惜文字游戏保不住他的江山,大隋朝终究还是踩着走字底,"咻"地飞走了。

李渊与王世充都干过宫监,一个是太原留守兼晋阳宫宫监,一个是江都郡丞兼江都宫宫监,一北一南,并列两大新星。杨广对他们倍加信任,倚为长城。孰料正是这二人杀了他的两个孙子,一起埋葬了大隋王朝。

王世充前脚称帝,秦叔宝、程知节、牛进达、罗士信、李君羡等十多位将领后脚就投了李唐。郑国礼部尚书裴仁基、裴行俨父子还试图发动政变，事泄被杀。

为了遏制投降、反叛的浪潮，王世充出台了连坐法，内容很简单，就四条：

第一，只要有一人反叛，全家都得死，鼓励父子、兄弟、夫妻之间相互揭发。

第二，以五家为单位，相互担保，一家反叛，四家没发现、没检举，都得死。

第三，除樵夫外，禁止出城，并严控樵夫外出名额。

第四，所有被怀疑反叛者，家属都关在宫中。将领外出征讨，必须把家人留在宫中当人质。

可见，王世充已经懒得装了，索性以真面目示人。但他这么一搞，除了给离心离德一个加速度外，没有任何裨益。本来是一人一家地逃，现在好了，五家十家、一村一镇地跑。

不过，投降浪潮也不是单向的，唐廷这边也有人降郑，代表人物就是朱粲[①]。

朱粲，安徽亳州人，本是县中的一名小吏。大业十一年十二月，他在随军征讨长白山义军时，私自逃亡，聚众作乱，活动于终南山以南地区，有众十余万。

朱粲也反隋，但他走得更远，特别远，直接走到了反人类的阶段。他是史书白纸黑字记载的货真价实、童叟无欺的吃人魔王。与他相比，薛举父子都算大善人了。朱粲喜食人肉，曾公开宣称："肉之美者，无过于人！"这个禽兽带着一支禽兽式的军队，所过之处，生灵涂炭。而朱粲的口号是："但使他国有人，何忧于馁！"只要别国有人，

---

① 粲，音灿。

我就不怕饿着!

隋朝的著作佐郎陆从典和通事舍人颜愍楚因事被贬南阳。朱粲为沽名钓誉,就将这两人招为幕僚。后来,军中粮食告罄,可怜陆从典、颜愍楚两家竟被左右军人当粮食给吃了。

附近各郡县不堪压迫,群起反击。百姓的力量是巨大的,朱粲的二十万人马顷刻间灰飞烟灭,率残部千人退保今河南南阳内乡县,归降李唐。李渊拟册立他为楚王,并派散骑常侍段确前往宣敕。

武德二年四月初三,段确抵达内乡,受到朱粲设宴款待。

宾主觥筹交错,喝得不亦乐乎,气氛很融洽。直到段确喝高了,嘴一嘟噜,问了一句不该问的话:"听说老朱你喜欢吃人肉,人肉是啥味道?"朱粲勃然变色:"吃酒醉之人的肉,就好比吃死猪肉。"段确虽然喝高了,但好话歹话还是能分清楚的,拍案而起,指着朱粲的鼻子大骂道:"小子你别狂,你入了朝不过就是我家圣上的一个奴仆而已,到时候可没人肉给你吃!"朱粲大怒,当即命人将段确和他的几十名随从下锅煮了。他和部将们美美吃了一顿,投王世充去了。

唐廷高层普遍认为,郑弱而夏强,且中原粮仓众多,足够全国数年之用,若能取之,则进军天下既有地利之便,又无粮草之虞。所以,他们建议先稳住窦建德,全力打败王世充,而后再会和罗艺,消灭窦建德。

李渊有脾气,但更有智慧,孰轻孰重他一贯分得很清楚,要不然他就不是唐高祖了。他很果断地听从了大家的建议,立即派人与窦建德议和。

议和顺利达成,因为窦建德早有此意。一来,他知道李渊的厉害,不到万不得已,决不会与此人为敌;二来,唐廷在河北的州县几乎已全部落入他的手中,实惠已经占到了;三来,李渊不过是想要回李神通、同安、魏征等人而已,他要这几个人没用,养着还费粮食;

最关键的是，李渊想稳住他，去对付王世充，而他也想稳住李渊，好去统一河北。

议和达成后，唐廷就开始筹备进军中原。

唐廷尚未出兵，王世充已收到情报，迅速做出两项部署：

其一，从各州选拔出三万精兵，充实到洛阳。有人问，偌大一个洛阳城，三万守军够用吗？第一，这三万人是增补的部队，算上城中原有的人马，洛阳守军当不下十万；第二，这三万人乃"诸州镇骁勇"，个个都是战斗意志坚定、战斗技术一流、战斗经验丰富的百战悍卒，他们的到来极大地提升了洛阳的防御能力。后来，王世充在被唐军圈踢时，仍能坚守近一年，就很能说明问题。

其二，分派三个侄子——魏王王弘烈镇襄阳（今湖北襄阳）、荆王王行本（与隋将王行本同名）镇虎牢（今河南郑州荥阳市汜水镇）、宋王王泰镇怀州（今河南焦作沁阳市）。

有人又问了，王世充地盘那么大，为什么除洛阳外只守三座城？

请大家打开地图，找到襄阳、虎牢、怀州三地，发现了吗？襄阳在洛阳之南，虎牢在洛阳之东，怀州在洛阳之北。此三地表面上是三个点，实际上却辐射着三个面。王世充如此布局，其实是担心唐军会分兵从北、东、南三面合围洛阳。

又有人问了，这三面都有许多城池关隘，选哪个不行，为啥非得是这三个？我们先看怀州。此城南临滔滔沁水，北倚巍巍太行。太行以北是哪里？山西，在隋唐之际叫河东！河东是谁的？没错，李渊的！王世充分重兵守怀州，就是为了封堵由河东南下的唐军。再看虎牢关。此关北濒黄河，东临汜水，西近洛水，南连嵩岳，三面环水，一面临山，乃洛阳之东大门，历代都是兵家必争之地。唐军若从东面来，必经此关。至于襄阳，则是连接华中与中原的交通要道，当年楚庄王问鼎中原、后世岳武穆恢复中原，都从这里经过。

对照后来唐军的进军路线，我只能说王世充人品虽然不咋的，但能力却很咋的。

北、东、南三面都有部署，为啥西边没有呢？其实，计划中是有的，但唐军来得太快了。

武德三年七月初一，李世民率领五万精兵，挺进中原。待王世充收到确切情报时，唐军已前进至慈涧（今河南洛阳新安县磁涧镇）。

慈涧就是洛阳的西大门。此地地形是极为罕见的麦当劳巨无霸汉堡包形，三道山岭夹着慈河和涧河，因此得名慈涧。过了此地，便是洛阳。

王世充打心底里看不上21岁的李世民，张口"童子"，闭口"唐童"。但唐童来势如此迅猛，还是让他惊出了一身冷汗，立即点起三万大军，来援慈涧。

二十八日，两军相遇于慈涧。

李世民带数骑前出挑衅。结果他们刚刚冒头，王世充就派兵来攻。这下麻烦了，唐军主帅李世民首战即陷入郑军重围。但李世民毕竟是李世民，泰山崩于前而面不改色。只见他策马飞奔，左右开弓，弓弦响处，必有敌人应声而倒。王世充瞧着生气，点名骁将燕琪直取李世民。岂料，燕琪连李世民长啥样都没看清，就被一箭放倒了。王世充大惊失色，不意唐童箭术如此厉害！此时，唐军主力赶到。他只得鸣金收兵。

虽说无险，但终是有惊。第二天一大早，李世民即挥军直捣慈涧，要报昨日之仇。没想到慈涧已成了一座空城。原来，王世充见唐军锋芒正盛，料定守不住，当夜就带着慈涧守军，一同撤入了洛阳。

03. 李世民的组合拳

王世充只出了一招，李世民却回了一套组合拳：命河东唐军刘德威部沿太行山南下，直指怀州；分黄君汉部攻打回洛仓；分王君廓（王君可的历史原型）部攻打洛口仓；分史万宝部攻打伊阙（今河南洛阳龙门）；他自提主力，屯驻于北邙山，连营威逼洛阳。

这套组合拳起码说明了两点：第一，李世民在战争中是以加速度成长的，比起当年应对薛举父子、宋金刚时的反复与生涩，现在的他全面而老辣。第二，王世充固然是当世人杰，李世民却是人杰中的人杰，王世充想到的他都想到了，王世充没想到的他也想到了，真是预判对手的预判！

四路偏师中，仅刘德威这一路在王世充预料之中，其余三路均在他预料之外。

李世民看得很透，郑国是典型的强干弱枝，只要拿下洛阳，灭了郑军主力，各地不在话下。所以，没必要分兵去夺襄阳，只要在襄阳和洛阳之间钉上一根楔子，切断襄阳郑军北上之路即可。

这根楔子就是伊阙。伊阙距离洛阳城不足五里，香山、龙门山两山对峙，伊水中流，如天然门阙，故曰伊阙；又因正对天子所居之洛阳宫，故别名"龙门"。如此要地，王世充居然未派兵把守，实乃一大疏忽。

不过，这个疏忽虽然有碍，还不致命。王世充真正的致命错误是忽视了一样东西，这个东西就是粮食。粮食是什么来着？粮食就是人心，就是源源不断的兵员，就是战斗力的根本保障。

中原地区因是华夏腹心，人口众多，交通便利，所以粮仓的数量是最多的。其中，规模最大、距离洛阳最近的有两个，一个是回洛仓，一个是洛口仓。根据发掘结果，考古学家估算出回洛仓的粮食储量为3.55亿斤，而天下第一仓——洛口仓的粮食储量更是达到了惊人的28.8亿斤。这两个粮仓保障着洛阳乃至整个中原地区的粮食供给。李密当初为什么那么彪悍，就是因为这两个大粮仓都在他手上。

王世充只盘算着他的地盘他的城，李世民却盯上了他的米缸和面缸。

很快，捷报陆续传来，刘德威攻破怀州外城，黄君汉攻占回洛仓，王君廓攻占洛口仓，史万宝攻占伊阙。四路人马中，王君廓战绩最大，在攻占洛口仓后，南下打到偃师，随后一路向东扫荡至郑州。

这套组合拳快准狠，打得王世充眼冒金星，赶忙分兵去夺回二仓。但李世民可是属貔貅的，想从他嘴里抠食，难如登天。

明眼人都看得出来，这个唐童可不简单呢！很快，河南各郡县犹如多米诺骨牌般接踵而降。李渊一向大方，指示李世民：凡投诚过来的郑国官吏，仍旧担任原职，以示充分信任。

进入九月，李世民又收到了一个超级大礼包：郑国显州总管田瓒以所辖南阳（今河南南阳）、淮安（今河南信阳）、汉东（今湖北随州）、春陵（今湖北襄阳枣阳）四郡二十五州之地降唐。这相当于把今天南阳、信阳、随州、襄阳四市这么大一块土地拱手献给了李唐。史万宝虽然是根楔子，但这根楔子毕竟太纤细了，随时有被拔除的可能。田瓒却是一道鸿沟，他的归降不仅彻底断了襄阳援救洛阳的可能，也让魏王王弘烈所部成为待宰的孤军。

偏师表现如此优异，那么主力呢？主力啥也没干！

李世民就是这样，静若处子，动若脱兔，着急时脚底像抹了油，淡定时屁股又像生了根。他很清楚，李密当初举几十万之众，前后攻打洛阳数年都未得手，洛阳之坚固，可见一斑。唐军若要强攻，不付出沉重代价是不可能的。所以，他谋求的是不战而屈人之兵，通过剪除洛阳一切可能的依靠而迫降之。偏师打得越好，洛阳的压力就越大，胜利就来临得越早，代价就越小！

王世充果然沉不住气了，亲率大军出击，列阵于洛阳城西北郊的青城宫。隔着滔滔洛水，他命人向李世民喊话："大隋已经完了，你们父子称帝关中，我称帝河南，井水不犯河水。你忽然兴兵来犯，这是什么道理？"虽说是质问，但底气明显不足。

李世民派宇文士及回话："四海咸仰皇风，唯公独阻声教，为此而来！"如今天下人心归唐，只有你抗拒大唐，所以我们来了！这话说得其实挺流氓的。

王世充见唐军军容严整，心知强攻无望，缓缓说道："咱们罢兵修好，难道不好吗？"

宇文士及盛气凌人："圣上让我们攻取东都，不让我们讲和！"

嗑唠得稀碎，王世充鸣金收兵。

青城宫对话后不久，唐营中发生了一件大事：在一个月黑风高的夜晚，以寻相为首的原刘武周部将忽然组团跑了。他们挥一挥衣袖，不带走一片云彩，却唯独留下了尉迟敬德。

这就尴尬了！

对于尉迟敬德，唐营诸将从一开始就很排斥。但李世民很重视他，依旧让他统领旧部。这当然激起了大家的强烈反对。老将屈突通就扬言尉迟敬德必反，要李世民杀掉他。李世民没有听从，疑人不用，用人不疑嘛！

这一次众将可算逮着了，不管三七二十一，就将尉迟敬德投入大牢。屈突通、殷开山两位老将代表诸将进言，坚决要求处死尉迟敬德。

这事有个模糊地带：寻相他们跑路的时候，到底叫没叫尉迟敬德?一种可能是叫了,尉迟敬德拒绝了,但也没阻止或揭发;另一种可能是没叫,如果叫了,说不定他也跟着跑了。史书上没有尉迟敬德辩白解释的记载。不过都到这个节骨眼上了,无论他怎么说,大家也不会相信。

其实,无论是哪种情况,杀他都有理由。明知叛逃而不阻止,杀你没毛病吧?想逃没逃,杀你没意见吧?李世民麾下乌泱乌泱一群将领,还差你一个尉迟敬德,杀了就杀了!

但李世民想了想,却断然说道:"尉迟敬德如果想叛逃,怎么可能落在寻相的后面?!"随后,他召见了尉迟敬德。尉迟敬德脸色很不好,但一言不发。李世民也没多说,命人端来一盘金银:"我不相信你会叛逃,希望你不要介意被关押。如果你想离开,这盘金银就是你我共事(注意这个词)的酬劳,拿走不谢!"

尉迟敬德愣了片刻,扭头出去了!

几天后,李世民率五百骑攀上高坡,瞭望敌情。

站得高固然望得远,但自己也格外突出。郑军斥候迅速发现上报。王世充马上点起一万精兵,悄悄摸出城来。慈涧之战,王世充亏就亏在没带一流猛将。这次为了弄死李世民,他特意带上了麾下第一猛将——原瓦岗军上将单雄信,并叮嘱单雄信,开打后谁都不要管,只要拿下李世民,不论生死,都是头功。

李世民看得太投入,待到察觉时,已被包了饺子。好个单雄信,长槊所至,唐将无一能挡,纷纷败退。李世民与他交战不过数合,便险象环生,只得虚晃一枪,策马狂奔。单雄信紧追不舍。这一历史片段经后世剧作家演绎,就成了著名京剧选段《锁五龙》。

千钧一发之际,斜刺里冲出一人,只一槊就将单雄信刺于马下。李世民定睛一看,正是尉迟敬德。郑军视单雄信为战神,见他被挑落马下,无不大骇。尉迟敬德趁机护着李世民,杀出重围。这时屈突通也率大军赶来增援。郑军大败。

虎口余生的李世民赏赐尉迟敬德整整一箱金银："哎呀，你报答我也报答得太快了吧！"经此一事，尉迟敬德由一个备受排斥的降将，一跃而成为李世民的心腹！

背叛我的人我都给他一百万，将来效忠我的不就是几个亿了吗？听懂请鼓掌。

不过，与荣耀相伴相随的还有麻烦。征讨王世充期间，李元吉听说尉迟敬德槊挑单雄信的事迹后，非要找尉迟敬德比试比试。李元吉倒是挺暖，主动提出摘掉槊刀，以免误伤。不承想尉迟敬德这家伙不解风情："敬德谨当去之，王勿去也。"李元吉操起槊嗖嗖一顿怼，"终不能中"。李世民却在这时插嘴了，他问尉迟敬德："避槊与夺槊，孰难？"尉迟敬德回道："夺槊难。"李世民就让尉迟敬德夺李元吉的槊。李元吉"操槊跃马，志在刺之"，竟被尉迟敬德"须臾三夺其槊"。史载，"元吉虽面相叹异，内甚耻之"。

我们复盘这件事，首先能看出李元吉确实心胸狭窄，趾高气扬的他自取其辱；但同时也要看到，李世民明明已经看出弟弟的本事不及尉迟敬德，还捅咕尉迟敬德夺李元吉的槊，这很难不让李元吉感到哥哥是存心要他当众出丑。

04. 君子和小人的同盟

入秋后，胜利的天平已明显倾斜。

怀州方向，刘德威步步紧逼，王泰被动挨打，毫无还手之力。襄阳前线，李渊增调金州司马李大亮部攻打王弘烈。虎牢关前线，李世民分李世勣、王君廓二将主攻王行本。王世充派太子王玄应驰援，却屡战屡败。洛阳城下，唐军今天一个堡垒、明天一个村落地蚕食推进，合围即将完成。

望着战势图，王世充的心碎得跟饺子馅儿似的。眼下，他是战不能胜，守亦难久，唯一的出路就是寻找外援了。找谁呢？突厥人！为什么又是突厥人？因为在隋末唐初，突厥是最强大的存在。当时的中土群雄，南方的还好点，北方的没一个不想和突厥攀上关系。

大河双雄也不例外。窦建德先行一步，送了杨政道，送了萧皇后，还送了传国玉玺。王世充也不甘落后，早在五月就与处罗可汗建立了联系。双方不仅签订了一揽子经贸协定，还缔结了婚约。但是呢，主要还是王世充贴得多一些，处罗可汗对他一直若即若离。

为啥呢？因为，甲方处罗可汗有更加合适的乙方人选。

这个人就是李仲文。处罗可汗不过勾了勾手指头，就把他拉了过来。如此容易，是因为李仲文早已暗怀反意。这倒不是因为他是李密的堂叔，李渊父子能让他镇守太原，足见对他的肯定与认可，而是因为他刚好也姓李。

一首《桃李章》搞得那个年代稍微有点儿实力的李姓男人都躁动不安，前有李密、李轨，现有李仲文。一来，他的确有两把刷子，自命不凡，觉得以自己的能力，妥妥的"桃李子"；二来，李渊不就是从太原起兵成就帝业的嘛，如今轮到他坐镇太原了，岂非天意；三来，有个叫志觉的僧人长于相面，多次说他有天子之相。于是，李仲文就动心了，特意娶了陶氏之女为妻，以应桃李之谣。

根据与处罗可汗的密约，李仲文拟趁唐军主力挺进中原时，引领突厥大军，长驱入关，直捣长安。事成之后，处罗可汗扶植李仲文为皇帝，李仲文则要向突厥俯首称臣。

应该承认，李仲文的计划，成功概率极高。处罗可汗早就想进军关中了，奈何路线不熟，不知唐廷虚实。而李仲文是唐廷重臣，正好填补了处罗可汗之不足。有李仲文当带路党，唐军主力又都在河南，以突厥骑兵的机动能力，可在极短时间内直抵长安。

正是因为手里握着李仲文这张秘密王牌，所以，处罗可汗刚开始对王世充并不是很重视，只是把他当作一个送礼的，一个诱饵。不承想，平地起波澜，李仲文突然被调回了长安。

咋回事呢？原来，李仲文的阴谋泄露了。若要人不知，除非己莫为。骠骑大将军可朱浑定远洞悉了他的阴谋，密信上告李渊："并州总管李仲文与突厥通谋，欲俟洛阳兵交，引胡骑直入长安。"李渊接报大惊，一面派太子李建成火速率军进驻蒲坂，扼守黄河一线；一面派唐俭安抚并州，同时征召李仲文入朝。

这套组合拳打得太快，李仲文不知道阴谋败露，只得遵敕入朝。他刚刚抵达长安，就被控制起来，翌年正月被杀。

李渊呢，仍旧像没事一般，对处罗可汗客客气气。处罗可汗吃了个哑巴亏，打落牙齿只能往肚里吞。

指望不上李仲文，处罗可汗才又把目光投向了王世充，他知道王世充缺粮，特意派人解送一批牛羊到洛阳。

这不胡扯嘛？！李渊很不客气，命人在半路上截了这批牛羊。

处罗可汗大怒，分分钟想和李唐开干，奈何无人做向导，只得指使梁师都和属部稽胡在边境搞点小动作。但梁师都和稽胡不给力，均为唐军击退。这时候又发生了一件事，终于使他对李渊忍无可忍了。

还记得郭子和吗？大业十三年二月，他和刘武周、梁师都同月起兵，同投突厥。不过，郭子和早就看清形势，于武德元年七月暗地里归附李唐。这一年十一月，他干脆公开了政治立场，并率领军民由榆林南下，穿过梁师都的控制区，抵达了唐廷控制下的延安。

处罗可汗暴怒,在义成公主和梁师都的怂恿下,决意对李唐用兵。和上次一样,他还在酝酿,李渊就知道了,赶紧派太常卿郑元璹①带着金银财宝去做工作。但这次处罗可汗王八吃秤砣——铁了心了,他居然拒绝了!眼瞅着大战一触即发,巧了,处罗可汗居然也病倒了。然后,贴心人义成公主送来了五石散。处罗可汗吃了,疽疮发作,不一会儿就去地下找老爹启民、老哥始毕了。

突厥汗位更迭,无暇南顾。王世充哀号,普天之下只有一个人能救他了,这个人就是夏王窦建德。

唐、郑打得不可开交,窦建德也没闲着。李世民进军中原后的第二个月,窦建德将李神通和同安放归,唯独扣住了魏征和李盖。李渊也没辙。随后,他集中火力攻打幽州。列位留心史书就会发现:李渊不曾分一兵一卒牵制窦建德或者支援幽州。显然,作为交易的隐藏条款,李渊实际上出卖了罗艺,坐视窦建德攻打幽州。

窦建德以为他赚了。岂料,没有李渊帮忙,罗艺依然很坚挺。十月,窦建德举重兵攻打幽州。罗艺被打到肌无力,只得向北邻高开道求救。唇亡齿寒,高开道立即赶来增援。一场血战之后,二人合力打退了窦建德。

接下来发生的事情若非史书白纸黑字所载,我决不相信。

恶战当中,高开道脸上中了一箭,箭镞深入脸骨。但他哼都没哼一声,命人备了一桌酒席,美酒喝着,美食吃着,美女跳着,罗艺看着。然后,喊来一名军医。

医生一验伤,吓坏了,这还能有救?如实禀告:"镞深,不可出。"高开道喝了一口酒:拖出去,砍了!

紧接着,又来了一名医生。有前车之鉴,这位不敢说治不了,又

---

① 璹,音熟。

想给自己留些余地，就说："出之恐痛。"好暖！但高开道不需要暖男，把他也杀了。

然后，第三名医生来了。两位同行的尸体还冒着热气呢，他自知在劫难逃，索性把心一横："可出！"高开道点点头，就让他治。

医生先割开皮肉，用工具凿开脸骨，再用一根楔子把脸骨撑开一寸有余，终于取出了箭镞。一寸有多长呢？3.33厘米！骨裂寸余，就是说脸骨被撑开将近四厘米。而这一切都是在没有麻药的情况下实施的。手术期间，高开道面不改色，听着小曲，看着歌舞，该吃吃该喝喝。一旁的罗艺看得头发都竖起来了。

这段画面是不是很熟悉？没错，《三国演义》中关云长刮骨疗毒的桥段与此高度相似。但大家要知道，关云长刮骨疗毒乃文学演绎，高开道凿骨取镞却是历史事实。

在罗艺的规劝下，高开道上表长安，臣服李唐，被李渊册封为北平郡王，赐姓李氏。

高开道走后，窦建德又来了！这一次罗艺也被揍得很惨。夏军的先头部队甚至已经攀上了幽州城头。关键时候，又有两个绝世猛人帮着罗艺逆转乾坤。这两人就是他的部将薛万均、薛万彻兄弟。

二薛大有来头，他们的父亲便是大名鼎鼎的薛世雄。薛世雄有五个儿子，老大薛万述，老二薛万淑，老三薛万均，老四薛万彻，老五薛万备，均深得家族传承，有万夫不当之勇。其中，尤以薛万均、薛万彻最为勇猛。七里井之战后，薛世雄一世英名毁于一旦，回来后没几天就气死了。二薛便投在老父旧将罗艺帐下效力。顺便说一句，罗艺之所以不肯归附窦建德，一个很重要的原因就在于幽州兵团原本就是薛氏父子的，与窦建德有不共戴天之仇。

幽州存亡一线之际，二薛率领百人敢死队，挖掘地道，犹如土拨鼠般突然出现在夏军后方，与城里的罗艺内外夹击，打退了窦建德。

窦建德彻底泄了气，不再搞罗艺了，于十一月南渡黄河，去打孟海公了。

正在这个节骨眼儿上，郑国的代王王琬（王世充侄子）和大臣长孙安世（长孙无忌堂兄）来了，带来了隔壁王世充的提议：两家联姻，共抗李唐，并请求夏国发兵救援。

窦建德会答应吗？会！他几乎没有任何的犹豫。道理很简单，唇亡则齿寒，河南若亡，河北势必不保。这个忙必须得帮！帮郑就是帮夏，帮王世充就是帮窦建德自己。

当然，天下没有免费的午餐。中书侍郎刘彬的话就是窦建德的心声："唐师既退，徐观其变，若郑可取则取之，并二国之兵，乘唐师之老，天下可取也。"等我们打退唐军后，就乘机灭了郑国，再集中力量灭了李唐，夺取天下。

随后，窦建德一面遣使洛阳，表态出兵；一面遣使唐营，要求撤军。李世民的回应十分简单粗暴：扣押夏使，不作答复。唐夏之战已不可避免。

王世充开心了没几天，又郁闷了。没错，窦建德承诺要出兵，可他没说啥时候出，依旧在猛攻孟海公，不曾分一兵一卒入河南。

腊尽春回，武德四年正月，王世充的帮手没来，李世民的帮手却到了：江淮一哥杜伏威派出两千精兵，来援李世民。杜伏威怎么会帮助李渊父子呢？不奇怪，人家现在已经是李渊的人了。

江都政变以前，江淮地区是陈棱、李子通、杜伏威三家斗地主，斗来斗去，谁也没斗死谁。但江都政变后，平地一声雷，冒出了一匹黑马——沈法兴。

沈法兴是隋吴兴郡（今浙江湖州）太守。宇文化及兵变，他义愤填膺，尽起本郡兵马数千，向江都挺进，誓言为君父报仇。一路上不断有兵马加入，走到乌程（今浙江湖州下菰①城）时，他抽空数了一下，居然有六万精兵！还去江都吗？当然不去！暴发户马上变了嘴脸，分兵攻打周边各郡县，很快就占领了今浙江一省和江都以南、长江以北的广大地区，有模有样地做起梁王来。

他横插一杠子，斗地主就得改打麻将了。陈棱居中，西边是杜伏威，东边是李子通，南边是沈法兴。

一变生万变。紧接着，杜伏威归降了皇泰主，陈棱则举江都降了李唐。唯一不变的是李子通，没办法，"桃李子"嘛，格局得有！

武德二年八月，李子通攻打江都。陈棱招架不住，同时向杜伏威和沈法兴求援。好个李子通，派人假扮沈军夜袭杜军，使两路援军相互猜疑、掣肘，他则钻空子破了江都，逼得陈棱投奔杜伏威。随后，李子通于江都称帝，定国号吴。

眼见死对头占了上风，杜伏威在陈棱的劝说下，改弦更张，归附李唐。李渊对他很重视，不断加官晋爵，一路升到吴王，命他总管江淮以南军事，还赐姓李氏。

李子通携胜利之势，又大破沈法兴。沈法兴一路溃败至吴郡（今江苏苏州）。

这下杜伏威不得不出手了，派大哥辅公祐率军攻打李子通。几场硬战下来，李子通被迫撤离江都，向沈法兴的吴郡溃退。沈法兴弃城而逃，行至半路被占据昆山（今江苏苏州昆山）的闻人遂安势力逼得投河自杀。李子通尽收江东之地，以余杭（今浙江杭州余杭区）为都，重振雄风。

至此，经过数年PK，只剩下杜伏威和李子通下象棋了，杜伏威尽有江淮，李子通虎踞江东。

---

① 菰，音孤。

但杜伏威的开心并未持续多久。在他北面，唐军已经取得了对王世充的压倒性优势。他虽然归附了李唐，但那只是名义上的。李唐一旦在中原得手，难保下一步不会进军江淮。杜伏威觉得得做点什么了，所以才派兵来援李世民。当然，援助只是幌子，他的真实目的是窥探李唐虚实，顺便展示一下他江淮军的肌肉。

05. 进围洛阳

殊不知，年轻的李世民对他的小心思洞若观火，你的江淮军再厉害，还能胜过我的玄甲军不成？

在和王世充对峙的日子里，李世民并没有闲着。他根据原西秦将领翟长孙的建议，拣选精锐，组建了独具特色的大唐特种部队——玄甲军。这支部队有特点，清一色的黑甲，清一水的骑兵，作为突击力量使用。李世民将玄甲军分为四队，分别以军中最骁勇的秦叔宝、程知节、尉迟敬德、翟长孙四将统领。

李世民其实一直在等待进围洛阳的机会。终于，他等到了！这日，李君羡奏报：郑国太子王玄应自虎牢关运粮，被他半路截下，郑军死战覆没，王玄应仅以身免。

李世民听了，拍案而起：诸位，可以围城了！

围城还不简单？一声令下，四面围定即可！重要的是围城以后怎么办？敌人势必拼死破围，这期间少不了有数轮的拉锯，必然会有大量伤亡。李世民是个实用主义者，在他看来，若无必胜之先决条件，贸然围城只会无谓增加损耗，与其如此，不如静待时机成熟。

那么，怎么才算时机成熟了呢？守城之要，首在粮草，粮草断绝，势不能支。王世充居然命太子涉险从虎牢关运粮，足见城中粮草不济。此时不围，更待何时？！

李世民派宇文士及回长安请示李渊。李渊龙颜大悦，让宇文士及传话给前线将士："克城之日，乘舆法物，图籍器械，非私家所须者，委汝收之。其余子女玉帛，并以分赐将士。"拿下洛阳城后，原属公家的东西，就让秦王收着。至于什么人口金帛之类的，都分给将士们。李渊是个明白人，若无好处，将士们岂会出死力？！

前线唐军听了，人人振奋不已，个个摩拳擦掌。

二月二十三日一大早，唐军主力由北邙山拔营，向青城宫挺进。郑军斥候上报。王世充心头一沉，唐军要围城了。

唐军正在青城宫附近安营扎寨，忽听鼓角之声大作，洛阳城门洞开，郑军主力鱼贯而出。

李世民心知今日必有恶战，他的作战计划分三步：第一步，由屈突通率五千人马接战，吸引郑军主力出击，两军相遇放烟为号；第二步，见烟起，他即率玄甲军突击，冲动郑军阵脚；第三步，主力登场大扫除。

这是李世民的经典作战模式，近乎完美，但并不完美。屈突通登场，郑军主力的确出击了，屈突通如约放烟了，李世民也率玄甲军出击了，到这里一切都没毛病。但紧接着意外出现了，郑军的确挡不住玄甲军，但谷水①的河堤可以。

玄甲军突入阵中，所向披靡。但由于冲得太快了，加之背后有敌骑追击，所以当长堤突然出现时，李世民来不及多想，拨转马头向一

---

① 谷水发源于渑池崤山以东的马头山谷，全长90公里，经渑池、新安，至洛阳会孝河，东南流注洛河，现与涧河汇为一流。

边疾驰,而跟随他的数十骑则向相反方向跑开了。

郑军箭如雨落,李世民的坐骑飒露紫中箭倒地,将他掀落下来。当然,他不会有事,这是初唐,他有主角光环护体。上次的光环叫尉迟敬德,这次的光环叫丘行恭。

丘行恭也是世家子弟,他的父亲丘和是隋朝的交趾太守。李渊入关前夕,丘行恭与哥哥丘师起义,有一万人马。李世民进入渭北时,二人登门投靠。李世民见丘行恭富有勇力,善于骑射,就留在身边做了贴身侍卫。

他看人的眼光的确毒。这不,关键时候丘行恭就发挥作用了。数十骑中,只有丘行恭一人跟着李世民。见秦王落马,他拨转马头,射击追赶的郑军骑兵,"发无不中,追者不敢前"。趁这工夫,丘行恭将坐骑让于李世民,手执大刀,在前开路。经过一番血战,二人终于"突阵而出,得入大军"。

贞观十年(636年),李世民特命著名工艺美术家阎立德、阎立本兄弟制作六块大型浮雕石刻,纪念他这一生骑过的六匹优秀战马。其中一块上刻有一名俯首为马拨箭的虬髯汉子。这位虬髯汉子正是丘行恭,而那匹中箭的马就是飒露紫。

李世民千算万算,终究还是忽略了一样,那就是郑军的战斗决心。唐军固然强悍,郑军也绝非弱旅。他们起于江淮、转战河南,连天下第一雄师瓦岗军都败在了他们手上。对于洛阳被围的后果,他们很清楚,故人人尽力。

两军从早晨一直杀到中午,只杀得昏天黑地,日月无光。然而过了午时,郑军终究还是露出败象来。李世民果断抓住战机,再次率领玄甲军,向郑军纵深突击。

这一次奇迹不会发生了,郑军全线溃败,王世充赖以发家的江淮军班底几乎全军覆没,再也无力出击了。李世民乘胜直逼城下,分派各部，将洛阳围得铁桶一般。

洛阳固然坚固，终究不比长安。唐军连长安都打下来了，洛阳还是个事儿吗？

是个事儿，还是个大事儿！

猛攻半月，唐军居然连城头都没登上过。

因为，郑军的守城武器实在太厉害了！除了弓箭、檑木、巨石、滚油等常规守城武器外，王世充还自主研发了两样大规模杀伤性武器——大炮飞石和八弓弩。大炮飞石就是抛石机，可将五十斤重的石头扔出去两百多步远，具体杀伤效果参见《指环王》系列电影。八弓弩不仅一次可射出八支箭，而且每支都是巨箭，箭身"如车辐"，箭镞"如巨斧"，可射五百步近四百米，完全就是冷兵器时代的马克沁。

肉体凡胎怎能受得了此等大杀器？！洛阳城下，唐军死相枕藉，不胜其惨。

持久战最伤士气。因为，士气的本质是激情，而激情这东西来得快，去得也快。唐军出关已逾半年，顿兵坚城，既疲惫不堪，又思乡情切，人心动摇。屈突通、刘弘基等老将纷纷进言，请求班师休整，来年再战。

也许有人觉得这些人也太不坚定了，关键时候总拖后腿。但我以为，他们的主张不无道理。一来，拼人力就拼不起。郑军主场作战，又是守城方，兵力消耗要比唐军小，补充速度则比唐军快。二来，洛阳城中到底还有没有粮食？如果有，还有多少？这些都是未解之谜。只是你秦王判断城中已经断粮或即将断粮，万一这个判断是错误的呢？万一城中还有足够数年之用的粮食呢？在兵员和粮草不成问题的情况下，又有绝世大杀器相助，王世充想坚守多久都可以。三来，窦建德一旦击败孟海公，势必赶来增援。届时，疲惫的唐军将遭到郑军与夏军的夹击，恐有全军覆没之虞。综上，及时班师确是稳妥之举。

但李世民态度十分坚决:"东方诸州已望风款服,唯洛阳孤城,势不能久,功在垂成,奈何弃之而去!"诸将苦求不已。李世民急了眼:"洛阳未破,师必不还,敢言班师者斩!"

还有人敢说话吗?还真有。他爹李渊!李世民是冒险王,李渊是套路王,不明说,写密信要儿子撤军。这种方式既全了李世民的脸面,又不会动摇军心。

李世民犯了难,但他不想前功尽弃,蓦地灵台青光乍泄,想到了一个人。

封伦,字德彝,出身渤海豪门——蓨①县(今河北衡水景县)封氏。此人幼时即聪明外露。他舅舅卢思道夸他:"此子智识过人,必能致位卿相。"后事证明,卢老舅这句话准得可怕。

封德彝有三大绝技:一是讨好术。他想讨好谁,就一定能讨好谁。被他盯上的上级,甭管一开始是不是喜欢他,最后都视他为心腹。二是隐身术。每一个被封德彝讨好的上级都觉得他是极好极好的心腹。同时在其他人眼中,封德彝和上级却只是普通的上下级关系。三是遁地术。大树将倾之际,封德彝跑得比谁都快,多大的树倒了都压不死他。靠着三大绝技,他创造了一个跨越隋唐两代的奇迹:多少大 Boss 来了又去,只有他始终都在。

文帝时,杨素当红,封德彝轻松拿下他,短短数年内由一介白衣升到了内史舍人。杨素不仅把堂妹嫁给他,还拍着相位宝座对他说:"封郎必当据吾此座。"炀帝时,虞世基雄起,封德彝不仅没被杨素牵连,反而摇身一变,成了虞世基最得力的马仔。江都政变,虞世基被杀,一夜之间他居然又成了宇文化及的座上宾。童山大战后,封德彝料定宇文化及必败,便劝说宇文化及三弟宇文士及镇守远离聊城的济

---

① 蓨,音条。

北,徐观其变。果不其然,不久后窦建德攻破聊城,宇文一家被屠杀殆尽。封德彝又劝说宇文士及归附了李渊。

封德彝刚来的时候,李渊也不待见他,臭骂一通,遣送回家。以为这样就能让封德彝出局吗?太小看他了!他以"秘策"进献李渊。到底什么秘策,史书没提,反正李渊听了龙颜大悦,当即册拜他为内史舍人。又过了大半年,封德彝居然升任中书令,成了大唐宰相。其火箭般的上升速度,连裴寂都自叹弗如。

此次东征,封德彝也在军中。李世民知道,他的话老爹一定会听,就派他回京面圣。果然,封德彝一到,李渊的态度马上发生了180度大拐弯。

李世民终于可以专心致志地攻打洛阳了。其实,他的心里也一直在打鼓:洛阳城里到底还有没有粮食?

没了,而且很早就没了!

洛阳断粮已近两月,金银珠宝没人要,便宜得跟地上的土一样,但三升粗粟却能值一匹绢,一升盐更是涨到了一匹布的天价。除极少数高级官员外,其他人根本就吃不上粮食。"虽贵为公卿,糠核不充,尚书郎以下,亲自负戴,往往馁死。"

达官尚且饿死,平民可想而知。草根树叶,蛇虫鼠蚁,一切可以果腹的东西,全都吃光了。最后实在没辙了,大家就这么干:随手从地上抓一把土扔到水缸里,等到沙石沉淀后,捞出浮在水面的杂质,掺上米屑、麦麸,做成"烙饼"充饥。此种烙饼只比画饼多个形,根本不中用。饿死的尸体你挨着我、我挨着你,遍布全城每个角落。

望着城外连绵不绝的唐军帐篷,王世充的心头寒意笼罩。他明白,坚守待援是他唯一的出路;而在窦建德到来之前,无论如何都不能让李世民知道城中断粮了。其实,城中打算投诚并付诸行动的人已经飙涨到了13人,可惜都被王世充提前发现并处决了。所以,唐军对城中的真实情况一无所知。

二月二十二日，刘德威攻陷怀州。当月底，李世勣、王君廓攻破虎牢关，王行本被俘。李世民多次招降，但王世充始终不理，他的心中还有希望：窦哥，你怎么还不来？想死个人嘞……

06. 跑步走的颉利

曾几何时，李渊认定，处罗可汗是他这辈子遇到的最混蛋的突厥人。现在他不这么想了，因为事实教育了他：山外有山，人外有人。

接连两任可汗，都在对唐用兵的前夜病死了，惊不惊喜？意不意外？雷不雷同？别急，还有更雷同的！上回始毕可汗暴毙，义成公主抬出了小叔子处罗可汗。这次处罗可汗暴毙，她居然又抬出了一个小叔子——始毕可汗和处罗可汗的三弟莫贺咄设。

处罗可汗有两个儿子，大的是郁射设阿史那摸末，小的是拓设阿史那社尔。始毕可汗死的时候，长子什钵苾还小，义成公主借口年幼不能主事，夺了人家的汗位。而现在郁射设却是个成年人，汗位理应由他继承。奈何义成公主有新借口——"丑弱"。弱或许还是个借口，但谁规定长得丑就不能当可汗了？最终，郁射设的汗位被他三叔莫贺咄设夺了去。

莫贺咄设给自己定了一个汗号：颉利。在未来十年内，这个汗号是李渊父子心头挥之难去的阴影。

不是一家人，不进一家门。颉利即位后，办的第一件事情就是册立小妈兼大嫂兼二嫂义成为可敦。

在对唐强硬的路线上，如果说始毕是起步走，处罗是正步走，那颉利就是跑步走了。始毕和处罗追求的战略目标是一致的，即以称霸草原大漠为核心，对外保持对中原王朝的绝对优势。而颉利在某种程度上其实是一个思想高度汉化、高度封建化的人，他的榜样是北魏孝文帝，他谋求的是让突厥也入主中原。简单地说，始毕和处罗要的是钱，而颉利要的是中原的大好河山。这就决定了他是一个远比始毕、处罗难缠得多的对手。

这不，他刚刚坐稳汗位，就开始搞事情，红口白牙非说郑元璹毒死了处罗可汗，将郑元璹扣押了下来。李渊只得派堂侄汉阳公李瑰携重金赶赴漠北，想赎回郑元璹。没想到颉利非要李瑰下跪，李瑰不肯，也被扣了。李渊又派长孙顺德去赎回二人，居然又被扣了。

这下李渊的底线可是被突破得相当彻底了，干吗呢，你这是数着人质一颗两颗三颗连成线吗？他雷霆大怒，把突厥使者也扣了，并指令新任并州总管刘世让将赖在晋阳的突厥人马全部抓捕。

两国关系一下子降到了冰点。如果说始毕可汗时代的唐突关系是晴转多云，处罗可汗时代就是多云转阴，而从颉利开始，唐突关系即将步入阴转小雪、转大雪、转暴雪的时代。

颉利有心动武，但不知中原虚实，就捣鼓梁师都试探。梁师都刚被唐廷揍完没多久，不敢再战，又把球踢给了稽胡人。稽胡，又称山胡、步落稽，是归汉的南匈奴的一支，聚居于今山西、陕西北部的山谷里。这里插一句，太原元勋刘世龙就是稽胡族。在漫长岁月的洗礼下，他们虽已弃牧从农，却仍然保留着祖先勇猛善战的血性，桀骜而彪悍。隋末大乱，稽胡酋长刘仚①成背靠突厥，又勾结梁师都，屡屡骚扰唐境。这不，在颉利的授意和梁师都的挑唆下，武德四年正月，

---

① 仚，音先。

刘仚成又来了。

之前他多次袭扰，唐廷太忙，从未当回事。毕竟稽胡的体量太小了，闹不出大乱子。可这一次不同了，唐突关系濒临决裂，如果不把刘仚成打疼，颉利和梁师都就有胆进犯了。所以，李渊很重视，钦点太子李建成率军北伐。

自李建成当上太子后，李渊就没再让他带兵打仗。他是储君，是将来的皇帝，不宜犯险。况且，他的主要任务不是征战，而是治国理政。但这次世民围攻洛阳，无暇分身，只能让建成顶上去了。三年不曾驰骋疆场，他还行吗？

李建成用行动做出了响亮的回答，正月出兵，三月即大破稽胡。他将被俘的稽胡小酋长数十人统统释放，并授予官职，让他们回去招降部众，一同享受大唐治世。酋长们感动坏了，回去各种宣讲，把稽胡人的小心脏撩得扑通扑通的。于是，几乎所有的稽胡人，包括刘仚成，都来了。

李建成说了，他已禀明圣上，要增置州县，为稽胡百姓建造一座属于他们的城。这可把稽胡人高兴坏了，从此不用钻窑洞，准备坐等豪宅，吃香的喝辣的。但是呢，李建成又说了，人手不够，需要稽胡百姓群策群力，共建美丽新家园。稽胡人当然很乐意，所有年满二十岁的青壮年都来了，就等着李建成分发工具、分派任务了。结果，工具没见到，却看到了刀具。原来，这是李建成为了将稽胡人一网打尽而设的局。一场彻底的屠杀过后，除了刘仚成带着少数人突围投了梁师都外，其余全部被杀。

不久后，失去了利用价值的刘仚成为梁师都所杀，残部归降李唐，稽胡族彻底消失在了历史的长河中。

唐突关系的阴云更重了。

当刘仚成走向绝路时，千里之外的王世充却等来了一线生机。没错，窦建德来了！

07. 窦建德来援

就在唐军攻破虎牢关后不久，夏军生擒孟海公，取得了彻底的胜利。窦建德未作片刻停留，于三月初尽起全国之兵，连同徐圆朗、孟海公二部，合十余万精兵，号称三十万，水陆并进，来跟李世民掰腕子。

收到消息的王世充激动得热泪盈眶，窦哥，你让我等得好苦啊！

夏军挺进的速度极快，势如破竹，锐不可当。警报一份紧似一份地传到李世民的案头：报，夏军攻陷管州！报，夏军攻陷荥阳！报，夏军攻陷阳翟！报，夏军顿兵虎牢关东原，于板渚（今荥阳市北邙乡刘沟村北黄河道中）修建行宫。报，窦建德遣使奉表！窦建德的意思很明确："退军潼关，返郑侵地，复修前好。"

李世民召集文武商议。以萧瑀、封德彝、屈突通、刘弘基等老将为代表的绝大多数人都主张撤军："我军顿兵洛阳已经很久了，疲惫不堪。窦建德携胜利之师而来，士气正旺。如果不退军的话，我们就会背腹受敌，不如暂时退军，避其锋芒。"

李世民沉吟不语。大家以为他被说动了。其实，他只是在等第一个唱反调的人。

李世勣的部将郭孝恪站出来的时候，所有人都没把他当回事。毕竟，论出身，他是外来户；论资历，更是不值一提。但这位未来的大唐安西都护偏偏说出了李世民想听的话："王世充已经山穷水尽，窦建德偏要赶来相助，这是老天爷要让他们都灭亡呀！我们非但不能退，还应该以虎牢关为屏障,找准机会,击破窦建德。"

一石激起千层浪。紧接着,第二个吃螃蟹的人——记室薛收进一步细化了行动步骤:"兵分两路:一路继续围困洛阳,但不与王世充交战;大王亲率另一路入驻虎牢关,以逸待劳,择机击破来援的夏军。"对于战争结果,他更是大胆预测:"只要破了窦建德,王世充肯定会投降。我估计用不了二十天,他俩就会束手就擒!"

够了,足够了!李世民大悦:"世充兵摧食尽,上下离心,不烦力攻,可以坐克。建德新破海公,将骄卒惰,吾据虎牢,扼其咽喉。彼若冒险争锋,吾取之甚易。若狐疑不战,旬月之间,世充自溃。城破兵强,气势自倍,一举两克,在此行矣。若不速进,贼入虎牢,诸城新附,必不能守;两贼并力,其势必强,何弊之承?吾计决矣!"

一锤定音!

一个成熟而优秀的团队,并不是说内部非得一个声音,而是当领导充分听取意见做出决策后,所有人,包括同意的、不同意的,都心往一处想、劲往一处使,全心全意谋打赢。李唐创业团队就是这样的团队。李世民决策后,大家都积极行动起来。

兵贵神速,李世民留李元吉、屈突通等围攻洛阳,亲率三千五百玄甲军于二十五日入驻虎牢关,与李世勣、王君廓合兵一处。

而此时,窦建德仍在痴痴等着李世民的回信。他以为,在大军压境、强弱悬殊的情况下,聪明如李世民必会做出明智的抉择。所以,他很贴心地按兵不动,以留给李世民更多的思考时间。

翌日,李世民率五百玄甲军出关,观察夏军营地。途中,他留李世勣、程知节、秦叔宝三将率大队设伏,仅带尉迟敬德等四人,驰至距离夏军大营仅三里处。夏军斥候马上扑了上来。

此时此刻,勇猛如尉迟敬德都不由得惊出一身冷汗。没想到李世民不仅不快跑,反而大声报家门:"我,秦王也。"说罢,一箭将一名夏将射落马下。

斥候还报。窦建德如梦方醒，着了唐童的道了！顿兵虎牢关下，这是他在这场战争中犯下的第一个严重错误。虎牢乃洛阳东大门，夏军既然已经到了，何不马上拿下这座要塞？虎牢在手，何愁李世民不退？窦建德盲目托大，一念之差，先机尽失。恼怒的他立即派出五千骑兵追击。

夏军一出，"从者咸失色"。李世民却让其余三人先撤，他和尉迟敬德殿后，骑着马溜溜达达地往回走。不一会儿，夏军追了上来。二人不慌不忙地拈弓搭箭，搞起了杀人竞赛，"世民前后射杀数人，敬德杀十许人"。夏军不敢靠近，只是远远跟着。以为这样就没事了吗？跟着跟着，他们就进了李世民预先布置好的埋伏圈。李世勣等人一起杀出，"斩首三百余级"。

在当头给了窦建德一记闷棍后，李世民才做了书面答复："赵魏之地之前已经是我大唐的了，但被你用武力侵夺。念你释放了我神通叔和同安姑，我们才没有和你计较。我们打王世充，与你何干，你非来插一脚？我劝你还是赶紧撤军吧，小心晚了没后悔药可吃！"

窦建德怒不可遏，李世民欺人太甚！

唐、夏两军在虎牢关下展开了拉锯战，拉大锯，扯大锯，虎牢门前唱大戏，一唱唱到四月底。然后，素来喜欢砸人饭碗的李世民派王君廓抄了窦建德的粮道。这下窦建德待不下去了。开会！开会！

窦建德眼前摆了两条路：第一条，奋力向前，援救洛阳；第二条，就此退兵，回师河北。大夏群臣也无外乎就这两个建议。但国子祭酒凌敬却说还有第三条路，全军渡过黄河，猛攻唐军刘德威部，先取河阳，再夺怀州，留悍将精兵驻守，主力翻越太行山，掠定河东，震慑关中。此乃围魏救赵之计！

窦建德听得"龙"颜大悦，可其他大臣居然无一人附议，反而说："凌敬一介书生，懂什么军事，他的话能信？"窦建德就犹豫了。他并不知道王琬和长孙安世早已把他的朝廷收买遍了，除了耿直的凌敬。吃人家的嘴软，拿人家的手短，这些人收了王世充的好处，极力贬低凌敬，力劝窦建德全力解救王世充。这个说，大王，咱们兵多将广，上下一心，定能打败李世民。那个说，大王您一诺千金，既已答应王世充，怎可出尔反尔，惹天下人耻笑。

窦建德最爱惜的身体部位就是脸，听了这话，坐不住了，客客气气地回绝凌敬："现在大家万众一心，都想和李唐掰腕子，这是天意啊！我们一定会胜利的！你的意见恕我不能采纳了！"岂料，一向稳重的凌敬这次异常激动，反复申明，若不照此计施行，夏军必败。一来二去，窦建德恼了，命人将他轰了出去。凌敬悲愤莫名，也没回帐，单人匹马离营而去。

夏王妃曹氏素来敬重凌敬，听说此事后，立即来见窦建德："凌敬的计谋挺好的，你为啥不采纳呢？"她进一步指出，可以通过义成公主的关节，让"突厥西抄关中"，夹击李渊。一介女流竟有如此见识，着实不简单。可能之前凌敬话撂得太狠了，窦建德生平第一次对老婆发了火："你个娘们儿懂什么？！郑国危在旦夕，我已经答应过王世充，如果现在弃他而去，就是我失信了，绝对不行！"曹氏拂袖而去。

窦建德大动肝火，这些烦恼全都是李世民所赐，唐童，别再小打小闹了，来决一雌雄吧！

战机说来就来。这日，窦建德收到细作密报：唐军马料耗尽，李世民拟亲率一千玄甲军北渡黄河牧马。窦建德惊喜万分，虎牢关内少了李世民这个核心，又少了一千精锐，如此良机，岂非天赐？但惊喜来得太突然，他多少有些不放心，密令细作盯紧唐军动止，及时报告。

果然，五月初一，李世民率众北渡黄河。窦建德暗喜，但还是不放心，又派间谍渡河侦察。间谍看得真切，的确是一千玄甲军，的确是在牧马，而且其中的确有李世民，没毛病！

窦建德狂喜：明日总攻！

是夜，夏军大营沸反盈天，将士们整饬装备，磨刀砺剑。窦建德遥望虎牢关头，除了摇曳的烽火和巡城的兵丁，全城一片静寂。必胜的喜悦倏忽间由心头升腾而起，在他的眉心荡漾开来。

他决然不会想到，与此同时，就在不远处的黄河上，一条神秘的小舟正在夜幕的掩护下，劈波斩浪，望虎牢关而来。船上坐着的不是别人，正是大唐秦王李世民。

以为只有窦建德想决战吗？他才来了几天，李世民都来了快一年了，决战的欲念比他强烈一千倍一万倍。他能在唐营中安插细作，李世民就不能吗？李世民早知军中有夏军卧底，故意放出牧马的消息，诱使窦建德决战。窦建德自以为得计，殊不知正落李世民彀中。

静寂只是表象，当晚的虎牢关中，唐军也在紧张备战。夏军细作心急如焚，奈何李世民严令加强城防，连只鸟都飞不出去。

08. 大战虎牢关

初二一大早，夏军倾巢而出，南越广武山，出牛口峪（今荥阳市北邙乡秦王寨西北和高村乡北部），进抵虎牢关下，列阵二十余里，鼓声震天，军容严整。

唐军也从关内开出，严阵以待。自晋阳起兵以来，唐军从未与如此规模的敌军交手过，因此人人面露惧色。李世民瞧在眼里，轻松笑道:"贼起山东,未尝见大敌,今度险而嚣,是无纪律,逼城而陈,有轻我心;我按甲不出,彼勇气自衰,陈久卒饥,势将自退,追而击之,无不克者。与公等约,甫过日中,必破之矣!"

众将都很纳闷,秦王的谜之自信到底是从哪里来的?不过,他说的的确也是那么回事!窦建德遇到的都是魏刀儿之类的泛泛之辈,而我们就不同了,屈突通、薛举、薛仁杲、刘武周、宋金刚、王世充……这些人里哪有一个省油的灯,可最后不都匍匐在我们脚下了吗?

虽然确信必胜,但窦建德的心情不太好,因为大军出牛口峪时,有人对他说起军中流传的一句八字谶语:"豆入牛口,势不得久。"豆与窦谐音,而今大军正好开入牛口,似为不祥之兆。他当然不信,可是听着总不那么舒服。尤其当他发现李世民居然在唐军阵中时,这种不舒服的感觉越发强烈了。那一瞬间,一连串的疑问自他的心头闪过,他不是在河北牧马吗,什么时候回来的?细作为何不报告?莫非唐军已有准备……不过,他很快就平复下来了,即便李世民已有准备,但我强敌弱,今日决战,破之无疑。

窦建德决定,先小试牛刀,挫一挫唐军的锐气。因此,他点出三百精锐,驰至距唐阵只有一里处。大家还记得吧,上次李世民他们跑到距离夏营三里处。窦建德派人喊话李世民:"请派几百名壮士和他们玩一玩。"

此提议正中李世民下怀,因为他最不想的就是现在开打。玩玩就玩玩,你派三百,我只派两百;你派骑兵,我只派步兵。李世民指派王君廓率两百长槊兵应战。

窦建德万万没想到,三百夏军骑兵PK两百唐军步兵,居然不能胜。

他还没急,王琬急了,单骑而出,跑到两军阵中叫战。

他一冒头,李世民的眼睛就亮了。为啥呢?因为王琬所乘之马是隋炀帝的御马，乃马中极品。欢喜之情自马痴李世民的眼中喷薄而出："他所乘的马可真是一匹良马啊！"

一旁的尉迟敬德听了，马上出列，请求夺马。这太危险了，李世民当然不同意："不行，怎么能因为一匹马而失掉一员猛将呢？"尉迟敬德不听，带着高甑①生、梁建方两员神将，三人三骑如疾风般掠过原野，奔着王琬就去了。

王琬害怕了，拨转马头就跑，可没跑几步就被追上了。尉迟敬德轻舒猿臂，就把王琬提溜了过来。高甑生牵住御马，梁建方按箭殿后。夏军仓促出援，可跑在最前头的，都成了梁建方的箭下亡魂，余者不敢靠近。三人就这么嚣嚣张张、顺顺利利地回来了。

窦建德大惊，夏军将士也面面相觑，不意唐军中竟有如此猛将。

这时已是响午了。李世民接到报告，一千玄甲军已渡河归来，大喜！窦建德，现在该我还招了。他命宇文士及率三百骑兵冲向夏阵，叮嘱他们：快要与敌接触时，突然右转，紧贴敌阵向南疾驰，如果敌人不动，你们就撤回来；如果动了，马上攻入敌阵。宇文士及马上率队冲锋。

此时夏军又在干什么呢？他们在休息。夏军凌晨出战，连早饭都没吃，已在烈日下暴晒半日，个个又饿又累又渴，瘫坐一地。恰在这时，宇文士及的人马突然驰到。夏军惊慌失措，阵脚松动。

李世民大喜，一扬马鞭："可击矣！"宇文士及所部率先杀入夏阵。李世民随即率领玄甲军发起冲锋。李世勣、王君廓也率主力随后跟进。

当此之时，窦建德却准备召开作战会议。大夏文武三三两两地赶往中军大帐开会。唐军偏偏在这时发起了总攻。窦建德赶忙调派骑兵

---

① 甑，音赠。

阻击。可是骑兵被赶来开会的大臣们挡住了出路。窦建德挥手示意群臣退下。反应快的就退了，但总有反应慢的，这就迟滞了骑兵出击的时机。

进退之间，战机逝去。由于没有受到敌军骑兵的阻击，唐军顺利杀入夏阵。虎牢关下，杀声震天，尘土飞扬，遮天蔽日。

虽然失去了先发优势，但夏军占据人数优势，很快稳住了阵脚，战局转入胶着。

李世民打不起消耗战，喊来史大奈、程知节、秦叔宝、宇文歆四将，命他们卷起一面旌旗，随他直冲敌后。一千人奋力向前，如砍瓜切菜般杀到夏军阵后，将旌旗展开。长风劲吹，唐字大旗迎风飘扬，猎猎作响。

正在鏖战的夏军将士还以为遭到了唐军的包抄，战斗意志登时崩溃。古语说得好，兵败如山倒。兵越多，山越高，倒下来的情景也就越恐怖。十几万夏军一朝崩溃，就好比蚂蚁窝被炮仗炸开一样，兵找不到将，将寻不着兵，人人只顾逃命，乱作一盘散沙。

窦建德不学孙膑围魏救赵，当胜而败；李世民仿效韩信井陉破赵，当败而胜。

混战中，窦建德的亲兵被打散，自己也挂了彩，慌不择路，像个没头苍蝇似的乱钻，鬼使神差居然钻回了牛口峪。

唐军裨将白士让和杨武威只当他是一名普通夏将，穷追不舍。窦建德被二人长枪扔中，负伤落马。白士让挺枪欲刺。窦建德急了："不要杀我，我是夏王窦建德，把我送给秦王，你们能得到丰厚的赏赐。"白士让和杨武威中了这么大的彩，高兴坏了，将窦建德捆得结结实实，来见李世民。

豆入牛口，果然势不得久！

李世民调侃窦建德："我讨伐王世充，与你何干，偏要兴师动众来招惹我?"

从人生巅峰一脚踏空,硬气了一辈子的窦建德终于低下了头颅:"今不自来,恐烦远取。"我如果不来,还得劳烦你大老远跑去河北灭我。

四天后,洛阳城头,王世充终于看到了朝思暮想的窦建德,但不是想象中那个身披金甲、脚踏七彩祥云的窦建德,而是一个五花大绑、灰头土脸的窦建德。

如果说相逢是首歌,那么王世充与窦建德的初次相逢就成了绝唱。曾经,这个世界既是属于他们的,也是属于李世民的。然而从这一刻起,属于他们的时代已经过去,未来只属于李世民一人。

王世充头脑森然,四肢无力,喃喃地问左右:"突围南下襄阳如何?"一阵可怖的沉默过后,才有人回道:"我们能依靠的也就是夏国了,如今窦建德已经被擒,我们就算能突围,终究也是没法成功的。"王世充长叹一声,潸然泪下。

初九早,洛阳城门洞开,一队身着缟素的队伍往唐军大营逶迤而来。当先的是一脸铁青的郑帝王世充,在他身后是太子王玄应和文武大臣。蓝的天、绿的草、红的花、白的衣,如斯良辰美景,却成了郑国的奈何天。他们熬过了炼狱的冬天和希望的春天,终究还是倒在了绝望的夏天。

09. 双雄殒命

看着跪在地上的王世充,李世民得意之情溢于言表:"听说你经常张口闭口蔑称我童子。怎么现在见了我这个童子,却如此恭顺呢?"

败军之将，何以言勇！王世充顿首谢罪，哀求不要杀他。他的低姿态让李世民极为受用，考虑到他又是前朝公卿，李世民答应饶他不死。

翌日，唐军开入洛阳。李世民迅速办了两件事：

第一件，对王世充阵营的顽固分子进行清算。段达、单雄信、朱粲等十多名郑将被杀。

李世民如此处置极其反常。须知当年他对西秦、天兴文武的处置很宽大，多有重用，鲜有杀戮。前后反差如此之大，只有一个合理解释：泄愤，既泄个人被围险些丧命之愤，又泄全军围城死伤惨重之愤。

从民意来看，在被杀的郑将中，只有吃人魔王朱粲之死受到了百姓的拥护。朱粲被杀后，洛阳百姓争相用石头瓦砾砸他的尸首，不一会儿的工夫，石头瓦砾居然堆成了一座冢。此贼确实该杀，虽千刀万剐也不为过。

其他人都是可以不杀的，尤以单雄信最为可惜。此人武艺绝伦，勇猛不逊于尉迟敬德、秦叔宝等人，若能留用，必能独当一面。但李世民不顾众人反对，非要杀他。他的同乡好友、结义兄弟李世勣甚至提出以官爵换义兄一条命。但李世民就是不同意。

李世勣满怀愧疚，来与义兄做最后诀别。单雄信埋怨他："我就知道你不是个办事的人。"李世勣放声痛哭："我不怕你，想和大哥你一起死。可我已经此身许国，忠诚和友悌不能两全。况且我死之后，谁来照顾嫂子和侄儿们呢？"说罢，他掏出匕首，"唰"地从腿上切下一块肉，血淋淋地递到单雄信嘴边："就让这块肉跟着大哥你入土吧，如此也算我没有违背当初结拜的誓言！"单雄信泪落如珠，接过肉片，大口咀嚼，随即引颈就戮。

第二件，犒赏将士。

自古以来，当兵最原始的目的就是为了军饷，军饷是将士们流血甚至卖命的原动力。唐军自去年七月出关，迄今已逾十月，流血流汗，掉皮掉肉，做出了巨大的牺牲。而今洛阳归附，若不犒赏，于情于理都说不过去。

怎么犒赏呢？通行的潜规则是破城之后，主帅默许士兵劫掠三天，三天过后发安民告示，申敕军纪。如此，群众形象有了，部属利益也照顾到了，一举两得。

王世充出降当日，唐军将士就想入城了。可李世民却命大军在城外休息，翌日入城。其实，当日他已派亲军先行入城，"分守市肆，禁止侵掠"。个中原因很简单，李渊父子不是洛阳的过客，而是洛阳的新主人，主人怎么会纵容家奴将新家拆个七零八落呢？！

当然了，将士们还是要犒赏的。李世民虽禁止他们劫掠，却将洛阳府库中的金帛分给了他们。他的处置并非擅作主张，因为李渊早已有言在先。但李世民万万没想到，今日的这个举动却成了此后数年间大哥、四弟攻击他的一大把柄。

虎牢关之战后，王世充残部、窦建德残部及徐圆朗所部望风而降，大河南北并入大唐版图。至此，李唐基本完成了对中国北方的统一。明眼人都看得出来，李唐一统中华只是时间问题。

李唐一雄起，邻居就害怕！邻居都有谁？南方公园里的杜伏威、萧铣、林士弘三贱客，以及北方草原上的大灰狼颉利。

北有窦建德，南有林士弘。林士弘也是农民出身，人品很好，同样是在大哥被打死的情况下接管了最高领导权。他以南昌为根据地，控制了今江西、福建两省的绝大部分地盘，自称楚帝。

最先出手的是颉利可汗。这并不意外，东突厥之所以能成为半个亚洲的霸主，"控弦且百万，戎狄炽强，古未有也"，归根到底是沾了隋末乱世的光。中华一旦统一，突厥人就享受不到乱世红利，不仅享受不到，而且很有可能得连本带利地吐出来。任何一个突厥领导人对此都不可能无动于衷，更何况是颉利？！

早在虎牢关之战前一月，突厥人马便连犯汾阴、石州、雁门、太原四镇，虽均被守军击退，却标志着自大业十三年结盟以来，唐、突边境四年多和平的实质性终结。

经过精心准备，虎牢大捷后，颉利可汗派大军进犯。李渊派堂弟长平靖王李叔良率军迎战。一场血战之后，突厥虽被打退，但李叔良因伤重不治死于回军路上，成了继李孝基之后的第二位殉国的王。

李叔良的死成全了他的后代，历代唐皇对他们家都颇为照顾。他有个曾孙后来出息大了，当了唐玄宗的宰相，叫李林甫。

七月初九，李世民回到了长安。

为迎接凯旋大军，唐廷举办了盛大的入城礼。22岁的李世民身披金甲，一马当先，进入长安。在他身后，是威风凛凛的李元吉、李世勣、秦叔宝、程知节、尉迟敬德等25员大将，铁骑万匹，甲士三万，军容严整，激荡长安。

都是被俘的敌酋，受到的对待却天差地别。李渊连见都不见窦建德，直接打入天牢，却单独召见了王世充。王世充还是老一套，磕头如捣蒜："臣罪固当诛，然秦王许臣不死。"李渊宣布，赦王世充为庶人，流放王氏一族于巴蜀，斩窦建德于市。

十一日，窦建德于长安被杀。不知受刑之前他是否忆及凌敬之言？可叹一代好人，就这么被历史发了好人卡。

十二日，王世充一家怀着劫后余生的喜悦，踏上了南下的旅程。

罪同罚异，不诛王世充，独斩窦建德，李渊的处置从古至今争议不断。有主张都赦免的，有主张都杀的，激进如蔡东藩则直斥李渊，建德可赦而不赦、世充当诛而不诛。其实这样的争论毫无意义，因为李渊还有后手。

王世充一家行至凤翔，于府衙暂作休息。突有唐廷特使赶来，王世充和兄长一同出府接旨。没想到，来使掏出的不是圣旨，而是闪着寒光的刀剑。原来，这个使者是冒牌的，他的真实身份是唐定州刺史独孤修德。独孤修德还有一个身份，他就是当年试图推翻王世充而遭杀害的前隋司隶大夫独孤机的儿子。独孤修德将二王砍得血肉模糊。

虽说是为父报仇，但独孤修德毕竟犯了假传圣旨的大罪，判个死刑是够了。可李渊只是罢免了他的官爵。不久以后，其余的王家人在南下途中被唐地方政府处死，理由是"谋反"。又过了不久，独孤修德被再次起用。

真以为李渊的眼睛里能容得了沙子呀？若不是顾及李世民的颜面，李渊初次见面就能砍死王世充。那么，他为何一定要杀死窦建德呢？这里面的原因太多了，比如说，窦建德太有领袖力了；又比如说，宇文昭仪和宇文士及极力要求李渊杀他；但最根本的，还是李渊的贵族意识在作祟。李渊是一个贵族，一个贵族，对于窦建德这样的草根，他有着与生俱来的蔑视。你一个草根还这么牛，这就是错！

有一件事出乎李渊的预料：李世民刚回朝，河北就生出了乱子。陕东道行台奏报：十九日，窦建德旧将刘黑闼、高雅贤、王小胡、范愿、董康买、曹湛等聚众百人，袭破漳南县，起兵造反。

但李渊并不在意，残兵败将，不自量力，星火焉能燎原？此时，他在意的是南、北两个方向：在北疆，风闻颉利蠢蠢欲动，正在酝酿新的进攻；而在南方，对萧铣的战争已经进入了倒计时……

第六章 南征北战

01. 进击的李靖

萧铣尝试过向东发展，可他打不过江西的林士弘，不得已调整了方向，南下向今两广地区扩张。那时的两广可不像今天，是特别欠特别欠的欠发达地区，落后闭塞，人烟稀少，没有凶悍的"大牛"级人物。因此，萧铣的扩张极为顺利，不到一年的时间就拓展到了交州（今越南河内）。到江都政变后，梁国已经控制了东起九江、西至三峡、南抵交趾、北达汉川的广大地区，有胜兵四十万，一跃而成为全国地盘最大、兵员最多、实力最强的割据政权。

萧铣顾盼自雄，东边已经试过了，南边已经探底了，北边牛人太多不敢去，那就只能向西边的"天府之国"巴蜀发展了。

可是，在一个人的努力下，巴蜀已经为李唐所有了。这个人就是初唐头号男子天团——凌烟阁二十四功臣中的第二名，李渊的堂侄、李世民的堂兄李孝恭。

李孝恭之所以能高居榜眼，是因为统一战争中南部中国基本上都是他搞定的，而其处子秀就是为大唐收服巴蜀。入主大兴后不久，李渊即任命李孝恭为山南道招慰大使，命他略定巴蜀。李孝恭的性格与李世民截然相反，李世民是能动手就别吵吵，而他是能用嘴解决的问题决不动手。所以，他以招抚为主要手段，对巴蜀一带的隋朝官吏晓之以理、动之以情，效果出奇好，"檄书所至，降附者三十余州"。李孝恭几乎不费一兵一卒，就征服了偌大的巴蜀。

但速度过快，势必也存在着口服心不服的问题。李孝恭俨然是独坐火山口的大佬，表面风光无限，内里寝食难安。他的真实处境，天知，地知，他知，李渊知，萧铣也知。

武德二年九月，梁军大举进攻巴蜀门户——峡州（今湖北宜昌西）。

这个时机把握得非常好。当时，唐军主力正在代北与刘武周、宋金刚鏖兵，无暇顾及巴蜀。一旦梁军踏破峡州，则巴蜀之反唐势力势必群起相应。

危难关头，亏得有峡州刺史许绍。峡州位处王世充、李渊、萧铣三股势力犬牙交错的地带，战略位置十分重要。许绍能镇守如此要地，靠的不是李渊同学的身份，而是个人的品德和能力。王世充也好，萧铣也罢，抓到许绍的人一律处死。而许绍反其道而行之，抓一个，放一个。时间久了，王世充和萧铣的小弟都深服许绍其人，即便被派来攻城，也是出工不出力。所以，峡州虽处于三战之地，但一直没有被攻破。

这次也是一样，梁军久战不胜，铩羽而归。萧铣气得跳脚直骂娘，他哪里知道，一个比许绍厉害千万倍的人正在来的路上。

萧铣的西进运动虽然暂时被挫败，却让李渊惊出一身冷汗。峡州有老同学在，他不担心，他担心的是年轻的李孝恭能否镇得住躁动的巴蜀。为保万全，他拟派一名老成持重的干将襄助李孝恭。但在派谁去的问题上，他和李世民意见相左，李世民力荐李靖，而李渊则属意他人。

李渊一直看不上李靖，主要原因有两个：一是放不下旧怨；二是他觉得李靖从未指挥过一场战斗，是夸夸其谈的赵括之流。但由于李世民的极力坚持，这次他勉强同意了。

48岁的李靖终于迎来一个证明自己的机会，立刻启程南下。他本想昼夜兼程，赶往巴蜀，途经金州（今陕西安康）时，却被李渊的另一个爱侄庐江王李瑗给截住了。当地蛮人造反，李瑗几次征讨均告失利。听说知名的军事理论家李药师来了，李瑗激动万分，硬将李靖截住，非要他出谋划策。李靖无奈，只得盘桓数月，帮他搞定了蛮人。然后，他继续上路。到了峡州，李靖傻了眼：前路不通！

原来，萧铣见强攻不成，改为封锁，屯兵安蜀（今湖北宜昌西陵峡口）、荆门（今宜昌宜都市西北）二城，切断了峡州和巴蜀的交通。李靖既不是天使，也不是鸟人，没有翅膀可飞翔，被迫滞留峡州。这一待又是数月，直接后果就是没有在李渊划定的截止日期前抵达李孝恭大本营——夔①州（今重庆奉节）。

李渊可逮住机会了，修书一封给许绍，命他处死李靖。

李靖这一生几乎死于非命的情况只有两次，每次都是李渊要弄他。第一次，亏得有李世民说情。

但这一次李世民不在，好在还有许绍。

只有英雄，才能识英雄重英雄。在李靖羁留峡州的日子里，许绍和他处成了非常要好的朋友。如此盖世奇才，怎能因些许小事就要了他性命?!许绍致信李渊求情。老同学的面子总得给，李渊只得硬生生地将怒气按了下去。

李靖再次化险为夷。但经过此事他吓坏了，赶忙拜别许绍，昼夜兼程，绕道赶路，抵达夔州时已是武德三年三月。

虽说迟到，但他到得太是时候了。是月，开州（今重庆开州）蛮酋冉肇则举兵反叛，连败唐军，逼得李孝恭困守夔州。各路反唐势力群起相应，巴蜀遍地烽火。李渊忧心万分。

---

① 夔，音葵。

恰在这时,李靖来了,满腔愤懑马上找到了发泄对象。蛮军数万,重重围城。李靖居然敢只带八百精骑劫营。他不仅这么干了,而且干成了,成功解围,随后又在半路设伏,打死了败退的冉肇则。高人一出手,就知有没有。冉肇则一死,蛮乱迅速平息,巴蜀大定。李孝恭具表上奏,详述李靖之功勋。

李渊看罢,大喜!没错,他是不喜欢李靖,也的确一直在找碴儿,但平定冉肇则一役彻底粉碎了他对李靖能力的质疑。至于个人恩怨,在江山社稷面前轻如鸿毛!这一点李渊还是很清楚的,要不然他就不是唐高祖了。

李渊知道自己错了,但他是皇帝,皇帝怎么能有错呢?就自己找了个台阶下,对大臣们说:"朕听说使功不如使过,褒奖不如鞭策,看看,李靖果然证明了这一点。"群臣们真真假假,反正都不约而同地恍然大悟了,原来陛下用的是激将法啊,陛下圣明!随后,李渊传敕巴蜀,公开称赞李靖"竭诚尽力,功效特彰",并勉励道:"勿忧富贵也!"但其他人都不知道,他还给了李靖一道手书,上面就一句话:"既往不咎,旧事吾久忘之矣。"

一切传奇都有开始的地方。夔州虽小,却是李靖传奇一生的起点,他从这里起飞,并加速度地飞向辉煌。

02. 四路伐梁

可能有人注意到了,冉肇则搅动巴蜀之时,萧铣居然没有趁机西进,这既不是他傻,也不是有许绍的牵制,而是因为他实在忙不过来：大梁国正在如火如荼地闹内讧。

在天下人眼中，大梁国俨然一个强壮的巨人，望之生畏。但实际上，这个巨人只不过是个长了一身呆肉的死胖子。这种虚胖是基因性的，乃先天不足所致。我们知道萧铣是董景珍、张绣等人一手捧起来的，这些人把皇冠塞到他手上，他不过完成了一个戴的动作而已。

在董景珍等人眼中，萧铣不过是他们高薪请来的戏子，他的任务就是按照脚本，中规中矩地演好皇帝这个角色。戏里，萧铣称孤道寡，他们山呼万岁；但在戏外，他们才是隐形的皇帝，真正的无冕之王。

他们以为萧铣会具备一个演员的修养，能分清戏里戏外，摆正自己的位置。起初，萧铣也的确如他们所想，本本分分，老老实实。但他们低估了皇权对一个人的诱惑。

演着演着，萧铣就走了心，入了戏，再也出不来了。他想，朕堂堂皇室贵胄，岂能甘为武夫掌中傀儡？

一念起，万水千山。不久后，萧铣出台了一项新政——裁军兴农。啥意思呢？就是说兵多农少，不利生产，要损有余而补不足，让一部分将士解甲归田。理由冠冕堂皇，其实是为了褫夺董景珍等人的兵权。

政策一经推出，便引发了董景珍等人的强烈不满和反对。在沟通无果的情况下，武德三年十一月，董景珍的弟弟阴谋兵变。萧铣早有准备，抢先动手杀了他。

当时董景珍正坐镇长沙，萧铣派人告诉他，说什么弟弟是弟弟、哥哥是哥哥，知道董景珍无罪，但希望他能回趟江陵，以消除疑虑、增进感情。董景珍又不傻，举长沙城投降了许绍。

此举正中萧铣下怀，名正言顺地发兵讨逆，统兵大将正是董景珍的把兄弟张绣！长沙城头，内外交困的董景珍对张绣苦口婆心："'前年醢彭越,往年杀韩信',卿岂不见之乎?奈何今日相攻?"张绣只是"不应",这些年来他一直跟在董景珍后面,太想体会体会站到前面的滋味儿了。长沙城破,董景珍被杀。

如果张绣能低调做人的话,萧铣或许还会容许他多活个三五年。但他只是一介武夫,居功自傲,盛气凌君。于是,不久后,他也被萧铣给干掉了。

萧铣终于坐实了皇帝宝座,他很高兴,却丝毫没有意识到他的所作所为是在自掘坟墓。

飞鸟尽,良弓藏;狡兔死,走狗烹。这是中国历史的普遍现象。原因无他,只因功臣往往是权臣,而权臣往前一步就是奸臣。为了自家江山千秋万代,心狠手辣的君王往往会大肆屠戮功臣,汉高祖、明太祖无不如此。但人家屠戮功臣讲求时机,先把飞鸟狡兔都干死,再藏弓烹狗,虽然狠辣,却也老辣。而萧铣这个愣头青呢,周围豺狼虎豹一大片,他先把狗给炖了。如此,直接造成了两个严重后果:一是无将可用;二是人心离散。

消息传到夔州,李靖抚掌大笑,天意亡梁!在平定冉肇则之乱后的大半年里,他一刻也没闲着,用心搜集伪梁各个方面的情报,研究平梁之策。如今萧铣的胡搞让他茅塞顿开,他提起笔来,深吸一口气,在纸上写下了四个大字:平梁十策。

在让李渊刮目相看的道路上,李靖撒丫子狂奔。李渊阅后,喜出望外,他没考虑到的问题,李靖已经帮他考虑到了,还提出了十种解决办法,有如此良将,何愁大业不成!武德四年二月初三,他任命李孝恭为荆湘道行军总管,李靖为行军司马,但"三军之任,一以委靖",全权准备讨梁事宜。二李接敕,立即大造战船,练习水军。

七月,山东战事结束,郑夏灭亡。九月三十日,李渊正式调集四路大军,围攻萧铣:李孝恭部为西路军,由巴蜀东进;庐江王李瑗部为北路军，从襄阳南下；黄州总管周法明部为东路军，出汉口西进；黔州刺史田世康部为南路军，出湖南怀化北上。四路大军陆续开拔，杀向江陵。

唐军四路来袭，萧铣调兵遣将，分头应对。但让李孝恭、李靖迷惑不解的是，梁军在北、东、南三个方向皆有部署，唯独西线不见一兵一卒。十月初，二李带着大军雄赳赳、气昂昂地来到了长江边。然后，他们终于知道萧铣为什么在西边没部署了。

因为，用不着。时已入秋，大雨连绵，长江水位暴涨，惊涛骇浪，瓦釜雷鸣。如此水势，别说在上面行船，光是站在江边看几眼都会头晕。即便是水生水长的南人，面对此情此景也会望而却步，更何况是土生土长的北人呢？唐军上下畏缩逡巡，面如白纸，心如捶鼓。

千算万算，偏偏漏了气象这一点。不过这也情有可原，毕竟唐军唐将都是北方人，长于陆战而短于水战。说得再直白点儿，李唐根本就没有像样的水军，更没有懂水战的将帅。李渊不懂，李靖也不懂，至于李孝恭就更不懂了。

只要不是傻子，决不会在这个季节从长江上游东下。众将请求待雨季过后再东下。

李孝恭很为难，说实话，面对如此水势，他也犯怵，但朝廷明令四路大军并进，他如果裹足不前，贻误了战机，如何向皇帝交代？不过，话又说回来，坚持进军，意外伤亡倒在其次，全军覆没才是最大危险。

只有一个人主张进军，那就是李靖："兵贵神速。现在我军集结完毕，萧铣尚不知情，正好乘着江水暴涨之际，顺流直抵江陵城下，打他一个措手不及。大王，机不可失啊！"这番话点醒了李孝恭。是啊，敌人不设防，只要我们长驱东下，几入无人之境，便可直捣江陵，获得破梁首功。那还有啥好说的，火速进军！

唐军两千艘战船劈波斩浪，浩浩荡荡顺江东下。行军途中，常有战船相撞或被波浪倾覆，死伤难免。

众将士一路颠簸，吐得死去活来。

但水流快行船速度也快，李孝恭大军仅用了不到三天就穿过了三峡，进入大梁西境。

苦心人，天不负！艰苦卓绝的行军过后，他们收到了上天封的大红包。正如李靖所料，大梁西境几乎就是一座空城连着一座空城，不堪一扫。唐军一路高歌猛进，所向披靡。

待到萧铣确认西线有敌情时，李孝恭的大军已经进抵江陵西大门——夷陵（今湖北宜昌）了。

萧铣慌了手脚，忙令各地军马前来救驾。

在夷陵附近，唐军总算遇到了像样的抵抗。大梁第一骁将文士弘率数万之众，屯驻于清江①。唐军一鼓作气击溃梁军，夺得战船三百余艘，迫使文士弘退保江北。梁江州（今江西九江）总管盖彦举胆寒，以江州等五州来降。夷陵至江陵已无窒碍。

唐军继续向江陵挺进，固然喜悦，但也紧张。因为他们都知道南梁有胜兵四十万，在前方等待他们的必将是优势敌人的阻击和殊死的搏杀。

李孝恭前进得极为谨慎，一步一个脚印，稳扎稳进。就这么小心着小心着，一个不小心，居然到了江陵城下。幸福来得太快，他有些恍惚，派人侦察敌情，彻底蒙了：江陵城中居然只有不到一万兵马。说好的四十万呢，搁哪儿呢？玩儿呢？请给我们一个完美的解释！

---

① 清江，长江一级支流，发源于湖北利川齐岳山，在宜都陆城汇入长江。

03. 萧铣的末日

不作死就不会死，这句话用在萧铣身上恰如其分。没错，他是有四十万人马，不是号称，是实有。但萧铣有个毛病，每攻下一地，必分兵把守。他的地盘那么大，四十万人哗啦啦地撒豆子，后果一是每地的兵力都很薄弱，二是短时间内难以集中。而且，江陵好歹是首都，怎么也该留个三五万人吧？他偏不，只留了不到一万人马。

萧铣和王世充刚好相反，王世充是强干弱枝，在洛阳屯驻重兵，其余地方都很薄弱；萧铣是弱干强枝，几十万人马都撒在外面，国都却只有一万人马。

见对方只有不到一万人马，李孝恭的腰杆儿马上就硬了，当时就要整军出战，好得这灭梁的首功。

岂料，这个时候，李靖又来唱反调，建议暂时停泊南岸，避而不战："彼救败之师，策非素立，势不能久，不若且泊南岸，缓之一日，彼必分其兵，或留拒我，或归自守；兵分势弱，我乘其懈而击之，蔑不胜矣。今若急之，彼则并力死战，楚兵剽锐，未易当也。"

李孝恭仍旧听了他的话，但只听了一半，停泊南岸没问题，避而不战决不行，将士们士气高昂，此时不战，更待何时？要泊你李靖泊吧，我可要上阵杀敌去也！

没听李靖的，行不行？不行！果如李靖所料，几万唐军竟被不到一万梁军打得落花流水、丢盔弃甲。想想也是，拱卫江陵的必是梁军精锐，战力自然不同凡响。得胜的梁军格外开心，争抢唐军丢弃的物品，人人肩扛手提，个个大包小包。

李孝恭带着败军刚刚逃归南岸，就见营门大开，李靖带着留守兵马倾巢而出。他还以为李靖是来迎接、保护他们的。岂料，人家李靖说了，全军出战！这李孝恭就不明白了，当初是你要不打，不打就不打，现在又要带大兵去打文士弘，战争不是你想打就能打。但李靖顾不上跟他解释，马上渡江进攻。

梁军正忙于捡拾唐军的衣甲器械，阵形大乱，编制瘫痪。李靖冷不丁一出手，正好打了他们一个措手不及。梁军就像被炸了窝的蚂蚁一样，四散奔逃。

唐军趁势攻占了水城和外城，将江陵围得水泄不通。

李孝恭由衷赞叹，药师真乃神人也！

在如何处理缴获战船的问题上，李靖又一次站到了群众的对立面，他居然建议把这些战船都扔到江上去，漂到哪里算哪里！群众对他很有意见，这些战船都是宝贝疙瘩，怎么能当破烂儿扔了呢？应该把它们编入大唐水师，以阻击下游赶来增援的梁军。李孝恭也不理解，即便不编入我军，也不该扔了呀，一旦被下游的敌人捡到，不成了资敌嘛？

但李靖微微一笑很倾城："萧铣的地盘儿太大了。我们孤军深入，如果不能尽快拿下江陵城，那么梁军援军就会从四面八方赶来。届时，我们腹背受敌，即便手上有这些船，又有什么用呢？不如就把这些船丢到江上去，任其顺流漂泊。敌人的援军看到后，还以为江陵城已经被我们拿下了，就不敢轻举妄动了。大王你放心，我估计用不了十天半个月，就能拿下江陵了！"

他这么一说，李孝恭倒觉得有几分道理，只是万一梁军援军死心眼儿，非要赶来增援呢？但细细回想，此人每次唱反调，不仅都唱对了，还很动听呢！也许真理真的就掌握在少数人手中吧。所以，他犹豫了一下，还是选择听从李靖。

听李靖的就对了！

没过几天，梁国第一路援军到了，人数还不少，有数万之众，领头的是交州刺史丘和、长史高士廉。这两人，一个是丘行恭的父亲，一个是长孙无忌的舅舅，政治立场本就不坚定。在进军路上，他们吃惊地发现，江上到处都是空无一人的梁军战船。两人一合计，坏了，江陵必定已经沦陷了，还打啥，投降吧！原本只想吓退敌人，没想到直接吓服了，空船计的效果比李靖预想的还要好！

丘和与高士廉的投降，断送了萧铣最后的希望。十月的南国，空气中已有丝丝寒意。江陵城头，萧铣瘦长的身影在落日余晖下显得格外落寞。他无限感伤地问中书侍郎岑文本："怎么办？"

岑文本犹豫了下，还是说道："陛下，只能投降了。"

这个答案在萧铣的意料之中，但是当它从岑文本口里蹦出来的时候，他还是不由得哆嗦了一下。残阳如血，唐军大营中，星星点点的篝火渐次升起。萧铣最后望了望远方的天际，除了地平线，再无他物。他万念俱灰，转身离去。夕阳把他的影子拖得很长很长……

翌日早，萧铣决定开门出降！这一天是武德四年十月二十一日。

从九月三十日开拔算起，二李仅用了21天，就打垮了隋末群雄中实力最强的萧铣，创下了李唐统一战争中制胜的最快纪录。

萧铣不是能人，也算不上好人，但起码不是坏人。面对李孝恭，他就说了一句："该死的是我，城中百姓无罪，希望大王不要纵容将士杀掠。"这句话让他在人格上甩了王世充几条街。

唐军众将群情激愤，都不答应。李孝恭也沉默了。正在此时，有人却站出来劝阻。

这回，不是李靖，而是降臣岑文本。

岑文本，江陵土著，其祖父就是西梁国的重臣。此人"性沉敏，有姿仪，博考经史，多所贯综，美谈论，善属文"，少时才名就闻达于江南。萧铣称帝后，大肆笼络人才，以岑文本、刘洎为代表的一大批江南才俊被吸纳入大梁国朝廷。岑文本时任中书侍郎，负责起草文告。

能当上贞观名相的人，水平自然不低。岑文本对李孝恭说："暴隋无道，百姓苦不堪言，都盼望着能有真主救民于水火。萧梁君臣决意投降，也是为了确保梁国百姓的生命财产安全。大王如果放纵士兵劫掠，我怕百姓们就不愿臣服大唐了！"岑文本看得明白，唐军是外军，对本地没有感情，想通过哀求说服他们是不现实的，只能晓之以理。

李孝恭听了，豁然开朗。

此人说得对，如放纵士兵劫掠，则江南各地势必群起反抗，不利于征服和稳定。于是下令严禁劫掠，违令者斩。

众将退而求其次："萧铣的将帅和我军作对，罪不可赦，请求大王下令抄没他们的家产，犒赏有功将士们。"这个要求不过分，不劫掠百姓和已投降的敌军，只将那些对抗到底的死硬分子抄家，赏赐将士，这总可以吧？这下岑文本也没得说了。

凄风苦雨笼罩着大梁君臣。

然后，李靖就站出来了。众将一看他站出来了，就知道事情要坏。果然，李靖说了："我军是王者之师，理应义字当头。萧铣的文武为他们的君主拼命，气节上其实是忠臣，怎么能把他们当作叛臣而抄没他们的家产呢？！"此时的李靖在李孝恭心目中就是神一般的人物。神的话，还能不听？

将士们当面不敢说，背后对李靖意见大了去。可随后发生的一连串事件，让他们恍然大悟，由衷地对李靖竖起了大拇指。首先是伪梁各州县风闻唐军攻破江陵后秋毫无犯，城中秩序井然，百姓安居乐业，纷纷感叹唐军真乃王者之师，望风而降。紧接着，伪梁黄门侍郎刘洎率二十余万援军赶到，但见唐军如此得人心，且对战俘宽大处理、既往不咎，马上缴械投降。

皆大欢喜！唯独苦了萧铣。解送长安后，他被李渊一顿奚落，什么自不量力啦，螳臂当车啦，抗拒王师啦……其实，李渊没想杀他，毕竟他的堂叔、宰相萧瑀出面求情了，李渊不过是想过过胜利者的嘴瘾。可萧铣却狠狠地讽刺了他："隋失其鹿，天下共逐之。我萧铣没有得到老天爷的垂青，所以败了。如果这也是有罪的话，那我只能死了！"李渊暴脾气"噌"就上来了，窦建德那么得人心，王世充那么求我，我都杀了，你居然敢讽刺我，弄死你！

萧铣被判斩于闹市，年仅 39 岁。

李渊论功行赏，升李孝恭为荆州大总管，李靖为岭南道抚慰大使，命他抚慰岭南。李靖从此华丽转身，开始独当一面。他马不停蹄，于十一月越过南岭到达桂州（今广西桂林），派人分道招抚。唐平萧铣之战早已震动岭南，因此唐使所到之处，无不望风而降。李靖兵不血刃，连下九十六州，得民户六十余万。原本依附林士弘的岭南割据势力——前隋汉阳太守冯盎望风而降，"岭南悉平"。

04. 刘黑闼起兵

灭梁是大大的好事，可李渊开心不起来。当初他觉得萧铣是主要矛盾，颉利是次要矛盾，至于那个刘黑闼连次次要矛盾都算不上。他万万没想到，这个被他无视的刘黑闼居然越闹越大，迅速升格为主要矛盾。

刘黑闼等人为啥要造反呢？这就要从一批所谓财宝的下落说起。

窦建德经营河北多年，虽然他本人勤俭简约，但作为实体的大夏国却积累了巨大的财富。擒杀宇文化及后，他又得到了隋炀帝的遗产，富上加富。这些金银财宝统一存放在大夏国都——洺州的府库中。

虎牢关之战后，大夏左相齐善行说服曹氏降唐。但在唐军接手洺州之前，他将府库中的布帛全部散给了不愿降唐的文武及将士，散了三天三夜才散干净。齐善行的本意是好的，公司黄了，给兄弟们发点遣散费、安家费。但他好心办了坏事，反而坑了这帮兄弟。

齐善行散的只是布帛，金银全都上交唐廷了。可民间以讹传讹，说他交给唐廷的财宝只是很小一部分，大头儿都被他散了。唐军官兵听了就动心，大肆搜捕故夏文武旧臣，严刑拷打，索要宝货。

在这种高压态势下，夏文武旧臣"皆惊惧不安"，纷纷外逃。李渊远在长安，不知内情，还以为这帮人想闹事，为防万一，就召范愿、董康买、曹湛、高雅贤、王小胡等主要骨干入京。

范愿等人当然不敢入京。他们开了个小会，达成了共识："王世充投降，他的主要文武都被杀害。咱们这些人如果应召到了长安，肯定也是同样的下场。这些年我们跟着夏王打了那么多的仗，早就是该死的人了，何必在意残生？再说了，夏王当年擒获淮南王李神通，好吃好喝好招待，最后还把他放走了。可李唐擒获夏王，却把他杀害了。咱们都受过夏王的恩惠，如果不为他报仇，将受天下人耻笑！"

要造反，总得有个带头的。众人你推我、我推你，谁也不想做带头大哥，无奈之下，卜了一卦。卦象显示，"以刘氏为主吉"，请一个姓刘的人带头将大吉大利。

那么，窦建德的旧将里谁姓刘呢？

大伙儿一下子就想到了隐居漳南的刘雅，风风火火地赶到刘雅家，请刘雅带他们闹革命。不承想刘雅已决心退出江湖了，不干！范愿等人大怒，杀他灭口。

还有谁姓刘呢？范愿一拍脑门儿，想起来一个人。

谁？正是当年被李世勣当作投名状献给窦建德的刘黑闼。刘黑闼归夏后，屡立战功，被窦建德封为汉东公。范愿等人请刘黑闼出山。正在种菜的刘黑闼果断扔掉了锄头，很痛快地答应了，他也对李渊处死窦建德极为愤慨。

七月十九日，也就是窦建德就义后的第八天，刘黑闼等人聚集二百旧部，攻破漳南县，举兵反唐。长矛在手，刀剑生辉，看我弟兄，迎着烽烟大步来……

刘黑闼的人马和这一时代所有其他人马，甚至包括原夏军，有着质的不同。那些军队都是用利益武装起来的，领头的想着称王称霸，当兵的想着趁机劫掠；而刘黑闼的人马从里到外、从头到脚，都是用满腔的愤怒武装起来的。他们的政治目的和军事目的只有两个字：报仇！这就注定了他们是一支极其恐怖的力量！

起兵之后，刘黑闼每战必克，所向无敌。八月，破鄃①县（今山东德州夏津），陷历亭（今山东德州武城），降深州（今河北衡水深州）。在他的招徕下，徐圆朗再次反唐，"兖、郓、陈、杞、伊、洛、曹、戴等八州豪右皆应之"。一时间，河北烽烟四起，山东大震。

李渊赶忙做出三项部署：一是特设山东道行台，以李神通为行台仆射，主持镇压刘黑闼；二是发关中步骑三千，以秦武通、李玄通为帅，驰援河北；三是敕命幽州总管罗艺率兵南下，协助剿匪。

屋漏偏逢连夜雨，船迟又遇打头风。颉利可汗也趁机搞事情，频遣精骑骚扰代州（今山西忻州代县）、崞②县（今山西大同浑源）、太原、原州（今宁夏固原市原州区）等地。李渊不得不调兵反击。双方小规模交锋，互有胜负。

九月底，李神通集结河北、关中、幽州三路唐军约五万之众，与

---

① 鄃，音输。
② 崞，音郭。

刘黑闼决战于饶阳（今河北衡水饶阳县）城南。

唐军人数众多，列阵长达十余里。而刘黑闼只有不到一万兵力，南倚河堤列阵。

巧了，天降大雪，北风劲吹。李神通大喜，抓住战机，命令全军出击。接下来的事情真不怪李神通。大军刚刚冲到阵中，风向突变，大冬天居然刮起了东南风。唐军被吹得眼都睁不开。刘黑闼还有啥可客气的，大叫一声"天助我也"，率众猛攻唐军。

是役唐军惨败，"士马军资失亡三分之二"，已无力遏制刘黑闼。

此后的两个月内，窦建德旧部纷纷袭杀唐朝官吏，响应刘黑闼。刘黑闼连陷瀛、观、毛、定、冀、宗、沧、相、黎、卫诸州，杀唐瀛州（今河北保定河间）刺史卢士睿、毛州刺史赵元恺、冀州刺史麹稜，擒观州刺史雷德备，李玄通也被俘自杀，李世勣只身逃脱。

至此，刘黑闼仅用不到半年时间，就完全恢复了原大夏版图。

颉利落井下石，先是于十一月引诱高开道叛唐，合兵骚扰恒、定、幽、易诸州，继而又与刘黑闼缔结攻守同盟，调派精锐骑兵直接协助刘黑闼。

这样，为了反唐这个共同目标，颉利、刘黑闼、徐圆朗、高开道四人站到了同一阵营。

敌焰熏天，唐廷在河北的官吏纷纷逃向关中。局势残破至此，足见李神通之无能，必须另择贤良了！谁是贤良呢？那还用说，当所有人都不管用的时候，就该大唐救火队员李世民闪亮登场了。

此时的李世民正是春风得意，因为他刚刚获得了一项前无古人的殊荣——天策上将。

他七月凯旋，十月才受赏，中间愣是拖了三个月。倒不是李渊抠搜，实在是因为李世民位极人臣，在现有体制内已封无可封、赏无可赏了。第一，他是大唐皇帝的次子，封秦王，乃宗室诸王之首。第二,他是太尉,三公之首,主管全国军事,乃武官之最。第三,他是尚书令,宰相之一,而且是实权最大的宰相,主管全国行政,乃文官之首。第四,他是唐初最大最重要的战时行政单位——陕东道大行台的行台。第五,他有发行货币的权力,富可敌国。武德四年,李渊改革货币,废隋朝"五铢钱",发行唐朝"开元通宝"。按理说,铸钱炉为国家所有,但李渊特批:"秦王世民、齐王元吉赐三炉,裴寂赐一炉,听铸钱。"他们可以随便铸钱,想铸多少就铸多少,朝廷认!

但李世民毕竟立下了盖世奇功,不封赏说不过去。没有条件,创造条件也要封赏!

孔子后裔、儒学大师孔颖达充分发挥了三个月的主观能动性,硬生生造出一个史无前例的新官职——天策上将,得到了李渊的批准。

"天策"一词出自《左传》的"鹑之贲贲,天策焞焞"[①]。据西晋杜预的注释,天策乃星宿之名,这颗星还有一个别名,叫作傅说星。傅说是辅佐商王武丁复兴殷商的大贤臣。李渊将李世民的新官职定名天策上将,就是要向天下人表明,他把李世民看作傅说一般的人物。

如果大家以为天策上将仅仅是一个类似于"三好学生"的荣誉称号,就大错特错了!这可是实职,"掌国之征讨",全面领导大唐军事,还有权"自置官属"。

获封天策上将,标志着李世民的声望与权势达到了一个全新的高度。都是儿子,他距离李建成只有一步之遥;同为亲王,李元吉却差了他十万八千里。李世民以为虎牢大捷是他人生的新巅峰,殊不知这个新巅峰俨然就是长白山顶的天池,从下看是巅峰,走上去才发现下面是深不见底的旋涡。旋涡的深处是一双警惕而焦虑的眼睛。这双眼睛的主人正是他的大哥、大唐太子李建成。

[①] 焞,音吞。

李世民功高震没震主不好说，但铁定是震到了准主。如果李建成只是一个亲王，以他的性格，对弟弟的成就只会衷心赞叹，只可惜命运让他做了太子，大唐的第一位太子。

翻翻历史，列位就会发现，所有太子都患有一种相同的病——太子焦虑症。焦虑是因为害怕，怕父皇不舍权力，怕权臣倾轧迫害，怕宠妃床笫构陷，但最怕的还是能力强的兄弟从旁觊觎。

李建成偏偏就有个能力超强的弟弟。虽说他在内政建设方面也做了一些成绩，但在以武为纲的武德朝，文科的含金量远不如武科。二郎是不是起了觊觎之心？李建成没有任何证据，但直觉告诉他应该做些什么了。他的亲信们也提醒他，秦王攻克洛阳后，迁延不归，安插亲信，滥赏滥封，收买人心，足见其志不小，再不反击，悔之晚矣！李建成的头很疼，二郎，你到底是怎么想的？

其实，早在凯旋长安时，李世民就在父亲鼓励与喜爱的目光中，在兄长嫉妒与无奈的眼神里，在群臣百姓如仰望天神般的眸子中，隐隐读到了一种可能。之前，皇位于他就像暗夜星辰，看似近在眼前，实则远在天边，他没有任何非分之想。可是，一次又一次的战功为他铺就了天梯。现在他已经来到了天上，只要踮起脚尖，伸手一够，就能摘下那颗星。或许，我应该试一试。

此念一起，风云突变。

不就是证据嘛，他并没有让李建成等太久！

刚当上天策上将没几天，李世民就在长安买了一套别院，命名为文学馆，经常请一些公知名儒，在馆中"讨论经义"。这些人里头才名最大、出入最频繁的有十八个人，分别是杜如晦、房玄龄、虞世南、褚亮、姚思廉、李玄道、蔡允恭、薛元敬、颜相时、苏勖、于志宁、苏世长、薛收、李守素、陆德明、孔颖达、盖文达以及许敬宗。李世民尊称他们为"学士"，给予丰厚的物质待遇和精神礼遇，食有珍馐，出有车骑。此举震动了大唐文化界，当时的士人都认为，进入秦王的文学馆就好比登上了传说中的仙山瀛洲，虽然很难很难，但荣耀非凡。这就是历史上著名的"十八学士登瀛洲"的来历。

文化圈的事儿，李建成本不在意。他唯一感到不解的是，只喜欢打打杀杀的二郎怎么突然附庸起风雅来了？但当亲信们告诉他，秦王对十八学士实行准军事化管理，以六人为一组，轮流值宿于秦王府时，他的不解就升级成狐疑了，决定派人去摸摸这个文学馆的底。

这一摸，摸出事来了！李世民和学士们虽然偶尔也谈些经义和辞章，但大多数时候他们却在研究政事，或评议前代政治得失，或研究当下内外政策。这哪里是文学研究会，分明就是政治智库嘛？！

这种挂羊头卖狗肉的行为，让李建成极其愤慨，政事的得失岂是你一个亲王应该关注的？！你左手天策上将府，右手文学馆，文武并重，德智体美劳全面发展，还说不想当太子？他很痛心，虽然很抗拒这个答案，却不得不接受它。

二郎啊，为兄什么都能让给你，唯独皇位不可以。

05. 李世民出征

十二月十五日，应朝野的呼声，李渊命李世民、李元吉率军赴河北平叛，同时敕令幽州总管罗艺南下，夹击刘黑闼。

刘黑闼"疯狂"地迎接着李世民的到来：十七日陷邢州（今河北邢台）、赵州（今河北石家庄赵州县），十八日陷魏州（今河北邯郸大名），十九日陷莘州（今山东聊城莘县），又于武德五年正月初一在洺州宣布建立汉东国，称汉东王。

汉东国俨然是大夏国的2.0版本，不仅当年窦建德的部下全部回归，而且行政模式完全拷贝夏国。但是，汉东军的战斗力却远在夏军之上。

几天后，李世民抵达今河南新乡获嘉县，威逼相州（今河南安阳和河北邯郸临漳县一带）。而刘黑闼的回应是：舍弃相州，退保洺州。

老刘怕了？非也非也，刘黑闼志在复仇，李世民再厉害，他也不怕。舍弃相州、退保洺州其实是战略迂回。李世民、罗艺两路来袭，汉东军兵力有限，若分头应对，胜算不大。所以，刘黑闼想集中力量，先打垮较弱的罗艺，再与李世民决一雌雄。

他留范愿守洺州，亲率主力北上，迎战罗艺。但有个人横插一脚，让他的满盘规划付诸东流。这个人叫作程名振。程名振是个聪明人。去年三月窦建德击败孟海公，正是如日中天之际，他却看出窦建德必败，及时投了李唐，被任命为永宁（今河南洛阳洛宁县）令。刘黑闼攻略河北，程名振撤往长安，其父母、妻子落在了刘黑闼手上。刘黑闼对于这位昔日战友的背叛极为不耻，但顾念旧情，并没有为难他的家人。

程名振此次随大军出征，担任先锋。当他探知刘黑闼大军望北而去时，便断定刘黑闼这是去打罗艺了。以刘黑闼之能，破罗艺不在话下。罗艺一旦败退，李世民一路就成了孤军，恐难获胜。必须拖住刘黑闼！

程名振有办法，趁着夜色，将60面大鼓偷偷运到洺州城西二里外的一处堤坝上，命士兵猛烈敲击。鼓声震天，搅得城中鸡犬不宁。范愿立即快马奏报刘黑闼。

刘黑闼接报，吃惊不小，李世民这么快就到了？思来想去，他只得分弟弟刘什善带一万兵马迎战罗艺，自己率主力回师洺州。等他回到洺州,哪儿有唐军的影子?刘黑闼跳脚大骂,上当了!

然而,先机已失,愤怒无济于事。

罗艺的确打不过刘黑闼,但打刘黑闼他弟,他一个能打五个。保定徐河一战,罗艺大破刘什善,俘斩八千人。紧接着,他连克定、栾、廉、赵四州,迅速向洺州挺进。

与此同时,李世民部也连克洺水(今河北邯郸曲周县东南)、邢州。

二月二十四日,李世民与罗艺会师于洺州城下。

可是,李世民吃惊地发现,刘黑闼居然不在城中。原来,徐河之战后,刘黑闼料定唐军会师洺州已不可逆转,困守孤城是行不通的,只会重蹈王世充的覆辙;若想反败为胜,唯有夺回战略要地——洺水,对李世民构成掣肘,使其无法挥出重拳。只要坚守时日,待唐军粮草耗尽,李世民纵有通天之能,也只得撤退。所以,他留范愿守城,自将两万精兵来夺洺水。

洺水守将王君廓的能力没得说,但他的兵力太薄弱了,只有区区一千五百人,好在洺水城四面环水,且水宽五十步,否则根本撑不了几天。但刘黑闼已命人筑造两条甬道,直通洺水城最薄弱的东北角。王君廓明白,甬道建成之时,便是城破之日,赶紧向李世民求援。

洺水得失,关乎全局。李世民接信后,留罗艺打洺州,率军来救洺水。在洺水城外,他被深深地震撼了:以玄甲军之锋锐,连续数次冲锋,居然都未能冲动汉东军的阵型。形势千钧一发,李世勣详细勘察过战场,以确定一定以及肯定的口吻告诉众人:"若达城下,城必不守。"李世民心知不妙,犹豫再三,还是问道:"谁能代替王君廓守住此城?"众将缄口不言,洺水必定不保,此时替王君廓守城,无异于替他去死。

场面极度尴尬。正在这时,年仅20岁的小将罗士信却主动请缨。

顺便说一句，这位罗士信就是《隋唐演义》中罗成的历史原型。到底是年轻人，就有一股子不信邪、不服输的劲头。罗士信说了，谁说洺水守不住，是你们没那个能力，我不信那个邪，偏要守给你们看！

李世民大喜。

翌日，唐军向汉东军发起了猛烈进攻。一顿混战后，汉东军顽强地击退了唐军。但刘黑闼发现，洺水守将已经换成了罗士信。虽说有那么一点点惊诧，但他还是笑了，此举毫无意义，不论换谁，洺水他志在必得。

汉东军昼夜攻打洺水不休。李世民本拟攻击牵制，孰料天降大雪，雪深及膝，玄甲军无法出击。八天后，汉东军的甬道修到城下，洺水陷落，罗士信被俘！刘黑闼劝降。罗士信破口大骂。刘黑闼倒也干脆，将他斩首示众。

隋末乱世，猛将如云，其中堪称少年英雄者，只有杜伏威、罗士信、李世勣三人，杜伏威最长，李世勣最小，杜伏威比罗士信大五六岁。但罗士信的生命永远地定格在了20岁。在《隋唐演义》等话本中，他有一个大名鼎鼎的马甲，冷面寒枪俏罗成是也！

四天后，罗艺攻克洺州，率军来援。刘黑闼撤离洺水，退保北岸。李世民与罗艺合兵一处，扎营于南岸。两军隔洺水对峙。

刘黑闼决定，主动出击。然而，面对汉东军三番五次的挑战，唐军皆避而不战。刘黑闼不免疑惑，唐军士气正盛，为何反倒收敛起来？这个疑问一直等到他的粮草被劫后，才有了答案。不过，刘黑闼并不慌张，反而置酒军中，大宴诸将。

这就轮到李世民疑惑了，派李世勣去摸刘黑闼的底。

刘黑闼他们酒兴正酣，忽报李世勣前来叩营。刘黑闼还没急，喝高了的高雅贤急了，二话不说，单枪匹马就冲了出去。他以为他是关羽，殊不知他只是华雄，不一会儿就被李世勣神将潘毛挑落马下。等到汉东军将士把他抢回来的时候，高雅贤只剩出的气儿了。

高雅贤既是窦建德的老部下，也是刘黑闼的老战友，更是汉东国的开国元勋，他的死彻底激怒了刘黑闼。两天后，刘黑闼挥军渡过洺水，猛攻唐军。开战前，他特意给汉东军第一猛将王小胡下了命令：本王只要潘毛的首级。王小胡奉命而去，不一会儿的工夫，就将潘毛的人头提了回来。

一场恶战后，两军各自回营。

观汉东军之表现，李世民心中的问号几乎有初号黑体字加粗那么大：粮草被劫，为何不见刘黑闼慌张？

对于刘黑闼，李世民自觉已十分重视了，孰不知还是低估了他。刘黑闼是一个远比窦建德厉害的角色。当年他在窦建德麾下时，就知道李世民专喜劫人粮草。所以，他早有准备，在粮草被劫后，立即从各地运粮，并分成水陆两路运送。如此，即便李世民劫了其中一路，汉东军也不会断炊。

可是，刘黑闼的套路能瞒得了李世民，却瞒不了昔日的战友。程名振向李世民请命，率千人分路截击汉东军的运粮部队，"沉其舟，焚其车"，将刘黑闼的饭碗砸得稀碎。刘黑闼气急攻心，程名振背主求荣，他忍了；赚他回洺州，他也忍了；但是断绝粮草，将数万汉东将士逼上绝路，他没法忍，当即命人将程名振的母妻斩首示众。程名振得知妻母的死讯，号啕大哭，刘黑闼，我必杀汝！

李世民的心总算落到肚子里了，胜券在握。然而，他万万没想到，在最应恐慌的时刻，刘黑闼却出手了。

这日夜晚，李世民正在营中酣睡，忽被冲天的喊杀声惊醒。亲兵来报：汉东军前来劫营，正与李世勣所部厮杀。

李世民略一思忖，喜上眉梢，命令玄甲军集结。尉迟敬德等人问他，是不是要去增援李世勣？不，我们去抄刘黑闼的老窝！李世民一马当先而出。玄甲军紧随其后。大军悄悄涉过洺水,直扑汉东军大营。守军立刻迎战。

打着打着,李世民觉得有些不对劲,留守的汉东军怎么一点儿都不慌乱。正在惶惑间,忽听背后杀声四起,顷刻间火光冲天。

原来,这一切都是刘黑闼精心设的局,攻打李世勣只是幌子,他真正想要的是李世民这条大鱼。怪了,他就是能预判李世民的预判。

玄甲军陷入重围之中,死伤惨重。李世民左冲右突,就是冲不出去,不由得心中叫苦,今日休矣。

休不了!忽然,汉东军的后军乱起来。李世民定睛一看,两员唐将正向自己而来,当先的那将正是救主专业户尉迟敬德,吾无忧矣!

在那个年代,尉迟敬德就是无敌一般的存在,槊锋所指,敌人非死即伤,他接着李世民,一路杀出重围。

望着李世民远去的背影,刘黑闼气得直跺脚,他明白,这样的机会不会再有了。

经此挫折,唐军诸将皆神色郁郁,不意刘黑闼竟如此厉害。但李世民朗声大笑,传令全军,修缮甲具,准备决战。刘黑闼如此猴急,不正说明他的粮草所剩无几了吗?

三月二十六日,两军决战于洺水岸边。

《资治通鉴》对洺水之战的描述极为简略,但从"自午至昏"这四字,便可想见战事之激烈胶着。汉东军背水一战,人人拼命,但无奈唐军数倍于己,渐渐不支。刘黑闼喟然长叹,带着范愿、王小胡等二百骑,悄悄离开战场,向北驰去……

一天之内,他又从总司令变回了连长。

战场上的董康买、曹湛等人浑然不觉,兀自与唐军死战。眼瞅着要撑不住了,唐军却撤退了!董、曹二人大喜,重整队形,准备追击。忽然间,只听"哗啦啦"一阵巨响,洺水水位骤然暴涨,很快越过堤坝，汹涌地漫了出来。汉东军将士猝不及防，被冲得七零八落……

李世民怎会打无把握之仗？他早已命人于洺水上游筑坝蓄水，专待决战之日水淹汉东军。洪水一发，汉东军彻底崩溃，仅被斩首的就有万余级，溺毙数千人，全军覆没。刘黑闼不知所踪，汉东国瞬间崩塌，河北再度回到大唐怀抱。

为彻底根除隐患，唐廷大肆搜捕汉东军残余，抓到的汉东将帅一概处死，其妻子儿女也要逮捕，想要投降，没门儿！

06. 杜伏威入朝

刘黑闼一倒，徐圆朗就尴尬了。于李唐，他已是两降两叛，李渊定不容他。果然，洺水大捷后，李世民并未裹足，勒令全军继续东进，直捣兖州（今山东济宁兖州区）。唐军一路势如破竹，打得徐圆朗节节败退。

徐圆朗以为，李世民专为他而来。其实，他太把自己当根葱了。李世民根本看不上他，人家的主要目的是震慑业已独霸江淮、江东的杜伏威，他只不过是个捎带。

有人说了，江淮是杜伏威的，但江东不是李子通的吗？

没错，但那已经是九成新的老皇历了。武德四年十一月，经过一年多的精心准备，杜伏威趁唐军恶斗刘黑闼之机，遣辅公祏渡江，击降了李子通。二人缠斗数年，终以杜伏威的全面获胜而告终。

杜伏威有意邀功，将李子通解送长安。他以为李渊会像对李轨、萧铣那样，毫不犹豫地杀了李子通。没想到李渊不仅没伤李子通一根毫毛，还让他当了大官。杜伏威满头雾水，不解其理。

李子通完蛋后，杜伏威软硬兼施，文武并举，先后吞并昆山的闻人遂安等小股势力，尽有江淮、江东，成为华东霸主。然而，他还没高兴多久，李世民就打垮了刘黑闼，并借着攻打徐圆朗的机会，陈兵淮泗，耀武扬威。

李世民敲山震虎，可杜伏威这头虎怕他吗？答案是肯定的。杜伏威虎是虎了点儿，但并不糊涂。放眼当今天下，在仅存的几路割据势力中，只有他具备让李唐伤筋动骨的实力。但他更清楚，他的实力与已经统一了大半个中国的李渊比，根本就不在一个量级上。思来想去，他决定屈膝服软，主动上书唐廷，请求入朝。

李渊大喜过望，欢迎，欢迎，热烈欢迎！

杜伏威虽臣服大唐已久，但有名无实，江淮的官吏不经朝廷任免，江淮的军队只听他的号令，江淮的赋税也是自定自收，不曾向朝廷上缴过一文，杜伏威本人更是从未到长安朝觐过李渊。江淮就是独立的国中之国，而杜伏威就是这个国不戴皇冠的皇帝。如今他主动入朝，诚心归顺之意昭然若揭。

但李渊并不知道，做出这个决定，杜伏威可是费了好大的气力。

杜伏威的考虑是，只要他主动入朝，唐廷就没有对江淮用兵的理由，如此不仅能保将士们的安全，而且将士们也能保障他个人的安全。可问题是江淮军并非铁板一块，有相当一部分人并不赞同他的路线。这部分人认为，李唐谋求统一华夏，这个大的前提决定了江淮与大唐的根本利益无法调和，有你无我；既然决战不可避免，迟战不如早战。反对派的领袖便是杜伏威的眼中钉——辅公祏。

有同学震惊了，他不是杜伏威的结义大哥嘛，怎么成了他的眼中钉？嗨，还是那条可以共患难、不可同富贵的老梗。在这个利益急递流转、变换的年代，我们已经见证了太多的背叛与决裂。李密与翟让、裴寂与刘文静、杜伏威与辅公祏，莫不如此。但他们的程度还不够，毕竟他们只是异父异母的把兄弟。在不久的将来，一对亲兄弟会用鲜血和生命，为情与利的博弈下最重的脚注。

杜伏威的军功章里，至少有辅公祏的一半。和严酷的杜伏威不同，辅公祏待人宽厚，群众基础极佳，被将士们亲切地称为"伯父"。但这个称呼却让杜伏威感到十分刺耳。于是，他以大将阚棱为左将军、王雄诞为右将军，逐步剥夺了辅公祏的兵权。辅公祏暗恨杜伏威忘恩负义，面上却装作浑然不觉。为了麻痹杜伏威，他干脆辞掉了军职，整日跟着道士左游仙厮混，名为学道辟谷，实为明哲保身。

此次决策入朝，反对派力度空前，杜伏威费了好大劲儿才弹压下去。他知道，辅公祏虽未出面，但定是背后主谋。然而，纵然万般恼怒，但他一入朝，能镇得住场子的只有辅公祏，阚棱也好，王雄诞也罢，都不够格。所以，杜伏威尽管心中有一百八十个不乐意，在出发前仍不得不把政事交由辅公祏全权打理。但最为关键的兵权，他交给了王雄诞，并且交代得很清楚："我到了长安，如果没有丢掉皇帝册封的职务，你就不要让辅公祏搞事情。"做完这一切后，他才带着阚棱，恋恋不舍地踏上了北上的路途。

听闻杜伏威启程的消息后，李世民将收拾徐圆朗的任务交给李神通、李世勣，也班师回朝了。

七月初八，杜伏威一行抵达长安，受到了唐廷的隆重礼遇。

虽说是初次见面，但李渊对杜伏威俨然是对熟识多年的老友一般，没有丁点儿的生疏与尴尬。他热情洋溢地将杜伏威拉到御榻上，并肩而坐，张口老弟，闭口老弟，没有一点儿皇帝的架子。此后，更是三天一小宴，五天一大宴，美女、金银、绸缎……每次都不重样。杜伏威被加封为太子太保。上朝时，他所站的位置甚至在齐王李元吉之前，仅次于太子李建成和秦王李世民。

杜伏威感动得稀里哗啦，终于遇到圣主明君了！

杜伏威来了，李子通却想走了，他对部将乐伯通说："杜伏威来了，江东就无主了，咱们应该回去，召集旧部，恢复大业！"李渊早防着他呢！

李子通等人，在蓝田被捕杀。

根据杜伏威的指示，阚棱飞书丹杨，将他们受到的礼遇通报了辅公祏。辅公祏看完，嘴角泛起一丝冷笑，对左游仙说道：李子通已死，吴王回不来了，永远都回不来了！

07. 颉利南侵

以杜伏威入朝为标志，大唐在形式上基本完成了天下一统，只剩苑君璋、梁师都、高开道、林士弘等零星小蟊贼尚未被摧毁了。然而，内讧虽趋消弭，外患却急遽迫近，百姓期待已久的和平并未降临。

没错，颉利又来搞事情了！

之前，唐、突关系一度出现了缓和的势头。二月，李世民正与刘黑闼争夺洺水，大唐与突厥居然媾和了。倒不是说颉利的政治立场变了，而是李渊开出了一个让他无法拒绝的条件。

李渊说了，可汗特稀罕我们中原的公主妹子，你身边那个义成老眉老眼、皮糙肉松的，我白送你一个肤白貌美、条正盘靓的大唐公主，要不要？颉利可汗听了，乐疯了，不顾义成公主的强烈反对，将郑元璹、李瑰、长孙顺德放还长安。李渊也将扣押的突厥使者和晋阳戍卒放归。两国重修旧好。

可没过多久，颉利忽然接到探报，说唐廷并州总管刘世让居然率部前出至雁门关一线。李渊没胆量进犯突厥，这颉利是知道的，可是这其中的防范意味太过浓重，让他极为不爽。于是，他联合高开道、苑君璋围攻雁门，以示惩戒。但刘世让早有准备。联军攻打雁门关一月有余而不能入，只得撤军。

三月，颉利又收到情报：唐代州总管、定襄王李大恩驻军新城（今山西朔州南沙河村），竟已达两月之久。这下他彻底怒了，李渊这个老小子嘴上说要嫁公主，暗地里却分派刘世让屯雁门、李大恩屯新城，摆明了是要对马邑的苑君璋下手。他当即调集重兵，包围了新城。

事发突然，李渊忙派兵增援李大恩。可惜援军还未赶到，新城即被攻破，李大恩在突围中战死，成了李唐开国的第三位王级殉难者。

唐突媾和的成果就此烟消云散。

随后，颉利掀起了新一波入寇狂潮。

五月，突厥寇忻州，被唐军击退。

六月，与大唐友好多年的吐谷浑突然反目，侵犯大唐西境。突厥大军居然绕过了罗艺镇守的幽州，突入河北，并在定州下了一颗蛋，一颗黑色的炸弹——刘黑闼。

原来，洺水决战后，刘黑闼逃到了突厥。正是在他的极力劝说下，颉利才坚定了大举南侵的决心。突厥人马之所以能绕过幽州，深入河北，带路党就是刘黑闼。

刘黑闼进入定州后，立即飞书旧将，曹湛、董康买等人收拢旧部，纷纷赶来相会。河北再度狼烟四起。

这一次李渊格外重视，敕命堂侄淮阳王李道玄为河北道行军总管，进军征讨。有人问了，为啥不派李世民去？因为，李世民有更厉害的敌人要对付：颉利可汗他来了！

八月初六，颉利亲率十五万铁骑，大举侵唐。这是自晋阳起兵以来，突厥可汗第一次举重兵亲征。突厥大军攻克雁门关后，兵分两路，主力直扑并州，偏师进攻原州。

李渊连发三道敕书：第一道，命太子李建成率军出豳州，秦王李世民率军出秦州，互为犄角之势，构成一道防线；第二道，命云州总管郭子和率兵前出云中郡（今内蒙古呼和浩特市托克托县），"掩击可汗"；第三道，命左武卫将军段德操迂回至夏州，"邀其归路"。

事到如今，李渊依然拿不定和与战的主意。太常卿郑元璹建议讲和，但中书令封德彝却旗帜鲜明地主战。李渊可以不听裴寂的，但决不会不听封德彝的，"从之"。

非战不可！

突厥耀武扬威这么多年，将士们非不想、不敢战也，不过是怕违反了朝廷的大政方针。如今皇帝决心既下，大家摩拳擦掌，只待一雪国耻。

十五日，颉利遭遇了第一个意外，突厥大军竟在汾东为新任并州总管李神符所破。意外，一定是意外！五日后，汾州刺史萧𫖮①又重创了突厥人马，"斩首五千余级"。震惊之余，颉利总算明白了：此时的李唐早已不是两位兄长口中那个一推就倒的小弱鸡了！他改变路线，西进甘肃，攻陷了大震关（今甘肃天水清水县陇山东坡）。

这时，郑元璹来了，开门见山："大唐与突厥风俗不同。突厥即便占领了唐朝的土地，也不会留居下来。大唐圣上已经说了，要和你们和亲。可汗不如班师，坐等陪嫁宝货，还能免除跋涉之苦。"颉利赖着不走就是为了要钱，见目的达到，笑了，"引兵还"。

不过，这次南侵的确刷新了他的大唐观。短短数年间，李唐实力

---

① 𫖮，音倚。

竟已膨胀到了令人咋舌的地步。虽说两国实力的天平依旧倾斜，但倾斜度已经很小很小了。若再给李渊几年时间，恐怕就要强弱逆转。颉利不寒而栗，必须得好好想想办法了。

然而，踏上归途后，他才发现又上了李渊的当。突厥大军刚一收缩，唐军就反弹了。九月十五日，突厥大军在三观山遭到三路唐军的猛攻，小败；十八日，败于宁夏石嘴山平罗县崇岗镇；二十四日，败于恒山南麓；二十八日，又败于甘州（今甘肃张掖）。

颉利咆哮：李渊，你给我等着！

08. 建成的反击

颉利虽然铩羽而归，却直接成全了刘黑闼。

拜颉利牵制之力，刘黑闼再次雄起。就在颉利退兵当月，他攻克了瀛州，又站稳了脚跟。

腾出手来的李渊增派齐王李元吉率军征讨，并传檄河北，声明只要刘黑闼等人肯投降，既往不咎。

李元吉还没到河北呢，警报陆续传至长安：鄌县战役，唐贝州刺史许善护全军覆没，观州刺史刘会举城降敌。但最大的打击是十月十七日的下博（今河北衡水深州下博乡）战役，唐军全军覆没，淮阳王李道玄战死沙场。李唐开国的王级死者增加到四人。

当时河北还有一支唐军，那就是庐江王李瑗的部队。论兵力，李瑗有力量与刘黑闼一战，但李道玄之死让他胆寒，竟不战而走，弃守信州，向关中逃窜。

两个王，一死一退，对河北战局的影响是摧毁性的。刘黑闼仅用了半个月的时间，就彻底肃清了河北的唐军，完全恢复了汉东国的版图，又从连长变成了总司令。

李元吉也害怕了，不敢进军，飞书长安求援。

这个时候应该也必然是秦王出马了。朝野上下都这么想。然而，敕书下达后，大家傻了眼：居然是太子！

说奇怪也不奇怪，李建成对李世民的阻击，早已默默地展开了。

他走的第一步，就是争取老父的枕边人。

李渊当皇帝不过五六年，嫔妃纳了一大群，儿女生了一长串。那些无子嗣或者只有女儿的嫔妃倒无所谓，但那些有儿子的嫔妃已经在考虑选边站队的问题了。因为她们的儿子都太小，将来的荣华富贵全看李建成、李世民、李元吉三个哥哥了。所以，三李就成了她们竞相攀附的对象。

理论上来说，投靠李建成的必然是绝大多数；李世民实权不小，投靠他的应该也不少；个别搭不上太子或秦王的，也会走李元吉这条线。但实际的情况是：这些嫔妃全都站到了李建成和李元吉这边，没一个亲近李世民的。

虎牢关一炮双响，李世民一跃而成为大唐炙手可热度仅次于李渊的人物，中原所有文武官吏的任免、金银及土地的归属，由他一人说了算。

他的确太热了，热到连最热的李渊都来求他。李渊当上皇帝后，后宫迅速扩充，有姓有品的嫔妃多达二十余人。其中，最得宠的有两个：张婕妤和尹德妃。没错，此二女就是当年晋阳宫中的张美人和尹美人。李渊知道世民现在很阔，便把以张、尹二女为首的后宫娘娘天团派到洛阳，找李世民挑些婢女、宦官、金银首饰什么的，顺便再给家人们要几顶官帽、批几块地。

尹德妃级别高，胃口大，既想要钱，又想要官。可李世民不买账："金银财宝已经上了公家的账了，不能动！至于官职嘛，只能给有才干和有功的人！"一句话，要钱不给，要官也不给。

看尹德妃碰了一鼻子灰，张婕妤心中暗喜，她素知秦王不通情理，此行早有准备。原来，她爹老张早就相中了一块地，一打听，这块地被李世民批给了李神通，就托女儿去求李渊。李渊不含糊，大笔一挥又批给了老张。

张婕妤也不找李世民，直接带着父亲，拿着李渊的手敕，来找李神通。没想到李神通相当硬气，拿出了李世民的教令，就是不给！他是吃错药了吗，居然用李世民的教令去挡李渊的手敕？不，他没有！

这就要说到武德朝的一大怪了。唐制，皇帝的命令叫敕，太子的命令叫令，亲王的命令叫教。武德朝的奇特之处就在于：理论上，敕高于令，令高于教；但在实践中，三者的效力是等同的。往往会出现这种情况：同一件事情，李渊父子四人有不同的指示。咋办呢？各部门和各级政府约定俗成的解决办法是谁的先到，就听谁的。

正因为如此，李神通理直气壮地拒绝了张氏父女。

尹德妃和张婕妤带着一肚子气回到宫中。列位想，她们会在李渊面前说李世民的好吗？！尤其张婕妤，小嘴一张，明明是她爹要夺李神通的地，到了她嘴里，就变成了"陛下赏赐给我父亲的田地，被秦王夺走，转送给了李神通"。

李渊气炸了，立即传话质问儿子："怎么回事，难道我的手敕还不如你的教令好使吗？到底你是皇帝，还是我是皇帝？"李世民赶紧辩白解释。

李渊倒是没再提，却愤愤不平地对裴寂说了这样一句话："我这个儿子常年带兵在外，被那帮书生给教坏了，已经不像我的儿子了！"

大唐初建，法制本就不健全，社会上法制意识普遍淡薄，权贵更是视法律为草芥，而有司也不敢过问。李世民对这类现象极为愤慨，奈何说了不算，只能严格要求自己，不与后妃及外戚们交通。

所以，当李建成主动冲后妃们招手时，她们马上扑了过来。李建成格外大度与体贴，"谄谀赂遗，无所不至"，对她们的要求，甭管合理不合理，一概满足。

他的投入获得了丰厚的回报：通过后妃们的口耳，他对李渊每日所思所想了如指掌，所提建议无不正中老父下怀。而李渊呢，每天耳边听到的都是后妃们对太子的交口称赞。

在抬高自己的同时，李建成也授意后妃们极力诋毁李世民。这些人中，冲在最前头的就是张婕妤和尹德妃。

这日，杜如晦骑马从尹德妃父亲尹阿鼠府前路过。尹阿鼠一看到他，就想到了女儿为家人求官而被李世民所拒之事，气不打一处来，指使家丁将杜如晦从马上拽下来，劈头盖脸一顿捶，边打边骂："你算个什么东西，从我家门前经过，居然敢不下马?!"

可怜杜如晦无端受辱，还被折断了一根手指，当然要找大哥李世民告状。李世民听了也很生气！

没想到，他还没去找李渊，李渊先来找他了。原来，尹德妃早已将事情的起因告诉李渊："秦王的人凌辱我的家人。"李渊将李世民喊来一顿臭骂："你的人居然连我妃嫔的家人都敢凌辱了，何况是对小老百姓呢?!"李世民百般解释，奈何李渊就是不信。

没过多久，张婕妤和尹德妃又联手黑了李世民一把。

这日，李渊召集后妃、诸皇子夜宴，觥筹交错，热闹非常。大家都很高兴，只有李世民不高兴。李世民最近很郁闷，不仅心怀叵测的大哥和四弟处处挤对他，各色嫔妃也搬弄是非、落井下石，而老父偏听偏信，都骂他好几回了！人在伤心时特别容易想到母亲，可一想到母亲，他就更难过了。世上只有妈妈好，没妈的孩子像根草呀！李世民不由得落下泪来。

这一哭，又哭出事了。这么欢乐祥和的场合，你居然哭了？李渊虽然没说什么，但脸当时就拉下来了。

宴会后，张婕妤和尹德妃趁机挑唆："如今海内无事，陛下年事已高，理应好好享受享受了。您知道秦王为什么哭吗？他是憎恨我们呢！将来哪天您'大行'了，他肯定不会放过我们的！"说罢，哭得梨花带雨，我见犹怜。李渊"为之怆然"，世民不容幼弟，将来他九泉之下岂能安眠？张婕妤、尹德妃察言观色，又添了一句："皇太子仁孝，陛下如果把我们母子托付给他，他肯定能保我们的周全。"

枕边风虽然不是风，却能撼动人心。李渊"由是无易太子意，待世民浸疏，而建成、元吉日亲矣"。

这样的事情还有很多。但挑拨离间充其量只能拆李世民的墙脚，却不能树立李建成的正面形象。毕竟，武德，武德，这个时代的首要任务就是"武"。李世民定鼎关中、剿灭西秦、收复河东、鲸吞山东，成绩单漂亮到不行。而在这方面，李建成落后二弟太远了，必须抓住每一次机会，奋起直追。

可是，机会在哪里呢？有两个人站出来，告诉他眼下就有一个绝好的机会。这两个人都是东宫属官，一个是太子中允王珪，一个是太子洗马魏征。注意，这里的"洗"不读"xǐ"，要读"xiǎn"，不是给太子洗马的马夫，而是教太子政事、文理的官员。

王珪，太原祁县（今山西晋中祁县）人，少时即已才名满天下，被隋文帝破格召入朝中。文帝崩而炀帝立，王珪因其叔父参与叛乱而受到牵连，被迫躲入终南山，一隐就是十多年。李渊入关后，延请他出山，任世子李建成的谘议参军。王珪凭借着卓越的才干，迅速脱颖而出，成为李建成的心腹顾问。

魏征是我们的老朋友了。因为曾是李密的秘书，归唐后他备受冷落，后来凭借说降徐世勣的功劳，才勉强打开了局面。可惜，在黎阳被俘，让他的一切努力都付诸东流。从河北回来后，魏征几乎就成了政治上的废人。就在他心灰意冷之时，李建成却向他伸出了橄榄枝，引为太子洗马，礼遇有加。魏征深感李建成知遇之恩，从此尽心竭力，为他出谋划策。

二人向李建成指出，眼下闹得正凶的刘黑闼之乱正是他奋起直追的好机会："秦王功盖天下，中外归心。殿下您因为是长子才得以成为太子的，并没有立下什么让世人信服的大功。如今刘黑闼已经是强弩之末，众不满万，资粮匮乏。如果您挂帅出征，一定能消灭他。然后，我们趁机结纳山东豪杰，根基就比秦王坚实了。"

这番话有三重意思：第一，秦王不是很有能耐嘛，他都没能摆平刘黑闼，太子您只要平定了刘黑闼，自然压他一头。第二，刘黑闼虽然重整旗鼓，但已是强弩之末，灭他并非难事。第三，山东乃中华腹心，战后尽可结纳山东豪杰，引为奥援。

李建成听得心花怒放，当即向李渊请缨，要求挂帅出征。他一举手，李世民就得靠边站了。

十一月初七，李渊任命李建成为陕东道大行台及山东道行军元帅，河南、河北诸州并受处分。

李建成带着满满的雄心壮志，踏上了前往河北的征途……

09. 建成灭黑闼

十二月底，李建成与李元吉合兵于今河南濮阳南乐县。

刘黑闼接报，马上解除对魏州的围困，来战李建成。对于李建成，他的轻视之情溢于言表，李世民、李元吉他都不怕，更遑论这位养尊处优的唐太子？

果然，面对汉东军的一再挑衅，李建成"皆不战而罢"。

消息传到长安，朝野议论纷纷。李世民一党更是明里暗里地嘲讽李建成怯懦。

李建成是怕了吗？非也非也！他不过是在开研讨会而已。会议的主题是：刘黑闼和他的汉东军为何如此顽强凶悍？

魏征的发言命中要害，他说："之前秦王击败刘黑闼后，捕杀汉东将帅，连人家的妻儿都要缉拿。所以，等齐王来了以后，虽然有诏书赦免这些人的罪过，但他们已经不相信了，仍要和我们拼命。为今之计，应该把这些人和他们的妻儿都放了，好生安慰，如此便可令叛军人心离散了。"这是对的，把俘虏都放了，让他们回去宣扬唐廷的好政策。李建成当即采纳。

这个政策出台得正是时候。彼时正值隆冬，汉东军粮草补给困难，人心浮动。被放归的汉东军战俘，用身体和语言带回了重大利好的政策。过去，一人造反，全家遭殃；一日造反，终生不赦。现在甚至都不用造反者本人出面，只要他老婆对政府说一句"我老公不反了"，政府就会赦免他。

一传十，十传百。在造反吃不饱饭和投诚生命无忧的情况下，汉东军中掀起了士兵逃跑的浪潮，今天跑一个，明天跑一双，后天跑一群……

每天点卯时，刘黑闼望着一顶又一顶空荡荡的帐篷，面色铁青，沉吟不语，但内心里他的自信正如流沙般悄悄而迅速地流逝。自起兵以来，他身经百战，从未怕过，但这一次他真的害怕了。他不得不承认，他低估了这位唐太子了。三十六计走为上，刘黑闼立即拔营，撤往今河北邯郸馆陶县。

李建成马上命令大军出击。唐军连战连捷，所向披靡。斗志全无的几万汉东军且战且退，一路败退至永济河边，背水顽抗。危难关头，亏得王小胡及时搭好了浮桥，刘黑闼才得以脱险。但广大汉东军将士就没这么幸运了，不是被杀，就是淹死。"永济河水皆赤，浮尸盈河。"

李建成本想全军追击，奈何浮桥不堪重负，在刘弘基部一千余骑渡河后就坍塌了。但刘弘基紧咬刘黑闼不放，穷追猛打。

刘黑闼昼夜狂奔，一路风声鹤唳，草木皆兵，数不尽的惶恐，道不完的狼狈。在逃亡路上，新年的曙光降临了。他很自然地想起去年正月初一称王时的情景，文武毕集，甲士如林，山呼大王，声震寰宇。他想，我还会东山再起的。

武德六年正月初五，一千人途经饶阳。刘黑闼勒住缰绳，回头一看，差点儿没掉下泪来，只剩一百多人了，而且个个饿得眼冒绿光。创业艰难百战多，他又一次从总司令变成了连长。太累了，要不要在饶阳稍作休息，补充给养？可是，这一路上他见识了太多的动摇与背叛，饶阳刺史葛德威还是不是他的人呢？

正在犹豫之际，"吱嘎"一阵巨响，城门洞开。刘黑闼等人紧张地按住兵器。葛德威一路小跑着迎了出来，热情地喊着"大王"。刘黑闼悬着的心总算放到肚子里了。葛德威扯住他的缰绳，代表饶阳百姓，热烈欢迎汉东王入城。刘黑闼拒绝了，可葛德威急得都哭了，"涕泣固请"，刘黑闼只好同意了。

一行人挨到府衙，立即横躺竖卧了一地。不一会儿，热腾腾、香喷喷的饭菜就端了上来。众人不管不顾地狼吞虎咽起来。

刚吃了没几口，突然闯进来一帮子虎贲。众人还没来得及反应，就被缴了械。刘黑闼的脑袋周围至少顶着数十把刀剑。笑眯眯的葛德威蹀着方步走了出来。刘黑闼破口大骂,但一切为时已晚。

顺便说一句,葛德威娶妻太原郭氏,生了个儿子叫葛福顺。郭氏一族出了个牛人,叫郭子仪,是葛福顺的表弟。

葛德威将刘黑闼、刘什善、王小胡等人解送洺州。当月中旬,刘黑闼等人于洺州被杀。刘黑闼在死前喟然长叹:"我幸在家锄菜,为高雅贤罪所误至此!"

回顾刘黑闼起兵,我们不难发现,如果没有窦建德之死,必无刘黑闼之乱。李渊诛杀窦建德,实属失策。另外,在对待投降军民的问题上,李渊、李世民太过狠辣。同一时期,李孝恭、李靖在江南行仁政,不劫掠,不滥杀,深得民心;而李渊、李世民在河北行暴政,既谋财,又害命,激起了河北军民普遍的仇视。如果没有群众的支持,即便有十个、百个、上千个刘黑闼,也掀不起什么风浪来。

刘黑闼一死,汉东群雄立刻烟消云散。其中有一个32岁的汉子,黯然回到了家乡——衡水武邑。此时的他无论如何也不会想到,在不久的将来,他竟会成为初唐最耀眼的将星之一。这个年轻人名叫苏定方,是高雅贤的养子。

二月二十日,在李世勣的持续打击下,困守兖州的徐圆朗率众突围,在半路上被一伙农夫打死了。

和李世民一样,李建成也没急着回朝,而是趁机在河北各地安插亲信,还将三个王网罗到了麾下。

第一个是庐江王李瑗。宗室中,最受李渊信任和重用的有四人,分别是兄弟辈的淮安王李神通以及侄子辈的赵郡王李孝恭、任城王李道宗和庐江王李瑗。李瑗时任信州总管,握有兵权。他与李建成年龄相仿,三观契合,脾胃相投。因此,李建成一招手,他就贴了上来。

第二位是燕郡王罗艺。李瑗投靠李建成还有情分的因素,罗艺投靠李建成纯属出于利益的考量。李世民也来过河北,而且和罗艺合作过。罗艺为什么不投靠李世民呢？原因很简单，李建成是太子，而李世民只是个王，谁重谁轻，孰利孰弊，显而易见。

第三位就是齐王李元吉。其实，李元吉早就心属李建成了。他和李世民的关系很不好，除了性格不对付，一个重要的原因就是李世民对他老婆杨氏垂涎已久。杨氏是原大隋宗室观王杨雄的侄孙女，生得体态风流、性情柔媚，乃李唐皇室女眷中的颜值担当。李世民惦记杨氏不是一天两天了，李元吉岂能不怒?！所以，在大哥和二哥的争夺中，李元吉很早便旗帜鲜明地支持大哥。但这一次李建成明白无误地告诉他，将来一旦事成，他就是皇太弟。李元吉心花怒放，越发坚定。

做完这些事后，李建成方才凯旋长安。虽然史书上并未记载，但考虑到李建成的身份，其凯旋仪式之隆重盛大，必定远超当年的李世民。

此次平叛成功，对李建成意义极大。以李世民之能，几次大战都未能搞定刘黑闼；而李建成一出马，就要了刘黑闼的命。这种鲜明的对比，李渊看在了眼里，世人也看在了眼里。朝野上下都这么说，太子不仅治国是好手，打仗也是好手，有如此储君，乃大唐之幸！

李建成一扫被二弟压制多年之郁闷，吐气扬眉。

10. 辅公祏败亡

去岁十月，在唐地方军的打击下，林士弘已经败亡。到刘黑闼覆没时，隋末群雄灭的灭、降的降，只剩下梁师都、苑君璋、高开道三人了。这三人为求自保，都紧抱突厥的大腿，俨然是颉利的三个小跟班。

李渊志得意满，觉得当前只要盯好颉利和仨小跟班就可以了。不承想正值刘黑闼卷土重来前后，友邦吐谷浑却频频寇边。

当年李渊为了对付李轨，极力拉拢伏允可汗，将在隋为质的伏允可汗之子慕容顺放归吐谷浑。后来，虽然大唐仅用自己的力量就搞定了李轨，但也与吐谷浑建立了良好的邦交关系。所以，尽管北、东、南三面乱战不休，但大唐西境的黎明却始终是静悄悄的。

但这一和平的局面仅仅维持了四年。

武德五年六月，正值刘黑闼二度起兵前夕，吐谷浑突然发难，兴兵进攻洮（今甘肃临潭）、旭、叠三州。事发突然，亏得岷州（今甘肃岷县）总管李长卿主动出击，打退了吐谷浑。

李渊以为这不过是个偶发事件，是伏允可汗手下不听话的酋长们干的蠢事，因此并未深究。

没想到，两个月后，吐谷浑卷土重来。而且这一次，显然是有备而来，不仅打败了李长卿，接连攻克了岷州、洮州，而且严重地威胁到了西南中枢——益州（治所在今成都）的安危。益州道行台左仆射窦轨飞书长安，禀明事态。

李渊意识到，伏允可汗的政治立场可能变了。

这个判断是正确的。没错，伏允可汗的确对李渊、对大唐抱有好感，但前提是大唐与吐谷浑之间隔着个李轨。李轨灭亡后，两国直接接壤。卧榻之侧杵着一个体量庞大的巨人，换你也睡不着。当伏允可汗对唐立场动摇之际，天柱王就成了举足轻重的角色。此人是吐谷浑宗室，在吐谷浑朝中的地位相当于宰相，实权极大。与伏允可汗的左右摇摆不同，天柱王坚定不移地走亲突路线，历来主张对唐强硬。李轨覆灭后，他有了说辞，不断劝诱伏允可汗。受他的影响，伏允可汗的政治立场逐渐发生了变化。

当时，正值颉利准备入侵，李渊的注意力完全在北疆，无暇顾及吐谷浑。吐谷浑人摸不清唐廷虚实，也不敢深入，劫掠了一番后就撤了。消停了大半年，他们又来了。但这一次他们选的时机不太好：一来，颉利消停了；二来，刘黑闼也消停了，而且消停得很彻底。

李渊就不客气了，果断拍板：反击！武德六年五月初五，他敕命驸马都尉、岐州刺史柴绍率军西进，击退吐谷浑。

柴绍的心情非常不好，三个月以前，他挚爱的妻子李三娘病逝了。

李渊称帝后，李三娘被册封为平阳公主，柴绍进为右光禄大夫，封临汾郡公。夫妻二人勠力同心，继续为大唐做贡献。柴绍一直跟随着李世民，灭薛仁杲、平刘武周、定鼎中原，这几次大战他都有参与，而且均立有战功，虎牢关大战后，更是晋封霍国公。而李三娘呢，她的主要任务就是驻守连接河北、山西的咽喉——苇泽关。此关位于今山西阳泉平定县东北的绵山之上，战略位置极为重要。由于李三娘的娘子军长期驻守此地，老百姓干脆不称苇泽关，改称娘子关。这就是今娘子关得名的由来。

李三娘是继商王武丁王后妇好之后，第二位史书确载的女将军。她不仅立有军功，而且功劳还不是一般的大。若不是有她整合关中反隋势力，李渊父子不可能在渡河不久后就攻克了长安。正是因为如此，所以李渊每次赏赐诸公主时，给她的赏赐都是最多最好的。

但天不假年，这位传奇女子的传奇人生终于在武德六年二月画上了句号。李渊悲痛欲绝，指示有司：葬礼上要加鼓吹（军乐），配班剑和武贲（都是军人）。管礼制的太常卿不同意，自古以来，女人的葬礼是不可以加鼓吹的，而且也从未有军队为女人出殡的先例。但李渊说了："平阳公主有举义的功劳，还亲自带兵作战，帮助我成就了帝业，一般的女人能和她比吗?！"

于是，李三娘就成了中国历史上唯一一位以军礼下葬，并由军队为其出殡的女子。如果说大唐女性是中国历代女性中最闪耀的一个群体，其领军人物无疑就是平阳公主李三娘了。

六月二十九日，柴绍大破吐谷浑军。

一看大唐动真格的，伏允可汗软了，于八月遣使唐廷，表示臣服如旧。李渊见好就收。两国重归旧好。

然后，李渊就拉开架势，准备收拾仨小跟班了。但是颉利抢在了前头，派兵连寇原、朔二州。李渊只得分派李建成、李世民北上，屯兵边境，严加防范。

眼瞅着大战一触即发，江淮一声炮响：辅公祏反了！

这日，辅公祏忽然宣称他收到了杜伏威的亲笔信。吴王一走一年多，音信杳无，好不容易来了封亲笔信，王雄诞当然要问问信中有何指示。可辅公祏却面露难色，你还是不知道的好。这下王雄诞就既莫名又好奇了，左一口一个大伯，右一口一个大伯，非要问个明白。辅公祏不得不说了，吴王怀疑你有二心，吩咐我盯紧你。扎心了，老铁！王雄诞感觉整个世界都崩塌了，怏怏不乐，从此称病在家，不问军事。随后，辅公祏顺理成章接掌了兵权，勒死了王雄诞。

八月初九，辅公祏公告江淮军民，说了两层意思：第一，吴王被李渊软禁了；第二，吴王派人送来密信，命他起兵救援。杜伏威入朝已一年有余，后期完全不通书信，军中早已风传他被李渊软禁，此时又见素来德高望重的辅大伯言之凿凿，江淮将士顿时群情激愤。

辅公祏不知道，他扯的谎居然有一半蒙对了：

杜伏威的确被软禁了。

金窝银窝不如自己的土窝，长安虽好，终有待腻的时候。在度过了一段云端的日子后，杜伏威回到了地面，开始想家了，上书李渊，请求回丹杨。李渊听了，一把鼻涕一把泪，说舍不得他，非要他再住一段时间。

杜伏威只得答应。没想到，再住复再住，再住何其多！终于，他明白了，李渊压根儿就没打算放他回去。痛定思痛，他也只能这样安慰自己，只要他在长安，朝廷就没有对江淮用兵的借口；而有王雄诞把持兵权，江淮军也不会起兵造反。如此，他好，江淮也好，两全其美。至于回去的机会嘛，可以慢慢等待！

就这么等啊等，却等来了把兄弟起兵的消息：辅公祏于丹杨称帝建宋，署置百官，立起了反唐的旗帜。杜伏威面如死灰，他知道，他的江淮军要完了，他也要完了。

二十二日，李渊敕命李孝恭部趋江西九江，李靖部趋安徽宣城，怀州总管黄君汉部出安徽亳州，齐州总管李世勣部南渡淮、泗二水，会攻辅公祏。联军总指挥为李孝恭。

大战前夕，一个石破天惊的消息横空出世：吴王杜伏威死了，年仅27岁。唐廷的解释是误服云母中毒而死。中毒是真的，但怎么中的毒就不好说了。

杜伏威之死对于辅公祏来说，是个大大的好消息，但他无暇放炮庆祝，因为唐军来得太凶猛了。

四路唐军中，他最忌惮的是李孝恭这一路，因为李孝恭的水军可以沿江东下，直取丹杨。

为此，他已派大将冯慧亮、陈当世率领三万水兵，屯驻于今安徽马鞍山当涂县西南江畔的博望山，前军推进至今安徽铜陵枞①阳县；又派陈正通、徐绍宗二将率领两万步骑兵，屯驻于当涂县东南的青林山，与冯、陈二将成掎角之势；还在马鞍山和县南的梁山"连铁锁以断江路"，于西岸筑造堡垒，于东岸修却月城，"延袤十余里"，可谓铜墙铁壁，固若金汤。

武德七年正月，李孝恭与李靖会师于安庆。随后，大军于当月取

---

① 枞，音宗。

枞阳，二月拔鹊头镇（今安徽铜陵东北），三月于芜湖破江淮军，攻占梁山等三镇，直逼博望山和青林山守军。与此同时，李世勣一路也攻拔安徽淮南寿县，进抵寿县西北的硖石。

看了辅公祏的防线，李孝恭、李靖、李世勣等人都不由得慨叹辅公祏绝非泛泛之辈，如此布局深得兵法之要。事实也的确如此，辅公祏知道军中没有可与李靖、李世勣匹敌的将领，因此不厌其烦地叮嘱四将，只需坚守，不可出战，待唐军粮尽后，再作反击。四将遵命落实，战局陷入僵持。

唐军中绝大多数的将领都认为，冯慧亮、陈当世、陈正通、徐绍宗等人坐拥强兵，还有水陆之险，轻易是拿不下他们的，大军不如绕过梁山，直扑丹杨。

李孝恭也觉得这个办法好，毕竟当初打萧铣时用的就是这一招。没想到，此招鼻祖李靖却不同意。大家很困惑。李靖指出了辅公祏与萧铣的一个显著不同，辅公祏的精兵虽然在博望山、青林山、梁山，但他手上还握有大把兵力。我军即便绕过三山守军，恐怕短时间内也拿不下丹杨。届时，前有辅公祏阻击，后有冯慧亮等人包抄，我军将腹背受敌。所以，三山决不可绕，必须先破之。

水无常形，兵无常势，运用之妙，存乎一心，李药师不愧一代战神！他这么一解释，大家都服气了，就按李靖说的办！

办法总比困难多。很快，李靖就想出了破敌之策。

根据计划，李孝恭先以老弱残兵冲击敌营。这些人没有战斗力，很快就溃退下来。

冯慧亮、陈当世等人一个冲动，没按捺住，率军追击。

结果可想而知，唐军精锐部队以逸待劳，打得他们哭爹喊娘。

正在混战之际，唐营中忽然闪出一将，对着江淮军喊话："你们不认识我阚棱吗？还敢来和我作战？"江淮将士定睛一瞧，这不是阚棱大将军嘛！杜伏威死后，李渊将阚棱收为己用，派到李孝恭帐前效力。他的出现，对江淮军士气是一个沉重的打击。江淮军上上下下都知道，阚棱既是吴王的义子，也是他的亲信。如今他站到了唐军一边，足见吴王并非为李渊所害，吾等为辅公祏煽动，违逆了吴王的意思。一时间，军心大乱，四散奔逃。

李孝恭、李靖乘机猛攻，转战一百余里，连破博望山、青林山两处大营，一举捣毁了辅公祏精心设计的长江防线。

李靖所部一马当先，直逼丹杨。此时的辅公祏早已胆寒，拥兵数万，竟弃城东走。到了今江苏镇江句①容时，辅公祏清点兵力，只剩下五百多人。当天晚上，他夜宿常州，无意间听到部将吴骞等人竟密谋反水。辅公祏惊出一身冷汗，连老婆孩子都顾不上了，带着几十名心腹连夜跑了。万万没想到，一干人狂奔至今浙江湖州德清县武康镇时，竟被当地农民打了埋伏。辅公祏惨遭生擒，被献给了李世勣。

敌人没能抓住他，自己人没能抓住他，却被一帮农民给抓了。李云龙说过："这人要是倒霉起来，放屁都能砸到脚后跟。"

李渊论功行赏，加封李孝恭为东南道行台右仆射，李靖为东南道行台兵部尚书。对于李靖，李渊的赞誉和喜爱之情犹如椰风般挡不住："靖，萧、辅之膏肓也！"李靖真是萧铣、辅公祏的宿敌啊！

李靖助定巴蜀，21天灭萧铣，收服岭南，七个月灭辅公祏，帮助大唐完成了对广大南方的征服，一跃而成为初唐第一名帅。

辅公祏自知难逃一死，干脆拉了一死一活两人垫背。一死就是已故的杜伏威。辅公祏说了，他是根据杜伏威的指示起兵的。李孝恭如实上报。李渊顺势褫夺了杜伏威一切官职，将其妻儿没为官奴。一活就是阚棱。辅公祏非说阚棱也是他的同谋。李孝恭本来是不信的，将

---

① 句，音勾。

辅公祏枭首了事。但阚棱自觉立有大功，言谈倨傲，完全不把李孝恭放在眼里。李孝恭很生气，借着收缴杜伏威、辅公祏、王雄诞等人田产的机会，把阚棱的田产也给收了。阚棱来说理。李孝恭红口白牙，非说他谋反，推出去砍了。

随后，李孝恭"分捕余党，悉诛之"，江南皆平。

至此，李密、薛举、刘武周、窦建德、王世充、萧铣、刘黑闼、杜伏威、辅公祏……这些曾经不可一世的名字都变成了历史符号。隋末乱世的终结已翘首可待。

李渊志得意满，难以言表，大唐的未来艳阳高照，晴空万里。然而，他无论如何都想不到，万里晴空之上，一场内乱的彤云已经蓄势待发了……

第七章 玄武喋血

01. 两党对峙

大祸起于萧墙之内。

到辅公祐授首时,李建成、李元吉与李世民之间的矛盾已经按不住了,完全揭开了盖子,呈现出党派化的特点。大唐上下,从内廷到外朝,从宗室到文武,从中央到地方,纷纷选边站队。太子党与秦王党壁垒森严、水火不容。

秦王党文臣以十八学士为班底,首推房玄龄、杜如晦、长孙无忌三人。

房玄龄博闻强识,精干非常,每次上报奏表,他分分钟就能写出来,而且质量非常高,"文约理赡",连草稿都不用打。李渊对他赞不绝口,说他"深识机宜,足堪委任",每次进谏,虽然隔着大老远,但感觉他就在你面前说话一样。这就是能力,这就是水平!尤为难得的是,房玄龄不仅自己有才,还善于识才、举才。每次李世民打了胜仗,别的文武都忙着争抢财宝,只有房玄龄想的、办的第一件事是先替李世民发掘、延揽人才,而且他还悉心维护这些关系,好让这些人忠诚于李世民。

这其中,要说最重量级的当属出身京兆杜氏的杜如晦。

杜如晦,字克明,"少聪悟,好谈文史"。隋炀帝大业年间,他以门荫入仕,授滏阳(今河北邯郸磁县)县尉。高孝基部长对杜如晦的评价也很高："公有应变之才，当为栋梁之用，愿保崇令德。今欲汝俯就卑职，为须少禄俸耳。"瞅人家高部长这嘴甜的，我严重怀疑他对每个年轻干部都这么说。但杜如晦很有性格，一看隋炀帝胡搞乱搞，竟"弃官而归"。

武德元年，李世民引杜如晦为秦王府兵曹参军。但他当时只是看重杜家的门楣，对杜如晦的才具认识不深。后来，李建成为了打压李世民，将其幕僚大批外放，其中就有杜如晦。房玄龄第一时间提醒李世民："府僚去者虽多，盖不足惜。杜如晦聪明识达，王佐才也。若大王守藩端拱，无所用之；必欲经营四方，非此人莫可。"李世民惊呼："尔不言，几失此人矣！"立即上书李渊，将杜如晦留了下来。

房玄龄足智多谋，善于运筹。杜如晦谨慎严明，长于决断。时人因此有"房谋杜断"的美誉。

长孙无忌是李世民的发小兼大舅哥。李渊入关后，他跑到长春宫（在今陕西渭南大荔县）谒见，被李渊拜为渭北行军典签，配属秦王李世民。此人生性聪慧，勤奋好学，博通文史，颇有计谋。房玄龄善谋不善断，杜如晦善断不善谋，长孙无忌虽谋不及房玄龄，断不如杜如晦，却谋断皆通。

秦王党武将以天策上将府属将为主体，最核心的当数段志玄、尉迟敬德、秦叔宝、程知节、张亮、张公谨、侯君集等人。前四人都是老面孔了，这里重点介绍下后三人。

张亮最初是李密的人，张公谨最初是王世充的人，都是不受重用的边缘人。归唐后，二人一个得到了房玄龄的赏识，一个受到了尉迟敬德的举荐，迅速成为李世民的心腹。侯君集则是李世民入关后亲自发掘的人才。此人能力很全面，既能决胜于阵前，又能运筹于帷幄，是可以独当一面的帅才。李世民有心培养他，请李靖教授他用兵之道和统帅之才。

此外，李世民在宗室中也有一些支持者，叔伯辈的淮安王李神通、襄邑王李神符和兄弟辈的任城王李道宗都支持他。

但秦王党的阵容，与太子党比起来就黯淡多了。

首先，宰相裴寂站在李建成一边。回顾前文，大家不难发现，在很多重大决策上，裴寂都与李世民意见相左。这是因为，一来，从一开始他就属意李建成，不看好李世民；二来，李世民与刘文静亲善，而刘文静与裴寂不合，裴寂恨乌及屋，连带着对李世民也不满了。裴寂在李渊心里分量有多重，无须赘言。

其余重臣，萧瑀、陈叔达、宇文士及三人都是外来户，官当得挺大，但根基薄弱，无意卷入是非，在李建成与李世民之间不持立场。李纲倒是一直看好李世民，但他年龄太大了，在武德二年就退休了。封德彝是个例外，首鼠两端，却左右逢源。李建成和李世民都觉得他是自己人。李建成直到死，都没看破封德彝。而李世民直到封德彝死后十六年，才看清他的真面目。封德彝是真的牛！

其次，后宫嫔妃一边倒地站在李建成一边。

个中缘由，大家已经很清楚了。这是李世民的绝大疏忽与损失。须知，这些嫔妃成事不足，败事却有余。李渊之所以对李世民日渐不满，张婕妤、尹德妃吹枕边风是一个极其重要的原因。等到李世民终于感受到红粉兵团的破坏力时，矛盾已无法消弭。

秦王党对她们的反击相当无力。朝野风传，李建成、李元吉与张婕妤、尹德妃有很严重的生活作风问题。究竟是谁放出了这个消息？我不说，大家也明白。

再次，在宗室中，李建成的支持面也远大于李世民。李元吉就不说了，他的权势和影响力，李神通、李神符、李道宗三人加起来也比不上。更何况李建成还有庐江王李瑗！李神通和李道宗虽有兵权，但兵力薄弱，不堪大用。李瑗却是手握重兵的地方大员。此外，出于道统,绝大部分宗室,如长乐王李幼良等,都支持李建成。宗室中只有一股清流,那就是李孝恭,独善其身,置身事外。

文臣方面,太子党也毫不逊色,李世民有房、杜,李建成有王、魏,王珪、魏征也是后来的贞观名相,才具不在房、杜之下。

最后,我们来看看太子党的武将阵容。

隋末唐初,李世民打的仗最多,灭的敌人最多,收服的猛将也最多,所以给人的感觉就是李建成这方面不如他。其实大谬!

首先,一个罗艺就能管住秦王府诸将。罗艺原本就是一路诸侯,他是带着军队和地盘投唐的,有雄厚的政治资本和军事资本。秦王府那么多猛人,哪个封王了?而罗艺却是经过大唐认证的货真价实、童叟无欺的燕郡王,还被赐了国姓。侯君集、秦叔宝他们往李世民身边一站,李世民只不过多了几个人而已。而罗艺往李建成身边一站,李建成直接多出一支虎狼之师。这,就是差距!

更何况,除罗艺外,李建成还有利州都督李孝常、庆州都督杨文干等握有兵权的地方实权派,以及薛万均、薛万彻、冯立、谢叔方等猛将。如果给同时代的猛将做个排名的话,薛万彻铁定排前十。其余如冯立、谢叔方等,都是一时猛将。他们的历史知名度之所以不高,只不过是因为跟错了人而已。

许多人不解,李世民那么牛,可为什么还是支持李建成的人多?

原因很简单,礼法站在了李建成一边。礼法为什么会站到他这边呢?因为,他是嫡长子!

嫡长子继承制的内容大家都明白,我就不多说了。这项制度并不完美,因为有时候庶子、非长子的嫡子的能力,的确要比嫡长子强。但它有一个最大的好处:断绝了相当一部分人的非分之想,从而将皇室内部的权力斗争控制在最小范围、最低烈度。往小了说,它起码保住了相当一部分皇室血脉的延续,有利于这个家;往大了说,它有效减少了统治集团的内部倾轧，有利于这个国。正是因为有这个好处，所以它受到了儒家的推崇，成为古代礼法制度的一个基础组成部分。不管哪朝哪代，在毫无利益纠葛的情况下，任何人都会本能地、自发地支持嫡长子。

且不说李建成比李世民早生了九年，就是只早一分钟，他也是嫡长子。这就决定了不仅他的圈子会支持他，广大的吃瓜群众也会支持他，而李世民只有他的那帮人才会支持他。

礼法传统对所有人都有软性约束力，包括皇帝。不到万不得已，任何一位皇帝都不会冒天下之大不韪，站到传统的对立面。

李渊其实从一开始就没考虑李世民。更何况，他还目睹了姨父隋文帝废长立幼，致使大隋二世而亡的教训。所以，他称帝还不到一个月，就册立李建成为太子。开国后，他也不再让李建成上阵了。因为骑马打仗是将军干的事儿，治国理政才是帝王的主业。虎牢关之战后，李世民的风头盖过了李建成，春风得意的他被胜利冲昏了头脑，居然办起了文学馆，真的打起了太子之位的主意。于是，李渊就出手了。不知大家是否注意到，从武德五年以后，除了应对突厥外，大规模的对内军事行动，他再也没让李世民出过头。现在看来，李渊的用意再明显不过了，无非就是不想让李世民再出风头，以免他野心膨胀，祸起萧墙。

至两党分野时，兄弟之情已荡然无存。每次出入内宫，三兄弟遇到了还是装得跟一家人一样。大哥，气色不错呀，吃了没？吃了，吃的锅盔，比不得二郎你顿顿羊肉泡馍呀！是不是瞅着挺和谐、挺温馨，其实他们的亲兵都是全副武装、剑拔弩张，随时随地准备开磕。

其中，李元吉扮演了急先锋。一日，李建成、李世民跟随李渊，到李元吉家中看望他。李元吉却密令亲信藏于寝室之内，准备伺机击杀李世民。李渊、李世民毫无察觉。李建成却看出端倪，及时阻止了李元吉。事后，李元吉气急败坏："大哥，我是为你好啊！干脆把二郎干掉得了！"李建成却只是摇头，兄弟相残，为人伦所不耻！

这事儿他不会干，也干不来！

02. 建成的三个大招

很快，李世民就感到压力山大了。李建成毕竟是储君，有合法而强大的权力，可以名正言顺地办许多事情。而李世民只是个亲王，权力范围极为有限。

这不，李建成连发三个大招，在政治上赢了满头彩。

第一招，制定颁布了大唐第一部法典——《武德律》。

别看大唐开国都七年了，居然还没有一部法典。暴隋都有法典，文帝有《开皇律》，炀帝有《大业律》，大唐怎么能没有?! 于是，李建成牵头，搞出了大唐人自己的法典——《武德律》。

实事求是地说，这事儿办得很讨巧。因为，《武德律》几乎是对《开皇律》的复制粘贴，其篇目设置完全就是抄袭《开皇律》，只不过主语用大唐替换了大隋，并增加了53条新格而已。

不过，这也怪不得李建成，不是他不想突破，而是办不到。当初，隋文帝杨坚下了很大的力气编《开皇律》。这部律典是在充分吸收历朝历代立法经验的基础上制定而成的，是一部集大成、划时代的匠心之作，代表了唐以前封建立法的最高水平。李建成仓促制律，当然不可能突破《开皇律》的水准。事实上，直到唐高宗时期长孙无忌搞的《永徽律疏》问世以后，唐朝的立法水平才勉强超越了隋朝。

虽说换汤不换药，但《武德律》的问世，的确使大唐拥有了第一部法典。朝野上下都很满意。这部法律不是李建成亲手编的，但毕竟是他牵头搞的，领导有力，怎么也得给他记上一笔。

比起第一招，李建成的第二招就实在多了。他系统总结了魏晋以来均田制的经验教训，结合大唐国情，推出了唐版均田制。

那么，问题来了，什么是均田制？

我给大家打个比方：假定全国有一百亩土地，其中三十亩是有主的，属于张三、李四、王二麻子等大大小小的地主，剩下七十亩是无主的土地。于是，朝廷就说了，普天之下，莫非王土，这七十亩土地是国家的。但是呢，朝廷账本儿上趴着七十亩地没用。为啥呢？你指望官员给你种地吗？！真要这样，那谁是统治阶级、谁是被统治阶级？朝廷很聪明，从来不吃亏，有办法。将这些土地分给农民耕种，然后收租子。这样做的好处太多了，最主要的有两条：第一，盘活了大量闲置的土地，种的人越多，朝廷的收入就越多，经济上越得实惠；第二，广大农民有活干、有饭吃，就不会造反，朝廷在政治上也得实惠。

但是呢，只让农民租种土地，并不能最大限度地调动他们的生产积极性。因为他们会想，地又不是我的，够吃够交租就好了，犯不着拼命干。朝廷早料到他们会这么想，就出了这么一个政策：一次性授田多少亩；但是呢，其中的小部分所有权归你，剩下的大头使用权归你。就是说，让农民从纯纯的无产者变成了小小的有产者。这小小的产业却让广大农民看到了过好日子的希望，并为这个希望所鼓舞，努力地锄禾日当午，汗滴禾下土。

这就是均田制，一种给人以希望的制度。有希望的制度都是有生命力的。于是，均田制就从北魏一直用到了大唐。

那么，李建成究竟对均田制做了什么？主要有三个方面：

首先，进一步限制了受田对象。

北朝时期，不仅人（男人和女人）能受田，而且贱人（奴隶）和畜生（耕牛）也能受田。隋朝时，畜生就被踢出去了。到了李建成这里，贱人和女人都被踢出去了，只给男人。当然，凡事总有例外，死了丈夫又寡居的女人，要受田，总得让人家有饭吃吧。

有人就吐槽了，李建成这厮也太抠了。其实，他也没辙。一来，隋唐之际的人口要比北朝时多得多；二来，隋末乱世，很多土地落入了权贵的手中。大家还记得平定河南后李神通找李世民要了一大块地吗？就是这种情况。两个因素叠加，势必导致人多地少。怎么办？只能限制受田对象。

唐制，按年龄将人的一生分为五个阶段：4岁以下，叫黄，听着就很嫩；4岁到16岁，叫小，相当于未成年人；16岁到20岁，叫中；20岁到60岁，叫丁，即成年人；60岁以上，叫老。

根据李建成主导的改革，受田对象为中和丁，受田数量为一顷。这里特别指出，唐代的一顷是50亩，一亩相当于现在的0.871亩。这么算的话，当时的一顷地相当于今天的43.55亩。

这50亩地分两类：一类叫永业田，是国家无偿给你的，你拥有所有权，不仅可以种到死，而且死后可以传给子孙，是私人财产。这部分占五分之一，也就是10亩。其余的40亩就是第二类，叫口分田，是国家租给你的，可以一直租到死；但你死后，国家要收回，再分配给适龄人口。

其次，规定了权贵拥有土地的上限。

权贵包括贵族和官吏，他们拥有的土地都是永业田。为什么要限制他们的土地数量呢？很简单，就是为了防止土地过度（注意这个程度副词）兼并。当全国的绝大部分土地都集中在少数权贵手中时，离天下大乱、改朝换代就不远了。这是为历史无数次验证的真理。所以，严控土地兼并是历代通行的做法。对权贵拥有土地的上限做出规定，不失为一种好办法。

贵族包括亲王、郡王、公爵、侯爵、伯爵、子爵、男爵等。李建成规定，亲王最多100顷，男爵最多5顷。

唐代的官员种类很有特点，包括散官、职事官、勋官三类。散官，就是有官名、无职事的官，说白了就是只当官不干事的人。还记得李渊在霍邑搞的官帽大批发吗？批的就是这种官。职事官就是有官名、有职务的官，三省六部的长官就是职事官。勋官，就是立有战功的将领，分为十二转①。

对于官员永业田的上限，李建成是这么规定的：职事官，一品最多60顷，九品最多2顷；散官，只有五品以上才能受田，受田数与职事官相同；勋官，第一转最多60亩，第十二转最多30顷。

最后，就是适度放松了对土地流转的限制。

权贵间的土地流转是不受限制的。朝廷严控的是权贵和平民以及平民和平民之间的土地流转。但是，严控并不等于绝对禁止，在有些情况下，该流转就得流转。比如说，张三要从陕西搬到浙江去。在这种情况下，如果不让出卖土地就太死板了。所以，李建成说了，这种情况可以卖。此外，他还规定了一种可以出卖的情况：卖地葬亲。古人重孝，为了安葬父母而出卖土地，这是可以的。

古代中国，农业至上。李建成的改革在适应大唐国情的基础上，

---

① 南北朝隋唐时代，凡有军功的，授以勋官，分为十二个等级，称为"十二转"。《木兰辞》里"策勋十二转，赏赐百千强"的"十二转"就是说：花木兰立了最大的军功。唐朝的十二转由上至下分别是：十二转上柱国，视正二品；十一转柱国，视从二品；十转上护军，视正三品；九转护军，视从三品；八转上轻车都尉，视正四品；七转轻车都尉，视从四品；六转上骑都尉，视正五品；五转骑都尉，视从五品；四转骁骑尉，视正六品；三转飞骑尉，视从六品；二转云骑尉，视正七品；一转武骑尉，视从七品。

最大限度地调动了农民的生产积极性，利民利国，分量很重，意义也很重。

第三个大招，改革前代的租调制，颁行了极具大唐特色的租庸调制。

如果你是流民、是黑户，国家逮不到你，你就无须被强制承担任何义务。一旦你拿了土地，被固定住了，有了户籍，就需要承担义务。

在封建中国，农民身上有三大类强制性义务：第一，给国家交税的义务，这叫租税；第二，给国家出公差的义务，这叫徭役；第三，给国家卖命的义务，这叫兵役。

租调制就是规范第一种义务的制度。租税包括两大块，都是最基本的生活资料：一块儿是吃的，就是粮食，这部分叫"租"；一块儿是穿的，就是布匹，这部分叫"调"。

租调以外，徭役是单独的，必须得服。现在李建成说了，可以不服，但你得付出代价。这个代价就是"庸"，具体而言就是须缴纳各种布匹，花钱免劳作。

所以说，租庸调制的最大特点就是"庸"，说白了，就是对租税和徭役两种义务做了统一规定，而且留下了弹性空间。

此外，它的另一大特点就是进一步轻徭薄赋。

首先，在租税方面，租的数量变少了，一人一年仅两石，十升为一斗，十斗为一石，两石就是两百升；调的数量也变少了，一人一年或麻三斤，或布两丈五，或绢两丈，或棉三两。另外，天灾引起减收时，损失三成以下，租调不免；损失三成至六成，免租；损失六成至七成，免租加免调；损失七成以上，免租免调加免庸。

其次，在徭役方面，服役时间缩减到了20天。可以以庸代役，一天三尺布，20天交六丈布。在特殊情况下，政府可以延长徭役期间：超过15天，免调；超过30天，免租加免调；超过50天，全免。

《武德律》以规范社会秩序,均田制配套租庸调制以规范经济民生,李建成的这三个大招,套用教科书的表达方式就是:极大地解放和发展了社会生产力,为大唐社会和民生的发展奠定了坚实的法制基础和经济基础。

我特别强调,均田制和租庸调制一直用到唐玄宗初期,其生命力可见一斑。唐朝走向兴盛,这两项制度功不可没。李建成主导有方,应当记住他的贡献。

03. 杨文干之乱

李氏兄弟对这场持久战的定性不同:李世民必须得打歼灭战,因为他如果输了,就什么都没有了;而李建成就容易多了,他是太子,情理和法理都站在他这边,在政治上和民心上也占据绝对优势,所以他只需打一场阻击战,迫使李世民放弃夺位的想法就可以了。

他的打压成绩单相当不错,李世民被压制得很无力、很难堪。但是,考虑到李世民在走投无路的情况下可能会诉诸保底手段——暴力,他也得有所准备。于是,李建成不断扩充东宫直属兵力,希望建立起对秦王府兵力的绝对优势,以彻底粉碎李世民的野心。

他的第一手棋打了李世民一个猝不及防。

李建成说服李渊,从关中招募了两千骁勇,充作贴身卫队。这支卫队因分别屯驻于东宫的左右长林门,故被称为长林兵。长林兵是太子的私人卫队,直接听命于李建成,凭太子手令即可调动。

此举引起了李世民的强烈不满。因为根据礼制,东宫已配有卫兵和六率。也就是说，李建成手上本来就拥有两支武装力量，而且人数还不少。其中，卫兵有一千余人，全是训练有素的精锐；而六率的兵力更多，达到了两万余人。

唐制，东宫下设左右卫率府、左右司御率府、左右清道率府、左右监门率府、左右内率府，共十大率府。其中，后四个是服务保障机构，前六个都是军事机构，这就是赫赫有名的东宫六率。每一率府分领三到五个折冲府。折冲府按编制员额，分为上、中、下三等，上府1200人，中府1000人，下府800人。我们姑且按每一率府领四个中等折冲府算，东宫六率的总兵力便已超过两万。

手握如此多的人马，居然还要增兵，这让只有八百卫兵的李世民情何以堪？但增设长林兵是经父亲批准的，他敢怒而不敢言。

不过，李建成也有自己的理由：一来，东宫卫兵只比秦府多几百人而已；二来，六率统领的是府兵，而府兵的调动必经皇帝批准才可。加了长林兵之后，他觉得够了，谅世民也不敢造次。

紧接着，李世民又发现，他一直想拉拢的罗艺居然投入了李建成的阵营。

刘黑闼、徐圆朗授首后，罗艺看清形势，于武德六年二月入朝。李渊像当初笼络杜伏威那样笼络他，"遇之甚厚"。罗艺是自己人，他能入朝，李建成也很高兴，说服老父将罗艺留下来。于是，李渊就任命罗艺为左翊卫大将军！

但没过多久，罗艺就遭到了李世民的弹劾。

李世民并不知道罗艺早已受到李建成的拉拢，仍旧对他抱有幻想。这不，罗艺刚入朝，他就派人到其军中考察学习，其实不过是想给罗艺一个搭上自己的机会。不承想他的人非但没有受到热烈欢迎，反被罗艺"无故殴击"。

李世民明白，罗艺不是地痞流氓，不会无故打人，如此行事无非是向李建成表明立场，并与他李世民彻底划清界限而已。既然如此，他也没什么好客气的了，上书弹劾罗艺无故殴打朝廷命官，对皇帝、朝廷大不敬。李渊将罗艺下入大牢，准备处死。

然后，李建成就出面了，罗艺虽大不敬，但有功于国，罪不至死；况且他威震边陲，颇为突厥忌惮，当此唐、突交兵之际，杀之未免可惜。李渊是个一点就透的人，马上释放了罗艺，"待之如初"。

见除不掉罗艺，李世民退而求其次，说他桀骜不驯，不宜留朝。李渊觉得有理，便将罗艺外放泾州，领天节军，防卫突厥。罗艺离京前，特意将麾下头号猛将薛万彻留给李元吉当王府护军。到任后，他也是人在泾州心在长安。长林兵设置后不久，他又向李建成提出，从幽州军中拣选三百精锐突骑①，充实到东宫。

李建成当然很高兴，但考虑到李世民必会阻拦，他思来想去，想了一个馊主意：派心腹可达志先去幽州拣选，待回京后，再向父皇请旨批准。

没想到突骑刚到长安，即被告发。原来，李世民早已在东宫、齐王府安插了内线，对李建成、李元吉的举动盯得很紧。此事还在酝酿阶段，他已知晓，故意隐忍不发，专等这个节骨眼儿捅出来。偷偷运兵进长安，这是妥妥的谋逆啊，李建成即便不死，太子之位也保不住了。李世民这招的确狠辣！

然而，就在朝野上下都觉得李建成要被废了的时候，李渊却做出了这样的处置：将突骑遣返幽州，流可达志于西昌，痛斥李建成。注意，只是痛斥，既没有废，更没有杀。

李渊是第一次当皇帝，没经验，对此类事件格外容忍。李建成如果碰上汉武帝或唐玄宗，脑袋都不知掉多少回了。

---

① 精锐突骑，担负突击任务的精锐骑兵。

谁使的坏，李建成心知肚明。但不管怎样，兵还是要加的，越是阻挠越是要加，罗艺这条路走不通，他就想到了早年的贴身侍卫、现庆州（今甘肃庆阳）都督杨文干。

武德七年的夏天格外炎热。

六月，李渊带着李世民和李元吉，离京到仁智宫（在今陕西铜川玉华山凤凰谷中）避暑，留李建成在长安主持大局。

李建成趁机派心腹尔朱焕、桥公山运送铠甲到庆州，以武装杨文干为他招募的壮士。

岂料，剧情一反转：尔朱焕、桥公山行至豳州，突然上书李渊，检举李建成勾结杨文干造反，铠甲就是证据。更有一个叫杜凤举的草民专门跑到仁智宫，状告李建成与杨文干图谋不轨。

两厢佐证，三人成虎，由不得李渊不信。李渊盛怒，借口他事召李建成觐见。套路虽深，却没啥用。因为他忘了身边还有个李元吉。

面对父皇手诏，李建成惶恐万分。东宫属官们围绕去不去的问题发生了激烈争论，有主张据城举兵的，有主张诣上谢罪的。李建成拧巴了半天，终于还是决定前往仁智宫认错。

史书留下了李建成面对李渊时的表现，"叩头谢罪，奋身自掷，几至于绝"，情绪很激动！

但事关谋反，李渊怒气不解，下令将李建成软禁起来，肉不给吃了，酒也不给喝了，只给一点麦饭。随后，他派司农卿宇文颖马不停蹄地赶往庆州，借口他事召杨文干觐见。

没想到，剧情再次反转：宇文颖居然把前因后果向杨文干兜了个底儿朝天，还力劝他起兵。于是，二十四日，杨文干就反了。

李渊找李世民商量平叛。李世民建议派一员上将率军征讨即可。但李渊认为，杨文干是李建成一党，恐怕会有很多人响应他，派别人去怕不托底，想让李世民出马。并且，他郑重许诺："等你凯旋，我就立你为太子。但我决不会学隋文帝杀自己的儿子，到时候我就封建成为蜀王。蜀兵战斗力一般，如果将来建成能臣服于你，你就保全他。如果他不能臣服于你，你想收拾他也很容易！"

梦寐以求的支票终于开出来了，李世民还有啥可说的，于二十六日美滋滋地率军出征了。

谁承想他刚走，剧情就反转了：李建成纹丝不动，毫发未损，依旧是太子，依旧留守京城，依旧主持政事。对此，官史给出的解释是：李元吉联合张婕妤、尹德妃、封德彝一再吹风，终于让李渊回心转意了。

更为吊诡的是，有三个人无故躺枪。李渊以挑唆李建成、李世民兄弟不睦为由，将太子党的中允王珪、左卫率韦挺和秦王党的天策兵曹参军杜淹（杜如晦的叔叔）三人发配西昌。

庆州前线，李世民还没出手，叛军就不战自乱了。七月初五，杨文干授首，叛乱平定。李世民将杨文干首级传往京师，并就地斩杀了宇文颖。

以上这出一波三折的反转剧就是初唐史上著名的"杨文干之乱"。

表面看来，史书记载翔实，入情入理，但仔细玩味，疑点甚多：

第一，李建成若真要谋反，何不一不做二不休，在李元吉的策应下，直接举兵逼宫，控制父弟。他有军队在手，犯得着冒险去找李渊解释吗？万一李渊不信他，岂非自投罗网？

第二，挑选壮士、运送铠甲并不足以佐证李建成谋反。之前，他将突骑偷运到长安都没事，现在只不过挑了点人、送了些铠甲，数量又不大，纵然有一点嫌疑，也难说是证据确凿。

第三，李渊其实并没有召杨文干对质的必要。既然杨文干已经叛乱了，发兵征讨就好，为什么非要当面对质呢？唯一合理的解释：他觉得此事大有蹊跷，想当面听听杨文干怎么说。

第四，李渊的处置非常耐人寻味。首先，李建成一点事都没有。也就是说，他认为李建成没谋反。其次，处理太子党的王珪和韦挺已经很牵强了，怎么又把不相干的秦王党杜淹给办了，而且罪名还是挑唆兄弟不睦？

第五，杨文干从起兵到被杀前后仅12天，如果真是蓄谋已久的叛乱，总不至于十来天就被平了吧？！唯一的可能：他是仓促起兵。

最后一个疑点是对宇文颖的处置。李渊派他去诓杨文干，他不仅泄露机密，还怂恿杨文干起兵，这是一怪。他是朝廷命官，身上又背着这么大一个疑团，擒获后应送有司审问，可李世民却就地把他杀了，这是二怪。

把以上疑点综合起来，我经过思考和推理，得出了这样一个结论："杨文干之乱"其实是李世民为了扳倒李建成而精心策划的阴谋。

事情的经过或许是这样的……

李世民通过内线，得知李建成授意杨文干挑选骁勇，并拟派尔朱焕和桥公山运送铠甲至庆州，顿时感到这是一个扳倒李建成的良机。于是，他暗地里收买了尔朱焕和桥公山，借二人之口将这件事捅了出来。至于那个面劾的杜凤举，十有八九也是李世民的人。

果不其然，李渊生疑，召李建成前来。

李建成为什么会忐忑呢？因为，他根本没有谋反的念头。不去吧，就坐实了谋反的罪名；去吧，不知盛怒下的父亲能否明辨是非，自己的人身安全又能否得到保障？但最终他还是决定去见李渊，因为他终究只是李建成。

但李建成只承认擅自征兵和私送铠甲的罪，拒不承认谋反，拼命解释，而这种痛切的解释显然打动了李渊。不过，兹事体大，李渊也不能信他一面之词，才决定召杨文干前来对质。应该说，李渊考虑得很周到，特意派宇文颖去庆州。宇文颖早年是李密的人，归唐后拜了李元吉的码头，故而在政治上也是亲李建成的。让李建成的人去召李建成的人，当无问题。

可他万万没想到，李世民棋高一着，竟然把宇文颖也收买了，并授意宇文颖激反杨文干。道理很简单，只要杨文干反了，李建成就算浑身是嘴也说不清了！所以，宇文颖到庆州后，才会撺掇杨文干起兵。杨文干是个武夫，心思没那么细，又害怕，就起兵了。

没想到事情的发展比李世民预期的还要好，李渊不仅请他平叛，还承诺让他当太子。李世民喜出望外，立即出马，得胜后顺手就把宇文颖给灭口了。

那么，李渊的态度为什么会发生180度的大转弯呢？应该说，这其中固然有裴寂、封德彝、张婕妤、尹德妃、李元吉等人的说项，但更为重要的则是李渊本人对疑点的洞悉。李渊很快就想明白了，这场动乱的根源依旧是儿子们之间的权力倾轧。所以，他各打五十大板，其对杜淹的处理，敲打李世民的意味极强。

别以为我不知道你搞的那些小动作！

04. 迁都之争

大唐初创，每一年都是多事之秋，武德七年（624年）尤其如此。这不，当内讧愈演愈烈之际，外患也同频共振了：突厥铁骑频繁入寇，关中一夕数惊，朝野风声鹤唳。

颉利疯狂，是因为李渊把他弄疼了。去年六月，李唐的争取工作开花结果：马邑大将高满政驱逐苑君璋，诛杀突厥戍兵，举城降唐。

马邑近逼太原，远胁长安，乃侵唐的战略支点。颉利不容有失，数次派兵攻打，均为高满政所败。如此延宕了四个月，颉利急了，亲率大军，联合苑君璋、高开道攻打马邑。唐廷各路人马配合不周，致使马邑被围。颉利围而不攻，传话李渊，只要同意和亲，马邑他可以不要。

李渊又把球踢了回去："你先解除对马邑的围困，然后咱们再商量和亲的事。"

颉利本想答应，但架不住义成公主一再劝诱，最终还是下令攻城。结果，马邑城破，高满政被杀。恶气是出了，但颉利和苑君璋都不敢留在马邑。为啥呢？因为马邑百姓心向中华，对异族及其走狗深恶痛绝。二人商量一番，苑君璋退保大同，颉利则以马邑这块鸡肋作为聘礼，再次向李渊提出和亲。

李渊同意，收了马邑。颉利美了，跑回漠北，坐等大唐公主上门。等啊等，冷啊冷，一直等到这一年二月，公主没来，来了一条噩耗：渔阳大将张金树诛杀高开道，降了李唐。至此，仨小跟班只剩苑君璋和梁师都了。

颉利大怒。于是，大唐北境又看到了熟悉的狼头纛。

李渊压力山大，苦不堪言。一来，突厥大军可以从漫长边境线上的任何一点或几点突进来，而唐军无法预知，只能全面布防，优势的兵力撒了豆子，与敌遭遇时反而处于劣势。二来，突厥骑兵的机动性很强，突然就来，来了就打，往往得手，等到附近唐军赶来增援时，人家一拍马屁股撤了，你还追不上。唐军天天被牵着鼻子跑，苦不堪言。军队一动就要消耗，这些消耗都得百姓买单，所以百姓也苦不堪言。军队和百姓都受不了，朝廷就坐不住了。更何况李渊自己也没有安全感，因为突厥入寇，十次有八次是冲着关中、长安来的。李渊忧心如焚。

这时候，有人就出主意了：迁都！长安为啥受威胁，原因有二：一来，长安太富了，突厥人劫掠十座边城，也不如拿下一个长安来得实惠；二来，长安距离北疆太近了。所以，要想免受威胁，干脆迁都，并焚毁长安城，彻底断了突厥人的念想。

这个建议得到了李建成、裴寂等人的一致赞同。其余重臣如陈叔达、萧瑀等人，又拿不出更好的办法，均缄口不言。李渊没辙，只得派宇文士及南下，为新都选址。

这时候，李世民却站出来反对："戎狄为患，自古有之。陛下以圣武龙兴，光宅中夏，精兵百万，所征无敌，奈何以胡寇扰边，遽迁都以避之，贻四海之羞，为百世之笑乎！彼霍去病汉廷一将，犹志灭匈奴；况臣忝备藩维，愿假数年之期，请系颉利之颈，致之阙下。若其不效，迁都未晚。"这里有两重意思：第一，大唐武力强大，仅仅因为敌人的骚扰就迁都，丢不丢人？第二，先让我和颉利死磕，连我出马都治不了他，再迁都也不晚。

这话说得硬气。李渊龙颜大悦："善。"

李建成就不爽了，早不说晚不说，非等我认可的方案进入落实阶段了，你才跳出来反对，当场出言嘲讽李世民："昔樊哙欲以十万众横行匈奴中，秦王之言得无似之！"西汉时的樊哙吹牛，说给他十万人马，就能横扫匈奴，秦王的话和他的话很像嘛！李建成此言，明摆着是影射李世民只会说大话，也是樊哙之流。

李世民立即还以颜色："汉朝的外部形势和我朝不同，所以用兵之道也不能相同。再说了，樊哙一个不入流的小人物，何足道哉?！我今天把话撂在这儿，不出十年，咱们一定能击败突厥，安定漠北！"

李渊虽未表态，却从此不提迁都之事。

李建成很恼火，又捣鼓张婕妤、尹德妃诬陷李世民："突厥虽然经常入寇，但只要我们给他们金银财宝，他们就退了。依妾身之见，秦王嘴上喊的是抵御外敌，其实是想趁机总揽兵权，便于他行篡逆之事！"

因为"杨文干之乱"，李渊对李世民已经极为反感了，听了这番话，对他的动机也不由得满腹狐疑起来。

这日，父子四人出城打猎。李渊兴致很高，命三兄弟比试骑射。

李世民正在整鞍备马。李建成忽然牵着一匹骏马走了过来："这是一匹骏马，一次能跳过几丈宽的河，二弟你骑术高，可以试骑一下。"李世民一眼看出此马确非凡品，动了欢喜之念，就接受了。没想到这匹马未经驯服，性子倔，喜欢尥蹶子，亏得李世民骑术高，关键时刻从马背上跃下，否则轻则重伤，重则丢命。他明白了，故意又骑了两次。每次这匹马都会尥蹶子，而他都能成功避险。三骑之后，李世民悠悠地对一旁的宇文士及说了这样一句话："有些人想害我，但死生有命，他们这些鬼伎俩还伤不到我！"

李建成又去找二妃。李世民的话经二女再创造，到李渊耳中就成了："秦王说了，我有天命，将来还要成为天下共主，怎么可能就这么窝囊地死了？"

李渊暴怒，面斥李世民："能不能当天子，那要看老天爷的意思，不是动动脑瓜子就可以的，你这么急哄哄地想干啥？"李世民很惶恐，"免冠顿首"，自请下狱。

这一次李渊真是气到了，怒气不解。恰在这时，边疆急报：颉利尽起本部人马，大举来袭！李渊翻脸比翻书还快，马上又对李世民露出了笑脸：吾儿，刚才那事儿过去了，快说说如何应对颉利吧！

05. 五陇阪雨夜惊魂

这一次颉利动真格的了。之所以这么说，是因为此次南侵有两个显著特点：

第一个特点，举国入寇。颉利不仅尽起本部人马，还带上了突利小可汗的人马。

有人问了，怎么冒出来个小可汗？这里我们就要讲讲东突厥汗国的政治架构了。东突厥极盛时，其势力范围囊括阿尔泰山到大兴安岭之间的整个蒙古高原及贝加尔湖地区。因为地域太过广大，可汗一个人实在管不过来，为了省事，干脆实行分片治理，设了几个副手来帮他。于是，就形成了独特的三汗四大设体制。

三汗，一个大可汗颉利，两个小可汗，一个是统管东方诸部的突利可汗，一个是统管北方诸部的车鼻可汗；四设，分别是北方二设——欲谷设（始毕可汗之子、突利之弟）和拓设（处罗可汗次子），南方一设——郁射设（处罗可汗长子、拓设之兄）和西方一设——沙钵罗设（启民可汗之舅）。

突利的来头很大，他便是曾经的汗位继承人、始毕可汗的长子什钵苾。颉利接掌汗位后，为了安抚这位显赫而失意的侄子，特封他为小可汗，建牙于幽州以北，执掌东部突厥，统辖契丹、库莫奚、靺鞨等杂胡。此次南征，颉利志在必得，就把突利也带上了。殊不知这是他所犯的最致命错误，没有之一。

此次南侵的第二个特点是颉利志在长安。和以往袭扰边境不同，颉利这次就是奔着长安来的，他要饮马渭河、汗临长安，让大唐在他的脚下颤抖，让李渊父子为他牵马坠镫。所以，突厥的进军路线极为清晰,连犯朔州、原州、忻州、并州、绥州。绥州就是今榆林绥德,已在陕西境内。绥州告急,京师长安就戒严了。这是整个唐代京师长安第一次戒严。

李渊立命李世民、李元吉率军出豳州,防御突厥。时值雨季,大雨滂沱,"粮运阻绝",将士们仓促应征,武器装备也不行,士气极为低落。朝野上下,一片忧虑。

但该来的终究还是来了!

八月十二日,李世民率领的唐军主力与颉利、突利二汗率领的万余精骑遭遇于豳州城西五陇阪,隔一道深沟对峙。细雨蒙蒙,天地一片苍茫。突厥兵强马壮,气势汹汹。唐军将士咸有惧色。

只有一个人不怕,那就是成竹在胸的李世民。他故意逗李元吉:"现在敌人凌辱我们,我们决不能露怯!我要和他们打一仗,你跟我一起吗?"

李元吉早已胆寒:"敌人如此强悍,咱们不应该轻易出击,万一出战失利,后悔就来不及了!"

李世民纯属打李元吉的脸,笑道:"你不敢出战,那我去,你就在这儿好好看着吧!"说罢,一马当先,直奔突厥大营而去。尉迟敬德等百余骑随后跟上。

一干人驰至沟边。李世民驻马扬鞭,向对面大呼:"我大唐已经承诺要和突厥和亲了,可汗你为什么背弃盟约,兴兵犯我边境?!我乃秦王李世民是也!可汗如果敢单打独斗,就出来和我过几招;如果不能,你就派大军来打我,我就用这一百骑和你们打!"霹雳之言,掷地有声,振聋发聩。

颉利"笑而不应"。一种通俗的解释是,他搞不清李世民葫芦里卖的什么药,不敢轻举妄动,故而微笑不语。其实,依我之见,颉利之所以不应,其实是在等翻译。

趁着颉利傻笑的工夫，李世民早把突厥人的阵形看透了：颉利部一边，突利部一边，成掎角之势。他眼前一亮，马上想到了退敌之策，对尉迟敬德耳语一番。尉迟敬德策马驰到突利阵前，大喊道："突利，你和我家大王结拜过，说是有难同当、有急相救，怎么现在却背弃了金兰之情，反倒引兵来打我们？"

突利蒙了，本汗何曾与李世民结盟过？大脑CPU烧了，"亦不应"。李世民压根儿没给他留回话的时间，带着尉迟敬德等人，作势要渡沟来战。

尉迟敬德的喊话，颉利当然听见了，吃惊不小，好你个突利，居然背着本汗与李世民结了盟！我说李世民区区百余骑就敢来战呢？合着是有你当内鬼啊！见李世民要渡沟，他慌了，担心突利反水，急中生智："秦王你不用渡河，本汗没有别的意思，不过是想和你重申一下盟约而已！"

李世民见颉利上钩，便停止了前进："可汗想重申盟约，这又不是多大的事，派个使臣来就好了，何必要兴师动众呢？咱们都简单点吧，你要是想战，那就放马过来；如果想和，你就抓紧退走！"

颉利只是"引兵稍却"，但并未撤离战场。此时夜色降临，雨势加大，滂沱泥泞，突厥营中连篝火都燃不起。颉利苦思应对之策，他无论如何都不会料到，此时李世民的使者已经偷偷潜入了突利帐中。

李世民传话给突利："突厥汗位本属阁下，是你的两个叔叔处罗、颉利强行夺走的，此等行径与强盗无异，有违天道伦常。我大唐愿意替天行道、伸张正义，帮阁下夺回属于自己的汗位。眼下颉利强军压境，大唐面临危机，希望阁下能助一臂之力。日后必有重谢！"突利听了，喜出望外，忙不迭地答应了！

在得到突利的肯定答复后，李世民集合众将："虏所恃者弓矢耳，今积雨弥时，筋胶俱解，弓不可用，彼如飞鸟之折翼；吾屋居火食，刀槊犀利，以逸制劳，此而不乘，将复何待！"诸将听了，无不踊跃。于是，唐军"潜师夜出，冒雨而进"，迅速向突厥大营逼近。

颉利接报，立召突利相商，意欲决战。但突利却打起了退堂鼓："叔，如今大雨不停，馈运困难，我军又深入唐境，就算打败了李世民，也没法直捣长安了！再说了，李世民挺能打的，万一失败了就麻烦了！我看啊，不如与他讲和。"

颉利听了，越发怀疑他与李世民有所勾结，心知即便出战，有突利掣肘，怕也未能得手。沉默片刻，他最终决定议和，并马上通报李世民。李世民本就是猪鼻子插大葱——装像（象），见好就收，撤离了战场。

颉利派突利去唐营媾和，但又信不过突利，特派堂叔阿史那思摩同行。

李世民感到万分惊奇，这么多年他面对的突厥人无一不是趾高气扬，唯独这个阿史那思摩特别好说话，甚至还有点和蔼可亲。他并不知道，阿史那思摩虽贵为启民堂弟，但因为长得像胡人，其血统备受质疑，突厥上上下下都不待见他。正是这一点，造就了阿史那思摩低调和蔼的性格。

突利代表颉利，再次提出和亲。只要能退兵，李世民当然同意。媾和顺利达成。

突利还想着当可汗的事呢，趁阿史那思摩不注意，偷偷和李世民拜了把子。大哥！二弟！我们可是异父异母异族的亲兄弟呀！然后，突利就回去了。颉利率军北归，留阿史那思摩随李世民入朝，具体磋商和亲事宜。

此次危机，李世民在敌我力量对比悬殊的情况下，充分利用颉利与突利间的矛盾，巧施反间计，不战而屈人之兵，不仅使百姓免受了一场浩劫，也使大唐免受灭顶之灾。

月底，阿史那思摩随李世民抵达长安，受到了唐廷方面超高规格的接待。李渊甚至拉着他的手，同升御榻，慰劳有加。一个在本族受尽白眼的人却在异族那里受到了礼遇，这让阿史那思摩感动非常，对大唐、对李渊好感爆棚。李渊还册封他为和顺王。

阿史那思摩说了，我们可汗只想与大唐和亲。李渊笑眯眯地说：没问题，你回去告诉颉利，让他少安毋躁，容我准备准备。

06. 反击的号角

阿史那思摩回去以后，面对颉利把胸脯拍得震天响，大汗你放一百二十个心，阿史那思摩使命必达，和亲这事儿成啦！已经被套路了N次的颉利将信将疑，但凛冬将至，他只能等待。这一等又是半年，等来了两个消息：

第一个，李渊与西突厥可汗统叶护达成和亲意向。

东、西两突厥虽属同种，却素来不睦，彼此的矛盾比跟汉人的矛盾都大。西突厥长期分裂混战，实力远逊于东突厥。李唐崛起后，东突厥给西突厥划了一条红线：决不能向李唐靠拢。这也是当年处罗可汗为什么非逼着李渊交出曷娑那的原因所在。

大致与李渊建唐同时，西突厥终于迎来了一位勇而有谋的雄主——统叶护。他不仅结束了诸部长期分裂的局面，而且征服了铁勒诸部和西域各国，"控弦数十万"，使西突厥进入了难得的黄金时代。但黄金般的西突厥依旧干不过钻石王老五东突厥，毕竟东突厥可是"控弦百万"哪！为了遏制东突厥，统叶护把目光投向了大唐，于武德八年四月遣使求亲。

东突厥求了那么多次亲,唐廷拖拖拉拉不愿给,而西突厥头一次求亲,李渊居然很爽快地答应了!真是货比货得扔,人比人得死呀!李渊纯属膈应颉利!

两大强敌走近,颉利就没法淡定了。不过,他还没来得及发飙,李渊又重建了关中十二军,彻底突破了他的底线!

李唐之所以能在短短数年间削平群雄,靠的就是关中十二军。当年李渊晋阳起兵,一路招降纳叛,到大兴城下时已有雄兵二十万。这二十万人马就是他后来横扫群雄的资本。开国伊始,大唐势力范围仅限于关中地区,李渊将关中划为十二道。武德二年七月,他将全军分为十二军,每道一军,冠以星宿之名,作为常备军。这就是初唐赫赫有名的关中十二军①。史载,"由是士马精强,所向无敌"。

武德六年初,刘黑闼兵败被杀,河北平定。当时,杜伏威已在名义上归顺,李唐在形式上完成了对华夏内地的统一。李渊觉得天下大定,养兵无用,还有风险,就于二月废除了十二军。没想到树欲静而外风不止,突厥的威胁愈演愈烈,亟须扩军备战。于是在与统叶护定亲后不久后,李渊一纸敕书,重建了十二军。

又是与统叶护和亲,又是重建十二军,李渊到底想干啥?答案是:他想干!

和亲?开玩笑!在李渊的字典里就没这两个字!他其实是一个非常硬气的人,用女人换和平这事他决不会干!颉利也好,统叶护也罢,都是痴心妄想,别说真公主了,假的都不给你。这么多年来为了

---

① 《新唐书》载:万年道为参旗军,长安道为鼓旗军,富平道为玄戈军,醴泉道为井钺军,同州道为羽林军,华州道为骑官军,宁州道为折威军,岐州道为平道军,豳州道为招摇军,麟州道为苑游军,泾州道为天纪军,宜州道为天节军。但《资治通鉴》中有"天节将军燕郡王李艺据泾州反"的记载。

宏图大业，李渊对突厥一直低眉顺眼、百般忍让，一忍再忍，终于忍无可忍。如今大唐要雄起，他要反击了！

七月，李渊明示群臣："突厥贪婪无厌，朕将征之，自今勿复为书，皆用诏敕。"始毕、处罗可汗时代，大唐比突厥弱，突厥在上，大唐在下。颉利即位后，两国开战，交往改用敌国礼，是平等的国与国的关系。现在大唐要反击了，对突厥改用诏敕，大唐在上，突厥在下，以上击下。至此，唐突关系再无转圜余地。

颉利抢先出手，还是老打法，多路并进。

李渊无法判定哪路是主力，只得全面布防：陇右方向，重点扼守黄河之滨的灵州（今宁夏吴忠市境内）。坐镇灵州的是能征惯战的任城王李道宗，当无大碍。为保万全，李渊又调罗艺驻军今甘肃平凉华亭、宁夏固原弹筝峡一带，与李道宗成掎角之势。河东方向，核心是黄河之畔的蒲州（蒲坂）。李渊命李世民率军守蒲州，以右卫大将军张瑾为帅、中书侍郎温彦博为长史，屯太原阳曲，以总管李高迁屯晋中太谷，以安州（今湖北孝感安陆）大都督李靖前出长治襄垣，协防蒲州，以防突厥渡河西进。考虑到突厥西进不得，有可能转向骚扰山东，李渊又派任瓌屯太行山。

颉利究竟走的哪条线呢？很快，谜底揭晓：朔州遭到了突厥主力的血洗。

据报，突厥大军竟有十余万之众，而可汗的狼头纛就在其间。

张瑾和李高迁联手在太谷阻击颉利。一战下来，唐军全军覆没，温彦博被俘，张瑾单骑投奔李靖。

与此同时，西线突厥军队也对灵州发动了猛攻。亏得李道宗、罗艺守御有方，不仅力保灵州不丢，还趁隙击溃了突厥大军。

西线失利，颉利不敢偏师冒进，只得悻悻然撤军。

过了大半年，又出事了。但这一次不怪颉利，要怪唐使欧阳胤。

武德九年三月，他出使突厥。不知是李渊还是别的什么"牛人"给的勇气，欧阳胤居然计划以五十人使团偷袭可汗牙帐，生擒颉利。但突厥人盯得很紧，他的计划还没来得及实施，即被挫败。唐使团被扣押。颉利盛怒，再次亲征，大军直指灵州。

李渊早有准备，派李靖率军迎战。两军决战于灵州城外的碛石，从天亮一直打到下午，战况十分激烈。颉利见胜利无望，不得不退出了战场。

这一年多的时间里，李渊被颉利搞得焦头烂额，心力交瘁，无暇内顾。没想到恰在这时，萧墙之内，炸弹的引信却被一个突发事件意外点燃了……

07. 太白经天

武德九年六月初一，本是个平淡无奇的日子。

这一天长安城中，官吏照常上班，商贾照常营业，百姓照常生活，市集上依旧是车水马龙，熙来攘往。

人潮涌动中，卖猪肉的屠夫无意间抬头，惊奇地发现：太阳表面居然有一个黑色的小圆点，啊，太阳长痦子了！一传十，十传百……满城上下，议论纷纷，长安沸腾了！

古人讲究天人感应，对天象是非常在意的，尤其有文化的人都热衷于研究星学。在古代你要是不懂星学，都不好意思说自己是知识分子。经过占星术士的解读，长安各界群众很快就都知道了，这种异常天象叫作太白经天。

太阳表面的那个小黑点其实是一颗星星，古人称之为太白金星，今天的我们管它叫金星。通常情况下，金星和太阳是不会同时出现的。但凡事总有例外，这个例外情况在今天叫金星凌日，在古代就叫太白经天。

古人认为天生异象，必有所指。到底所指为何呢？根据星学理论，太阳为君，他星为臣，太白经天相当于臣在君前，主以下犯上，喧宾夺主，必有大祸！不仅有理论依据，还有史实佐证。太白上一次经天是在二十六年前的隋开皇二十年，间接导致太子杨勇被废、晋王杨广上位。

所以，此次太白经天，朝野震惊，人心惶惶，大家都在揣测谁会谋反？

最着急的是太子李建成。他身边也有不少懂星学的能人。这些人告诉他，太白经天发生于秦地分野，关内将有叛乱，秦王嫌疑最大。

那么问题来了，什么是秦地分野？

我们知道，古人以星象预测人间祸福，但天在上人在下，如何对应？古人有办法，将中国划分为兖、豫、幽、扬、青、并、徐、冀、益、雍、荆、三河十二州。此十二州在春秋时期又分别是鲁、魏、燕、郑、宋、吴、齐、卫、赵、秦、楚、周十二国的地盘，这十二块土地自然各自对应着一片星空。星学家就将这十二块土地称为分野。哪块分野上空发生了天象，就说明这个地方要出事了。

就拿这次来说吧，长安群众看到了太白经天，长安属于关中，关中古名雍州，是古秦国地。所以说，太白经天发生于秦地分野，主关中将爆发叛乱。谁会有谋逆的心思和实力呢？放眼关中，只有李世民，更何况他的封号还是秦王？！

于是，李建成就忐忑了。既然他的人能破解天象，那么李世民的人一定也可以。在天象的诱导下，李世民会不会顺天应人、发动叛乱呢？很快，他的猜疑就得到了情报的佐证：李世民密派秦王府车骑将军张亮集结一千人马，准备开往洛阳。

太白经天好似天外飞火，点燃了兄弟之间早已干得不能再干的火药桶。既然李世民已经出手了，他也就无须客气了。李建成立即指使李元吉上奏，状告张亮意图谋反。

李世民是派了张亮去洛阳吗？是的！

"杨文干之乱"后，李渊在储君问题上的立场已是举世皆晓。李建成完全掌控了局面，太子党也在政治上、军事上占据了绝对优势。之后的近两年里，秦王党没有一次像样的反击，相当疲软。

面对惨淡的现实，骄傲如李世民也不得不低下他高贵的头颅：在这场漫长的竞赛中，他离出局已经不远了。因此，他现在主要考虑另一个问题：该如何自保？思来想去，他决定退保洛阳。自武德四年虎牢关一战后，以洛阳为中心的河南就是他的权力自留地，镇守洛阳的陕东道行台工部尚书温大雅也是他的人。李世民的打算是，既然夺嫡无望，不如退保洛阳，如此起码能保全身家性命，裂土封疆乃至后来居上也是有可能的。

恰在这时，太白经天，形势逼人。李世民自忖既无谋反之意，也无谋反之力，但又担心李建成窥破天象，痛下杀手，因此抓紧行动。当天，他就密令张亮率众赶往洛阳打前站，还给了张亮一大笔钱，要张亮帮他暗中结交拉拢山东豪杰，以备不时之需。

没想到秦府中有李建成的卧底，他的举动转瞬就被报告给了东宫。

兹事体大，李渊立即将张亮下狱讯问。张亮有个谁都不知道的毛病，一紧张就浑身僵硬，说不出话来。李元吉想对他用刑，逼问主谋。李渊一是错以为张亮硬气，二是骨子里还想保李世民，没同意用刑，还把张亮给放了。

虚惊一场！

然而，就在当天晚上，发生了一件令人匪夷所思的事情。据《资治通鉴》记载，李建成请李世民吃饭，在酒中下了毒。李世民饮酒后心痛不已，"吐血数升"，是淮安王李神通把他搀扶回西宫的。

此事不合理处甚多，最明显的一处是，正常人失血超过1500毫升，也就是1.5升，就有生命危险了。纵然李世民身体强健，但在"吐血数升"的情况下，怎么可能安然无恙？更何况三天后他还活蹦乱跳地出现在玄武门，只一箭就射死了李建成。这怎么可能？他再强壮终究也只是个人，又不是地球超人！

所以，可能的情况是：李建成请李世民饮酒是真，李世民赴宴也是真，毕竟有李神通等人陪着，李建成也不敢造次，造次也不怕他。但李建成在酒中下毒，恐怕就是李世民蓄意栽赃了！吐血数升当然不可能，但让呕吐物带上红色，还是可以办到的。这个不难！

果然，此事引起了李渊的高度重视。他驾临西宫，探望李世民，并传话警告李建成："秦王素不能饮，自今无得复夜饮！"

其实，太白经天的意思，李渊也知道了，但他决不相信世民会谋反。这一整天他都在思考如何彻底化解二子间的纷争。张亮反而点亮了他：就让世民到洛阳去，给他不逊于天子的地位和权力，他该满足了吧？！建成还是太子，将来还是皇帝。而他李渊，既不失为明君，也不失为慈父。如此，岂非皆大欢喜？

望着卧榻上可怜兮兮的李世民，李渊终于推了心置了腹："我看你们兄弟是彼此无法相容了，你们如果都留在京城，肯定还会有纷争！这样吧，你就去陕东道行台上任吧，洛阳以东都归你了，我准许你建天子旌旗。"

这番话正中李世民下怀，正愁没理由出镇洛阳呢，但又不能让内心的喜悦流淌出来，便戏精附体，哭着哀求父亲让他留在身边。

李渊安慰他："天下都是咱们李家的，洛阳和长安离着又不远。我如果想你了，就会去看你。你千万不要悲伤！"他要求李世民尽快收拾行装，择日出镇洛阳。

李世民心情万分复杂，含泪答应。

08. 艰难的抉择

如果李世民去了洛阳，就不会有"玄武门之变"了。他当然没走成，因为李建成不让他走。

李渊和李世民的谈话刚结束，李建成和李元吉就知道了全部内容。这一次他俩出奇一致：决不能让李世民去洛阳。道理很简单，李世民如果到了洛阳，要地盘有地盘，要军队有军队，就不好对付了！把他留在长安，他就是一介匹夫，收拾他很容易！

初二一大早，他们的利益代言人裴寂、封德彝就上书李渊："秦王的左右听说要去洛阳了，人人都很喜悦，这可不是件好事啊！"

他们的话让李渊意识到了问题的严重性：万一世民野心膨胀，非要抢班夺权咋办？届时，大唐岂不是要陷入内战了？一头是江山社稷，一头是骨肉亲情，站在天平的两端，一样的为难，唯一的答案：做一个皇帝好难。

三兄弟的关系如今难以收拾，李渊难辞其咎。因为，他总是处理不好父亲和皇帝的关系，该以父亲的面孔出现时，他摆皇帝的架子；该以皇帝的身份出现时，他偏偏又当起了父亲。他想两头兼顾，但有时候有些问题偏偏就是鱼与熊掌，不可兼得。

但李渊现在想明白了，世民在他的心头再重，也重不过李家千秋万代的基业。事到如今，只能对不起世民了。李渊咬着后槽牙做了一个艰难的决定，对李世民治罪。

眼瞅着就要下诏，陈叔达看不下去了，说了一句公道话："秦王毕竟立有大功，又没犯什么大错，忽然贬黜他，何以服众？！再说了，他性子刚烈，陛下您是知道的，无端降罪，只怕他不胜忧愤，万一有个三长两短，只怕陛下后悔都来不及！"这话直接戳到李渊的心窝子了。陈叔达说得没错，世民性子刚烈，很可能忧愤而死。说到底，李渊只想抑制他的野心，不想要了他的命。这该如何是好呢？只能从长计议了。

但李元吉单独面见，力主杀掉李世民。李渊听了，无比震惊，指使父亲杀害兄长，这种话你怎么说得出口？但他还是强忍着不悦回道："世民有平定天下的大功，又没犯什么罪，凭什么杀他？"李元吉不管不顾："当初他平定洛阳后迁延不归，四处收买人心，还多次违反敕命，这不是造反是什么？爹，你只管杀了他就是了，还怕没有由头嘛！"李渊气急，铁青着脸，只是不说话。李元吉见父亲脸色不对，只得悻悻然而退。

久等不见出镇洛阳的诏敕，秦府众人由喜转忧，惶恐万分，秦王危矣，吾等危矣！大家明白，眼下只有发动兵变，或可逆转乾坤，否则必死无疑。但这个话，一般人不敢说。众人合计了下，公推房玄龄、杜如晦去劝李世民。

但房玄龄和杜如晦也很拧巴，怂恿人家父子兄弟相残，万一秦王不同意，岂不是自绝于秦王？但形势十万火急，必须得挑明了。二人想了想，没有直接去见李世民，而是找到了长孙无忌。他是秦王的大舅哥，由他首先进言，秦王纵然不悦，也不会迁怒于他们。

二人对长孙无忌说："今嫌隙已成，一旦祸机窃发，岂唯府朝涂地，乃实社稷之忧！莫若劝王行周公之事以安家国。存亡之机，间不容发，正在今日！"

房谋杜断的水平不只体现在他们先找了长孙无忌，而且体现在他们所说的内容。他们很清楚，李世民最难过的是道德关。屠兄，戮弟，逼父，历史会怎么写他，世人又会怎么评价他？他最在乎的是这个，堵也堵在了这里。怎么破？房、杜有办法，以大德克小不德，为了一个大的正义目标，可以做些小的不义之事。

所以，他们搬出了周公。当年西周成王年幼，由叔叔周公摄政。周公的兄弟管叔和蔡叔不服，发动了叛乱。周公为了江山社稷，摒弃个人私情，亲自出兵征讨，诛管叔而流蔡叔。前事不忘，后事之师。周公是谁，封建道德的制定者，他老人家干的事还能有错？没错，管叔和蔡叔是他的兄弟。可周公杀他们，并非为了个人私利，而是为了江山社稷和黎民百姓，是大义灭亲之举。大王，您现在面临的也是这种情况，不要犹豫了，大胆地向周公他老人家学习吧！

长孙无忌听了心花怒放："我早就想劝他动手了，一直不敢张口而已，现在听了你们的话，正合我意，你们等着，我这就去禀告！"随即，入内禀报。不一会儿，他出来了，秦王有请！房、杜相视一笑，联袂入内。

李世民的脸色很不好，眼中还有血丝。话既已挑明，房、杜直接奏道："大王功盖天地，当承大业；今日忧危，乃天赞也，愿大王勿疑！"

李世民听着他们的话，脑中想的却是昨天尉迟敬德告诉他的一桩事。

太白经天前，李建成命人将一车金银器送到了尉迟敬德府上，还说什么"愿迂长者之眷，以敦布衣之交"，要和尉迟敬德交个朋友。尉迟敬德的回答软中带硬："哎呀，我尉迟敬德就是个穷草根，生逢乱世，不幸投靠了反贼刘武周。按理说，早就是该死的人了。但秦王不仅没有杀我，还收我做幕僚，他的大恩大德，我只能用命来回报！我和殿下没有交集，不敢接受你的赏赐。如果我和你有所私交，那就是背叛了秦王。如果我是个见利忘义之徒，殿下你要我又有何用呢?!"讲真的，尉迟敬德这个大老粗说话其实蛮有水平的。

事后，尉迟敬德就跑来报告了。建成、元吉如此着急地笼络尉迟敬德，说明他们马上就要动手了。李世民当时就提醒尉迟敬德："我知道你的忠心像山岳一般难以撼动，即便给你一斗黄金，你也不会动摇的。但是你应该收，这样还能打入他们内部，知道他们的计划。我担心你马上就有大祸临头了！"

想曹操，曹操到。正思忖间，尉迟敬德来了，一同前来的还有段志玄和程知节。

三人都带来了坏消息。段志玄也遭到了收买。程知节说今早他已被外放为康州（今广东肇庆德庆县）刺史，即日就要离京了。他满怀悲愤地提醒李世民："大王，你的羽翼都快被剪除光了，你又能安稳得了多久?! 我打算抗旨了，说啥我也不离京，希望你早下决断！"尉迟敬德则告诉大家，昨晚他遭到了刺杀，好在他早有准备，"洞开重门，安卧不动"，刺客"屡至其庭，终不敢入"。

一群人七嘴八舌，规劝李世民。

正在这时，长孙无忌又收到消息：就在刚才，皇帝连发敕书，称尉迟敬德图谋不轨，下入天牢；又说房玄龄、杜如晦离间骨肉，克日流放，离京前夕不得出入秦王府。

尉迟、房、杜三人面色大变，匆忙拜别李世民，回家待敕去了。

李世民慌忙入朝，去救尉迟敬德。李渊本拟处死尉迟敬德，但在李世民的一再请求之下，最终还是网开一面。

回来后，李世民的心头万分沉重，即便他能下狠心，可手上兵力有限，几无胜算呀！想来想去，他想到了两个握有兵权的人，李靖和李世勣。正巧二李都在长安，李世民分别修书，以问计的方式委婉拉拢。没想到二李立场出奇一致,"靖辞""世勣辞"。你们兄弟爱咋咋,我们不掺和。李世民一筹莫展。

下午,李渊突然召他开会。边关急报:昨日,突厥郁射设率领数万骑兵入塞,围困了乌城(今陕西榆林定边县南),似有大举入寇之意。

李建成提出,由齐王李元吉率军救援。李渊准奏。李元吉提出,秦王府兵将久经战阵,经验丰富,请旨从中拣选尉迟敬德、程知节、段志玄、秦叔宝等悍将及精锐士兵,随他一同北上抗敌。李渊准奏。

李世民觉得不对劲,可究竟哪里不对劲,又说不上来。

09. 定下决心

没关系,有人告诉他了。

李建成会收买李世民的人,难道李世民就不会收买他的人?并且,在这方面李世民不仅做得极为低调,而且取得的成果也远比李建成大。别看李建成到处撒钱,可是到了秦府连一根鸡毛都没买到。李世民就鸡贼多了,专挑那些职务不高但岗位重要的小人物下手。因为他清楚,像裴寂、王珪、魏征这样的太子党核心,你就是给座金山银山,他们也不会搭理你。

这不,李世民想搞却搞不清楚的问题,王晊[①]帮他搞清楚了。

王晊,时任太子率更丞,听着蛮吓人的,其实不过是个负责计时报时的末流小吏。但就是这个小人物,却为李世民破解了一桩大阴

[①] 晊,音至。

谋。朝会后，王晊在东宫偷听到李建成对李元吉说："四弟呀，现在你已经得到了秦王手上的兵将，拥兵数万。待你出征之日，我会和秦王一起到昆明池为你饯行。届时，咱们安排壮士干掉他，你再把尉迟敬德等人全部干掉。对父皇，我们就说秦王突然暴毙，再有裴寂、封德彝等人帮我们进言，他肯定会相信的。"

李世民听了，如遭霹雳，汗流浃背。他还在纠结要不要动手的问题，孰料李建成、李元吉已经付诸行动了，若不反制，必遭毒手。他立即召长孙无忌等人前来，将李建成的昆明池计划告诉大家。

众人听了，无不惊骇，纷纷劝李世民抢先动手。尉迟敬德、长孙无忌甚至以逃亡相威胁。

但李世民还是不能定下决心，非要占卜问吉凶。

正在这时，张公谨赶到，见此情景，劈手夺下卜人手中龟甲，扔在地上："遇到难以决断的问题才需要占卜。现在这种情况还有什么可疑惑的，还需要占卜？难道占卜结果不吉利，咱们就不干了吗，任人宰割？"

此言一锤定音，李世民"于是定计"。

天色已晚。李世民命长孙无忌密召房玄龄、杜如晦来见。论勇气，眼前这些人没一个孬种，但要说到谋篇布局，就只能倚仗房玄龄、杜如晦了。

没承想长孙无忌白跑一趟。房玄龄、杜如晦振振有词："诏书让我们不再听秦王的命令，不得和秦王交往。如果我们私下拜谒秦王，就是抗旨不遵，必死无疑！我们不敢去！"他们怕李世民不坚定，故意以言激之。李世民勃然大怒，拔出佩刀交给尉迟敬德："你再跑一趟，如果他们还不肯来，你就给我斩下他们的头！"尉迟敬德又去请二人："二位，秦王已经决定要干了！你们别撑着了，赶紧来帮忙策划吧！"于是，房、杜乔装成道士，跟随长孙无忌入府，尉迟敬德则由另一条路回到府中。

干不干的问题已经解决了，一干人开始商讨怎么干、啥时干、在哪干，但讨论来讨论去，始终没有妥善的方案。浑然不觉间，天亮了！李世民头目森森。正在这时，忽有口谕传到，宣他入宫。众人面面相觑，莫不是东窗事发了？

李世民怀着万分忐忑，走出屋外，抬头看日，却惊得大张嘴巴：彤日表面，一颗黑点格外显眼。没错，太白又经天了。短短三日之内，太白两次经天，旷古绝今！

李渊相召，正与太白二次经天有关。因为，今早太史令（国家天文台台长）傅奕密疏上奏，话说得很明白："太白金星再次出现于秦地分野，主秦王当有天下。"

父子见面，相当尴尬。李渊劈手将傅奕的密疏扔到李世民面前。李世民捡起一看，脸都绿了，跪地哭诉他是冤枉的。可李渊面色铁青，不为所动。好个李世民，电光石火间急中生智，检举李建成、李元吉和张婕妤、尹德妃有不正当男女关系。

此言一出，李渊就不淡定了，当场决定：明早于宫内海池对证，裴寂、萧瑀、陈叔达、封德彝、宇文士及、窦诞等重臣都会到场。随后，心绪纷乱的他就打发了李世民。

李渊并不知道，从这一刻起，劫后余生的李世民已是豁然开朗。本来，他一直在考虑时间和地点的问题。现在被父亲一激，两个难题迎刃而解：明日清晨就是动手的最佳时间，地点就在二李入宫必经之所——玄武门。

那么，问题来了，李世民为何断定二李必走玄武门？这就要从大唐宫城——大兴宫的构造讲起了。

大兴宫是隋唐两代的皇宫①，相当于清朝的紫禁城，分为外朝和内廷两个部分：内廷在北，是李渊和他的女人们生活的地方，也就是俗称的后宫；外朝在南，是李渊同大臣们议事和三省六部办公的地方。大兴宫以东是东宫，是太子生活起居的地方；以西是掖庭宫，乃宫女和宦官起居之所。

大兴宫四面共开有十道城门。其中，东面开有一门，名为通训门，既是大兴宫的东门，也是东宫的西门。北面开有两门，左为玄武门，右为安礼门。

李建成见李渊，有两条路可走：如果是去议政，就走通训门，直通外朝；如果是去内廷，就得出东宫北门，然后走玄武门入宫。

有人说了，北面不是还有个安礼门吗，李建成为什么不走此门？这是因为内廷虽大，但李渊生活起居的地方主要集中在靠近玄武门的西半区。这也是禁军总部设在玄武门而非安礼门的原因所在。可以说，皇帝及皇城之安危，系于玄武门。

玄武门于是就成了李世民撬动大唐的阿基米德支点。

讲到此处，李世民的计划已经很清晰了：第一步，控制玄武门，诛杀兄弟；第二步，进入内廷，控制老父。

很多人都觉得，控制玄武门是李世民计划的重难点，毕竟那里驻扎着禁军。殊不知禁军早已在他掌握之中，时任玄武门禁军统领云麾将军敬君弘和副手吕世衡、常何，早已被李世民招揽到旗下。

李世民回府后，迅速制订了行动方案。考虑到人多不好隐藏，他仅带了尉迟敬德、长孙无忌、房玄龄、杜如晦、秦叔宝、程知节、段志玄、张公谨、张士贵等七十余骑，趁着夜色赶到玄武门，并在敬君弘的接应下，偷偷潜入宫中，埋伏于临湖殿内。

---

① 大兴宫，唐睿宗以后改称太极宫。

我们无从得知，在等待的时间里李世民究竟想了些什么，但有一点是肯定的：这段时间必是他一生中最为漫长的时光。

玄武门外，夜色渐渐褪去。终于，天亮了……

10. 玄武门之变

玄武门外，李建成、李元吉一行十余骑，渐行渐近。

天气很好，但李建成的心情很不好。李渊和李世民的对话，被躲在偏殿的张婕妤听得一清二楚。所以，他昨天就知道了。可恶的李世民恶毒栽赃，焉能令他不怒？

到底要不要去对质呢？李元吉素来谨慎，建议不去。但自信已掌控局面的李建成愤怒非常，一心想在父亲和老臣面前让李世民下不来台，坚持要去。李元吉也就没再坚持。

眼前这条路，李建成不知已走过多少次了，熟悉得很，他抬头瞟了一眼城墙上的"玄武门"三个大字，双腿一夹，策马穿过了玄武门。

深宫大内一如往日般宁静。但戎马多年的李元吉却在这宁静中嗅出了不一样的味道，他警觉地四处打量，猛然间发现临湖殿中有很多人影闪动。电光石火间，他恍然大悟，当即大呼"快跑！"李建成愣了一下，马上反应过来。兄弟二人拨转马头，向玄武门外狂奔。

如雷般的杀声在身后炸响。李建成扭头一看，肝胆俱裂。只见殿中倏忽间涌出数十骑，挥舞着各式兵器追杀过来。当先一人手执弓箭，正是他的亲弟弟李世民。关于李世民会如何对付自己，李建成预想过一万种可能，唯独没想到会有眼前的景象。他本想给李世民一个昆明池，不承想李世民抢先给他一个玄武门。

最先做出反应的是李元吉，但或许是太慌张了，射术一向精准的他竟失了准头，连射三箭都没射中。李世民驻马张弓，似要还击。李元吉慌忙躲避。

不承想，李世民这一箭是奔着主要矛盾——李建成去的。"噗"的一声闷响，李建成后背中箭，一个倒栽葱从马上跌落下来，挣扎了两下，就再也不动了。

李元吉大惊，慌忙逃窜。尉迟敬德等人乱箭四射。李元吉坐骑中箭，他跌落马下，站起身来，继续向玄武门狂奔。这时，一阵异样的马嘶声传入他的耳中。混战当中，李世民坐骑受惊冲入林中，导致他被树枝刮落马下，正在挣扎着起身。李元吉瞥见，也不跑了，竟反冲上来，劈手夺下李世民的弓，套在他脖子上。李世民根本无还手之力。李元吉足踏二哥后背，正要发力，"救主专业户"尉迟敬德及时赶到，大喝一声。李元吉拔腿就跑，被尉迟敬德一箭射倒。

众寡悬殊，很快，打斗便停止了。

李世民刚从鬼门关边儿上转回来，在一旁大口喘气。尉迟敬德大步而来，"咚咚"扔下两颗人头。那是他亲兄弟的人头。两颗满脸血泥的人头仍然不甘心地睁着眼，那眼神满怀悲怆：世民，你赢了！

一瞬间，李世民的心头百味杂陈。

突然间，玄武门外杀声震天，似有无数军马杀来。

原来，李建成的一名侍卫侥幸突围，狂奔回东宫，将玄武门发生的事情报告给了东宫卫队首领——车骑将军冯立。冯立大惊失色，立即会合薛万彻、谢叔方二将，集结东宫与齐王府卫队，合两千之众，向玄武门扑来。

冯立的报仇之举差点儿改写了历史。

毕竟，李世民身边只有不到八十人。

慌乱当中，亏得张公谨独力关住了城门，否则后果不堪设想。

冯立指挥人马攻城。禁军统领敬君弘急了，与吕世衡、常何二将一起率军杀出。

玄武门外，杀声震天，刀如林，剑如丛，箭似飞蝗。禁军人数不及东宫人马，敬君弘和吕世衡先后被杀，眼见抵挡不住了。

千钧一发之际，忽然来了一队生力军，与东宫人马战在一处。李世民定睛一瞧，原来是长孙顺德和高士廉带着秦王府卫队杀到了。

丈夫走后，长孙氏放心不下，派人紧盯着玄武门的情况，随时报告。当她得知东宫、齐王府人马攻打玄武门的消息后，当机立断，命叔叔和舅舅率秦府兵驰援玄武门。

有了这支生力军的加盟，原本一边倒的战事转入胶着。

此时，冯立已经杀红了眼。好在薛万彻比较冷静，他知道攻入玄武门已经不可能了，不过既然秦府兵都在这里，那秦府必定空虚，杀不了李世民，灭他一门也算为太子、齐王报仇了。于是，他振臂一呼：众将士，随我血洗李世民老巢，为太子和齐王报仇！

此言一出，东宫、齐王府众军士纷纷鼓噪。李世民急痛交加，差点儿从城楼上栽了下去。

关键时候，又是尉迟敬德，拎着李建成和李元吉的人头，登上城头大呼："尔等看这是何物？"东宫、齐王府将士一看，登时泄气，大部分人马陆续散去，薛万彻、冯立、谢叔方喝止不住，也相继逃亡，但还有少部分仍在死战。

这么下去可不是办法，李世民对尉迟敬德耳语一番。尉迟敬德神色凝重地点了点头，带着一队人马，径直向内廷突入。

那么，此时李渊又在干吗？他刚刚划了会儿船，有些累了，就近在海池边的亭中休息。裴寂、萧瑀、陈叔达、封德彝、宇文士及等人陪着他。

全副武装的尉迟敬德竟然率众直接闯到了李渊面前。

李渊大惊："今天是谁作乱？你来这里干什么？"

尉迟敬德也不跪拜，只是拱了拱手："太子、齐王作乱，已经被秦王杀了。秦王担心惊扰陛下，所以派我来保护陛下。"

此言一出，众人无不惊骇。那一瞬间，李渊分明听到了心碎的声音。他幼年丧父，中年丧偶，年过半百终于逆袭，迎来人生巅峰，一直以为从此可以幸福地生活下去。没想到，花甲之年他丧子，一丧还丧了两个，终于把人生三苦集齐了。但事已至此，他强忍着悲痛，问裴寂等人："没想到今天会发生这样的事情，众位爱卿，该如何是好？"

裴寂哪儿还敢接话？萧瑀和陈叔达都是明白人，看尉迟敬德这个架势，陛下若不答应，怕是不行了；事到如今，只能就坡下驴了。于是，二人接道："建成、元吉原本就无功于天下，又嫉妒秦王的功勋，屡屡陷害秦王。现在，他们已经被秦王杀了。秦王功盖宇宙，颇得人心，陛下只要把大权交给他，就没事了！"

李渊得着了台阶，咬着牙说："好！我一直也是这么想的！"

尉迟敬德是带着任务来的，见李渊如此识相，马上提出两点要求：第一，请李渊下诏，将驻京部队的指挥权交给秦王；第二，马上宣敕，将秦王挫败太子、齐王谋反的情况昭告天下，并派人至东宫、齐王府晓谕二府兵将。

李渊只能照办。玄武门外，仍在顽抗的东宫、齐王府残兵听了敕书，逃的逃，降的降。李渊又命裴矩将太子、齐王谋反一事通报东宫、齐王府留守部队，并就地解散二府卫队。

至此，李世民发动的政变取得了圆满成功。

这一天是武德九年六月初四。

不过，李渊也提了一个要求，召李世民觐见，他要重新认识下这个儿子。

史载："上乃召世民，抚之曰：'近日以来，几有投杼之惑。'"

李世民弑兄杀弟逼父，李渊还抚摸他哄他，乖宝宝，近来谣言汹涌，你受委屈了！李世民"跪而吮上乳，号恸久之"，扑到李渊怀里号啕大哭！

然后，史书就没写了。他们父子还说没说话、说了什么，我们无从得知。但有一条是肯定的：他们的关系再也无法回到从前了。

政变是结束了，但屠杀才刚刚开始。

现年38岁的李建成有六个儿子。长子太原王李承宗少年夭折，是兄弟中的幸运儿。剩下的安陆王李承道、河东王李承德、武安王李承训、汝南王李承明、钜鹿王李承义全部被杀。李元吉的五个儿子——梁郡王李承业、渔阳王李承鸾、普安王李承奖、江夏王李承裕和义阳王李承度也被杀害。太子妃郑观音时年28岁，她最大的儿子应该不会超过14岁。李元吉年仅24岁。如此算来，他最大的孩子也不过10岁，最小的李承度有可能尚在襁褓。

都说帝王家亲情疏薄，但那是指已经成了帝王好几代的，没想到刚刚成为帝王家的，亲情也如此疏薄。

李渊还被迫下敕，"绝建成、元吉属籍"。所谓绝籍，就是将李建成和李元吉从皇家谱系上除名，不再承认他们是李唐皇室的子孙。这在宗法至上的古代中国，是一种极其严厉的惩罚。

需要指出的是，李建成和李元吉的妻妾女儿并未受到株连。郑观音孀居50年，于高宗上元三年（676年）正月病逝，年78岁。李元吉的王妃杨氏在政变后即被李世民强行纳为嫔妃。杀亲弟而纳弟媳，李唐皇室之不伦，就从李世民这里开了个头。

11. 大唐新君

杀红了眼的秦王党人要求"尽诛建成、元吉左右百余人,籍没其家"。这一次连大老粗尉迟敬德都看不下去了:"犯罪的是李建成和李元吉,他们已经伏诛了。如果波及他们的人,恐怕不利于安定!"此话甚得李世民认可。他立即向李渊"请"旨。李渊随即昭告臣民:"凶逆之罪,止于建成、元吉,自余党羽,一无所问。"同时,他很上道地加了一句:"国家庶事,皆取秦王处分。"这国家大事,就交由秦王处置了。

敕书一出,立竿见影。第二天,冯立、谢叔方、薛万彻等人就主动自首了。有人主张杀了他们,但李世民却说:"他们都是忠义之士,不能杀!"三人不仅安然无恙,而且都有任用。

初七,李渊册封李世民为太子,并声明:"自今军国庶事,无大小悉委太子处决,然后闻奏。"

李世民是喜悦的,他终于登上了梦寐以求的太子宝座;但也是忧愁的,因为摆在他面前的棘手问题有一大堆:内部,太子党余孽蠢蠢欲动,官心不稳,民心不稳,人心惶惶;外部,突厥陈兵边境,吐谷浑也勾连党项入寇。

攘外须先安内,而安内之要莫过于安抚太子党。

太子党的实力远强于秦王党,只不过李世民铤而走险,在玄武门打掉了他们的领袖而已。太子党中,如庐江王李瑗、燕郡王罗艺等人,均握有数万精兵。这些人或想为李建成报仇,或担心遭到李世民的清算,惴惴不安又蠢蠢欲动。

李世民的应对办法是:区分地区,先关中,后山东;区分文武,文官招抚，武将剪除。

他的第一手棋下得相当漂亮，直接招抚了太子党文官三巨头——魏征、王珪、韦挺。此三人才华出众，素有威望，且不掌握兵权，招徕他们，有百利而无一害。

当初，魏征常劝李建成及早除去李世民。所以他被擒后，两党人士都觉得他死定了。魏征心里也有这个准备。李世民亲自提审，厉声质问他："你为什么离间我们兄弟？"魏征自觉必死无疑，反倒十分坦荡，举止自若地回道："如果太子早听我的计谋，决不会有今日之祸！"李世民一怔，他本就十分看重魏征的才华，当即"改容礼之"。这大大出乎了魏征的预料。随后，李世民还当场委任他为詹事主簿。

魏征感动得一塌糊涂，从此忠心于李世民。

讲真，魏征还是怕死，他要真不怕死，何不学方孝孺，骂李世民一个狗血淋头，岂不快哉？！

李世民还将王珪、韦挺从西昌召回，委以谏议大夫之职。

三虎将、三巨头一旦归附，则关中的太子党便不足为虑了。让李世民感觉棘手的是山东的太子党，尤其是接替罗艺镇守幽州的庐江王李瑗。为了震慑他们，他以屈突通为陕东道行台左仆射，率重兵镇守洛阳，并遣使幽州，召李瑗入京。

李瑗既怕又纠结，不知如何是好。这时，他的大女婿王君廓却劝他起兵自保。这可把李瑗给感动坏了。王君廓是李世民的人，这他一直都知道。所以，他虽然招了王君廓做女婿，却一直防着王君廓。紧要关头，乖女婿却坚定地站在了他这边，能不感动吗？！丈婿二人相拥而泣。

哭完之后，李瑗狠了狠心，决定：囚禁使者，起兵造反。但他的部将又劝他提防王君廓。李瑗听了，又纠结了。没想到大女婿体贴是假，诱反是真，见他生疑，突然发难。李瑗被打了一个措手不及，惨遭生擒。他大骂王君廓："小人卖我，行自及矣！"王君廓呵呵一笑，当场将李瑷缢杀，传首京师。第二天，朝廷即下敕，擢升王君廓为左领军大将军兼幽州都督，将李瑷的家人全部赐予他为奴。

李世民所忌有二：一为李瑷，一为罗艺。如今，李瑷授首，罗艺孤掌难鸣，谅也不敢造次，可徐徐图之。

在王珪的建议下，李世民一面颁发敕令，"六月四日已前事连东宫及齐王，十七日前连李瑷者，并不得相告言，违者反坐"；一面派魏征安抚山东。这套组合拳打出来，太子党就基本安分了。

与此同时，李世民进行了大刀阔斧的人事调整，让自己人全面接班。

军队系统，秦叔宝出任左武卫大将军，程知节出任右武卫大将军，尉迟敬德出任右武候大将军，侯君集为左卫将军，段志玄为骁卫将军，薛万彻为右领军将军，张公谨为右武候将军，长孙无忌异母兄长孙安业为右监门将军，李靖之弟李客师为领左右将军。

文臣系统，最重要的职务莫过于宰相。

三省的最高长官——中书省中书令、门下省侍中、尚书省左仆射和右仆射——都是宰相。也就是说，唐朝的宰相不止一人。有人想当然地认定，那就是四人喽。这倒不一定，因为门下和中书二省，有时是单相，有时是双相。而且，后来只要加了"参知政事""参预政事""同中书门下三品""同中书门下平章事（简称同平章事）"头衔的，都是宰相。不过，武德时期宰相的确是四个人。

如今，有三相在任，分别是右仆射萧瑀、侍中陈叔达和中书令封德彝。左仆射原本由裴寂担任，但他已于武德六年退休，左仆射之位一直空缺。

七月初六，李世民进行了大调整。高士廉任侍中。房玄龄任中书令。萧瑀由右仆射迁任左仆射，古代以左为尊，算是升了。六部尚书中，最重要的吏部尚书和兵部尚书分别由长孙无忌和杜如晦接任。

但仅仅隔了一天，又变了。初八，再次调整，宇文士及顶替房玄龄，接任中书令；封德彝被重新起用，出任右仆射。之所以会出现这样的变化，其实是为了照顾老臣们的利益。宇文士及和封德彝都是李渊的重臣、近臣，重用他们能够协调新贵和老臣之间的利益冲突。况且，他们都是李世民可以接受的人。宇文士及年龄小，在政治上是中立派。至于封德彝，李世民一直觉得他是自己人。

内政刚稳定，外部战线的好消息也纷至沓来：七月中，柴绍在秦州大破突厥，斩杀特勒[①]一人，俘首级千余。八月初一，颉利遣使求和。六天后，吐谷浑也遣使求和。外部威胁全部解除。

初八，李渊颁敕让位。李世民一再推辞，但李渊退意已决，李世民"无奈"，"只得"接受。

初九，东宫显德殿，李世民在群臣的瞩目之下，终于登上了梦寐以求的皇帝宝座，是为唐太宗。这一年，他年仅28岁。

李世民踌躇满志，殊不知一场惊天的大危机正在神不知鬼不觉地迫近中……

[①] "特勒"为史籍传写之误，应为"特勤"。突厥三大显爵之一，地位仅在叶护和设之下。

附录一　隋唐第一檄文《为李密檄洛州文》

（隋）祖君彦

自元气肇辟，厥初生人，树之帝王，以为司牧，是以羲农轩顼之后，尧舜禹汤之君，靡不祗畏上元，爱育黔首，乾乾终日，翼翼小心，驭朽索而同危，履春冰而是惧。故一物失所，若纳隍而愧之；一夫有罪，遂下车而泣之。谦德轸于责躬，忧劳切于罪己。普天之下，率土之滨，蟠木距于流沙，瀚海穷于丹穴，莫不鼓腹击壤，凿井耕田，致之升平，驱之仁寿。是以爱之如父母，敬之若神明，用能享国多年，祚延长世。未有暴虐临人，克终天位者也。

隋氏往因周末，预奉缀衣，狐媚而图圣宝，胠箧以取神器。及缵承负扆，狼虎其心，始瞳明两之晖，终干少阳之位。先皇大渐，侍疾禁中，遂为枭獍，便行鸩毒。祸深于莒仆，衅酷于商臣，天地难容，人神嗟愤！州吁安忍，阋伯日寻，剑阁所以怀凶，晋阳所以兴乱，甸人为罄，淫刑斯逞。夫九族既睦，唐帝阐其钦明；百世本枝，文王表其光大。况复隳坏磐石，剿绝维城，唇亡齿寒，宁止虞虢？欲其长久，其可得乎！其罪一也。

禽兽之行，在于聚麀，人伦之体，别于内外。而兰陵公主逼幸告终，谁谓殽首之贤，翻见齐襄之耻。逮于先皇嫔御，并进银环；诸王子女，咸贮金屋。牝鸡鸣于诘旦，雄雉恣其群飞，祖衣戏陈侯之朝，穹庐同冒顿之寝。爵赏之出，女谒遂成，公卿宣淫，无复纲纪。其罪二也。

平章百姓，一日万机，未晓求衣，昃暑不食。大禹不贵于尺璧，光武不隔于支体，以是忧勤，深虑幽枉。而荒湎于酒，俾昼作夜，式号且呼，甘嗜声伎，常居窟室，每藉糟丘。朝谒罕见其身，群臣希睹其面，断决自此不行，敷奏于是停拥。中山千日之饮，酗酊无名；襄阳三雅之杯，留连讵比？又广召良家，充选宫掖，潜为九市，亲驾四驴，自比商人，见要逆旅。殷辛之谴为小，汉灵之罪更轻，内外惊心，遐迩失望。其罪三也。

上栋下宇，着在《易》爻；茅茨采椽，陈诸史籍。圣人本意，惟避风雨，讵待朱玉之华，宁须绨锦之丽！故璚室崇构，商辛以之灭亡；阿房崛起，二世是以倾覆。而不遵古典，不念前章，广立池台，多营宫观，金铺玉户，青琐丹墀，蔽亏日月，隔阂寒暑。穷生人之筋力，罄天下之资财，使鬼尚难为之，劳人固其不可。其罪四也。

公田所彻，不过十亩；人力所供，才止三日。是以轻徭薄赋，不夺农时，宁积于人，无藏于府。而科税繁猥，不知纪极；猛火屡烧，漏卮难满。头会箕敛，逆折十年之租；杼轴其空，日损千金之费。父母不保其赤子，夫妻相弃于匡床。万户则城郭空虚，千里则烟火断灭。西蜀王孙之室，翻同原宪之贫；东海糜竺之家，俄成邓通之鬼。其罪五也。

古先哲王，卜征巡狩，唐虞五载，周则一纪。本欲亲问疾苦，观省风谣，乃复广积薪刍，多备饔饩。年年历览，处处登临，从臣疲弊，供顿辛苦。飘风冻雨，聊窃比于先驱；车辙马迹，遂周行于天下。秦皇之心未已，周穆之意难穷。宴西母而歌云，浮东海而观日。家苦纳秸之勤，人阻来苏之望。且夫天下有道，守在海外，夷不乱华，在德非险。长城之役，战国所为，乃是狙诈之风，非关稽古之法。而追踪秦代，板筑更兴，袭其基墟，延袤万里，尸骸蔽野，血流成河，积怨满于山川，号哭动于天地。其罪六也。

辽水之东，朝鲜之地，《禹贡》以为荒服，周王弃而不臣，示以羁縻，达其声教，苟欲爱人，非求拓土。又强弩末矢，理无穿于鲁缟；冲风余力，讵能动于鸿毛？石田得而无堪，鸡肋啖而何用？而恃众怙力，强兵黩武，惟在并吞，不思长策。夫兵，犹火也；不戢，将自焚，遂令亿兆夷人，只轮莫返。夫差丧国，实为黄池之盟；苻坚灭身，良由寿春之役。欲捕鸣蝉于前，不知挟弹在后。复矢相顾，銎而成行，义夫切齿，壮士扼腕。其罪七也。

直言启沃，王臣匪躬，惟木从绳，若金须砺。唐尧建鼓，思闻献替之言；夏禹悬鼗，时听箴规之美。而愎谏违卜，蠹贤嫉能，直士正人，皆由屠害。左仆射、齐国公高颎，上柱国、宋国公贺若弼，或文昌上相，或细柳功臣，暂吐良药之言，翻加属镂之赐。龙逢无罪，便遭夏癸之诛；王子何辜？滥被商辛之戮。遂令君子结舌，贤人缄口。指白日而比盛，射苍天而敢欺，不悟国之将亡，不知死之将至。其罪八也。

设官分职，贵在铨衡；察狱问刑，无闻贩鬻。而钱神起论，铜臭为公，梁冀受黄金之蛇，孟佗荐蒲萄之酒。遂使彝伦攸斁，政以贿成，君子在野，小人在位。积薪居上，同汲黯之言；囊钱不如，伤赵壹之赋。其罪九也。

宣尼有言，无信不立，用命赏祖，义岂食言？自昏主嗣位，每岁行幸，南北巡狩，东西征伐。至如浩亹陪跸，东都守固，阌乡野战，雁门解围。自外征夫，不可胜纪。既立功勋，须酬官爵。而志怀翻覆，言行浮诡，危急则勋赏悬授，克定则丝纶不行，异商鞅之颁金，同项王之刓印。芳饵之下，必有悬鱼，惜其重赏，求人死力，走丸逆坡，匹此非难。凡百骁雄，谁不仇怨。至于匹夫薨尔，宿诺不亏，既在乘舆，二三其德。其罪十也。

有一于此，未或不亡。况四维不张，三灵总瘁，无小无大，愚夫愚妇，共识殷亡，咸知夏灭。罄南山之竹，书罪未穷；决东海之波，流恶难尽。是以穷奇灾于上国，獂狳暴于中原。三河纵封豕之贪，四海被长蛇之毒，百姓歼亡，殆无遗类，十分为计，才一而已。苍生懔懔，咸忧杞国之崩；赤子嗷嗷，但愁历阳之陷。且国祚将改，必有常期，六百殷亡之年，三十姬终之世。故谶篆云："隋氏三十六年而灭。"此则厌德之象已彰，代终之兆先见。皇天无亲，惟德是辅。况乃搀抢竟天，申繻谓之除旧；岁星入井，甘公以为义兴。兼朱雀门烧，正阳日蚀，狐鸣鬼哭，川竭山崩。并是宗庙为墟之妖，荆棘旅庭之事。夏氏则灾衅非多，殷人则咎征更少。牵牛入汉，方知大乱之期；王良策马，始验兵车之会。

今者顺人将革，先天不违，大誓孟津，陈命景亳，三千列国，八百诸侯，不谋而同辞，不召而自至。轰轰隐隐，如霆如雷，彪虎啸而谷风生，应龙骧而景云起。我魏公聪明神武，齐圣广渊，总七德而在躬，包九功而挺出。周太保、魏公之孙，上柱国、蒲山公之子。家传盛德，武王承季历之基；地启元勋，世祖嗣元皇之业。笃生白水，日角之相便彰；载诞丹陵，大宝之文斯著。加以姓符图纬，名协歌谣，六合所以归心，三灵所以改卜。文王厄于羑里，赤雀方来；高祖隐于砀山，彤云自起。兵诛不道，赤伏至自长安；锋锐难当，黄星出于梁宋。九五龙飞之始，天人豹变之初，历试诸难，大敌弥勇。上柱国、司徒、东郡公翟让功宣缔构，翼亮经纶，伊尹之佐成汤，萧何之辅高帝。上柱国、总管、齐国公孟让，柱国、历城公孟畅，柱国、绛郡公裴行俨，大将军、左长史郑元真等，并运筹千里，勇冠三军，击剑则截蛟断鳌，弯弧则吟猿落雁。韩、彭、绛、灌，成沛公之基；寇、贾、吴、冯，奉萧王之业。复有蒙轮挟辀之士，拔距投石之夫，骥马追风，吴戈照日。

魏公属当期运，伏兹亿兆。躬擐甲胄，跋涉山川，栉风沐雨，岂辞劳倦，遂起西伯之师，将问南巢之罪。百万成旅，四七为名，呼吸则河、渭绝流，叱咤则嵩、华自拔。以此攻城，何城不陷；以此击阵，何阵不摧！譬犹泻沧海而灌残荧，举昆仑而压小卵。鼓行而进，百道俱前，以今月二十一日届于东都。而昏朝文武、留守段达等，昆吾恶稔，飞廉奸佞，久迷天数，敢拒义兵，驱率丑徒，众有十万，回洛仓北，遂来举斧。于是熊罴角逐，貔虎争先，因其倒戈之心，乘我破竹之势，曾未旋踵，瓦解冰销，坑卒则长平未多，积甲则熊耳为小。达等助桀为虐，婴城自固，梯冲乱舞，徒设九拒之谋；鼓角将鸣，空凭百楼之险。燕巢卫幕，鱼游宋池，殄灭之期，匪朝伊暮。

然兴洛、虎牢，国家储积，我已先据，为日久矣。既得回洛，又取黎阳，天下之仓，尽非隋有。四方起义，足食足兵，无前无敌。裴光禄仁基，雄才上将，受脤专征，遐迩攸凭，安危是托，乃识机知变，迁殷事夏。袁谦擒自蓝水，张须陀获在荥阳，窦庆战没于淮南，郭询授首于河北，隋之亡候，聊可知也。

清河公房彦藻，近秉戎律，略地东南，师之所临，风行电击。安陆、汝南，随机荡定；淮安、济阳，俄然送款。徐圆朗已平鲁郡，孟海公又破济阳，海内英雄，咸来回应。封民赡取平原之境，郝孝德据黎阳之仓，李士雄虎视于长平，王德仁鹰扬于上党。滑公李景、考功郎中房山基发自临渝，刘兴祖起于白朔，崔白驹在颍川起，方献伯以谯郡来，各拥数万之兵，俱期牧野之会。沧溟之右，函谷以东，牛酒献于军前，壶浆盈于道路。

诸君等并衣冠世胄，杞梓良才，神鼎灵绎之秋，裂地封侯之始，豹变鹊起，今也其时，鼍鸣鳖应，见机而作，宜各鸠率子弟，共建功名。耿弇之赴光武，萧何之奉高帝，岂止金章紫绶，华盖朱轮，富贵以重当年，忠贞以传奕叶，岂不盛哉！

若隋代官人，同吠尧之犬，尚荷王莽之恩，仍怀蒯聩之禄。审配死于袁氏,不如张郃归曹;范增困于项王,未若陈平从汉。魏公推以赤心,当加好爵,择木而处,令不自疑。脱猛虎犹豫,舟中敌国,夙沙之人共缚其主,彭宠之仆自杀其君,高官上赏,即以相授。如暗于成事,守迷不反,昆山纵火,玉石俱焚,尔等噬脐,悔将何及!黄河带地,明余旦旦之言;皎日丽天,知我勤勤之意。布告海内,咸使闻知。

附录二　唐朝十四代二十一帝（含武则天）概况

庙号	姓名	生卒	登基年龄	在位	主要宰相	死因	年号	陵寝
高祖	李渊	566—635	53岁	618—626	裴寂、刘文静、萧瑀	寿终	武德	献陵
太宗	李世民	599—649	28岁	626—649	萧瑀、陈叔达、李靖、封德彝、长孙无忌、杜如晦、房玄龄、岑文本、魏征、刘洎、马周、褚遂良、王珪、李勣	丹药中毒	贞观	昭陵
高宗	李治	628—683	22岁	649—683	长孙无忌、褚遂良、李勣、柳奭、韩瑗、来济、李义府、许敬宗、上官仪、刘仁轨、李敬玄、裴炎	病死	14个：永徽、显庆、龙朔、麟德、乾封、总章、咸亨、上元、仪凤、调露、永隆、开耀、永淳、弘道	乾陵

续表

庙号	姓名	生卒	登基年龄	在位	主要宰相	死因	年号	陵寝
	武曌	624—705	67岁	690—704	刘仁轨、姚崇、裴炎、武承嗣、傅游艺、狄仁杰、李昭德、娄师德、王孝杰、杨再思、宗楚客、武三思、吉顼、张柬之、魏元忠、刘祎之	寿终	14个：天授、如意、长寿、延载、证圣、天册万岁、万岁登封、万岁通天、神功、圣历、久视、大足、长安、神龙	乾陵
中宗	李显	656—710	29岁	684年1—2月 705—710	武三思、崔玄暐、杨再思、张柬之、桓彦范、敬晖、魏元忠、韦巨源、宗楚客、纪处讷、韦嗣立、崔湜、郑愔	被弑	3个：嗣圣、神龙、景龙	定陵
睿宗	李旦	662—716	23岁	684—690 710—712	张仁愿、韦嗣立、韦安石、唐休璟、崔湜、刘幽求、姚崇、宋璟、郭元振、张说、窦怀贞	病死	8个：文明、光宅、垂拱、永昌、载初、景云、太极、延和	桥陵

续表

庙号	姓名	生卒	登基年龄	在位	主要宰相	死因	年号	陵寝
玄宗	李隆基	685—762	28岁	712—756	刘幽求、韦安石、崔湜、窦怀贞、张说、姚崇、卢怀慎、源乾曜、宋璟、苏颋、张嘉贞、张九龄、李林甫、李适之、杨国忠	绝食而死	3个:先天、开元、天宝	泰陵
肃宗	李亨	711—762	46岁	756—762	韦见素、张镐、第五琦、元载、房琯	病重吓死	3个:至德、乾元、上元	建陵
代宗	李豫	726—779	37岁	762—779	元载、李辅国、刘晏、王缙、杜鸿渐	病死	4个:宝应、广德、永泰、大历	元陵
德宗	李适	742—805	38岁	779—805	杨炎、卢杞、马燧、李晟、张延赏、李泌、陆贽、张镒、浑瑊	病死	3个:建中、兴元、贞元	崇陵
顺宗	李诵	761—806	45岁	805	杜佑、韦执谊、杜黄裳	病死	永贞	丰陵
宪宗	李纯	778—820	28岁	805—820	韦执谊、杜佑、杜黄裳、武元衡、李吉甫、李绛、皇甫镈、令狐楚、李逢吉、裴度	被弑	元和	景陵
穆宗	李恒	795—824	26岁	820—824	裴度、令狐楚、段文昌、崔植、元稹、杜元颖、王播、李逢吉、牛僧孺、皇甫镈	丹药中毒	长庆	光陵
敬宗	李湛	809—827	16岁	824—827	李逢吉、牛僧孺、裴度	被弑	宝历	庄陵

续表

庙号	姓名	生卒	登基年龄	在位	主要宰相	死因	年号	陵寝
文宗	李昂	809—840	18岁	826—840	韦处厚、杨嗣复、李珏、李宗闵、段文昌、宋申锡、李德裕、李固言、郑覃、王涯、李训、贾𫗧、舒元舆、李石、陈夷行、李逢吉、王播、牛僧孺	病死	2个：太和、开成	章陵
武宗	李炎	814—846	27岁	840—846	李固言、李石、杨嗣复、牛僧孺、李德裕、陈夷行、李绅、李让夷、杜悰、李回、郑肃、李珏	丹药中毒	会昌	端陵
宣宗	李忱	810—859	37岁	846—859	白敏中、韦琮、马植、魏谟、崔慎由、夏侯孜、令狐绹	丹药中毒	大中	贞陵
懿宗	李漼	833—873	27岁	859—873	白敏中、夏侯孜、杜悰、徐商、路岩、于琮、韦保衡	病死	咸通	简陵
僖宗	李儇	862—888	12岁	873—888	郑畋、卢携、王铎、韦昭度、杜让能	病死	5个：乾符、广明、中和、光启、文德	靖陵
昭宗	李晔	867—904	22岁	888—904	韦昭度、孔纬、杜让能、张濬、崔昭纬、崔胤、李磎	被弑	7个：龙纪、大顺、景福、乾宁、光化、天复、天祐	和陵
哀帝	李柷	892—908	13岁	904—907	柳璨	被弑	沿用天祐	温陵

1. 寿命前三甲：武则天 82 岁，玄宗 78 岁，高祖 70 岁。寿命后三名：哀帝 17 岁，敬宗 19 岁，僖宗 27 岁。

2. 登基年龄前三甲：武则天 67 岁，高祖 53 岁，肃宗 46 岁。后三名：僖宗 12 岁，哀帝 13 岁，敬宗 16 岁。

3. 死因分布：寿终 2 人（高祖李渊、武则天），丹药中毒 4 人（太宗、穆宗、武宗、宣宗），病死 8 人（高宗、睿宗、代宗、德宗、顺宗、文宗、懿宗、僖宗），被弑 5 人（中宗、宪宗、敬宗、昭宗、哀帝），绝食而死 1 人（玄宗），病重吓死 1 人（肃宗）。

4. 年号数量前五名：高宗 14 个，武则天 14 个，睿宗 8 个，昭宗 7 个，僖宗 5 个。"上元"是唯一被使用两次的年号，高宗和肃宗都用过。武则天使用了三个四字年号：天册万岁、万岁登封和万岁通天。

5. 几个唯一：睿宗、玄宗、肃宗、顺宗、懿宗、僖宗 6 个庙号是中国历史的唯一。唐高宗是中国历史上唯一的天皇。武则天是中国唯一的天后、唯一的女皇。德宗是唐朝唯一一个被图形凌烟阁的皇帝。穆宗是中国唯一一个有三个皇后、三个儿皇帝的皇帝。

附录三　唐朝世系表

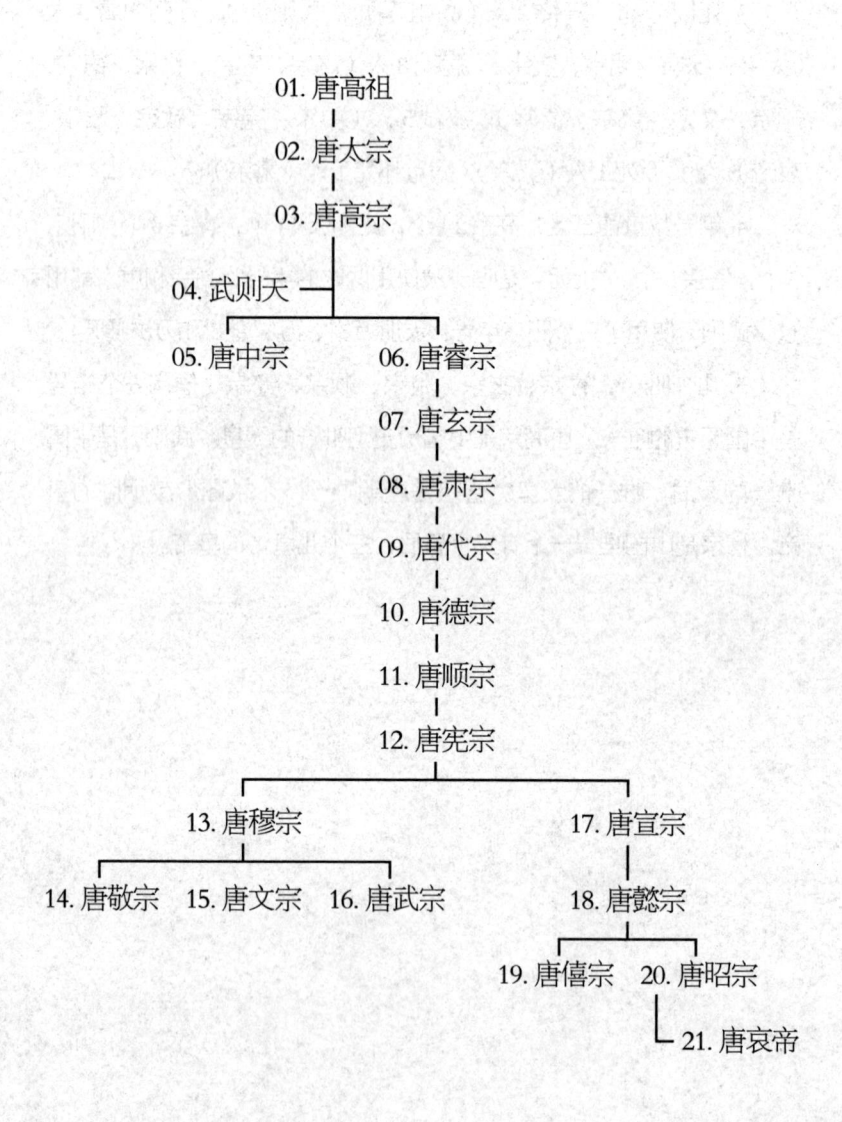

```
01. 唐高祖
02. 唐太宗
03. 唐高宗
04. 武则天
05. 唐中宗    06. 唐睿宗
              07. 唐玄宗
              08. 唐肃宗
              09. 唐代宗
              10. 唐德宗
              11. 唐顺宗
              12. 唐宪宗
    ┌─────────────────┴─────────────────┐
13. 唐穆宗                            17. 唐宣宗
    ┌────────┬────────┐                  │
14. 唐敬宗 15. 唐文宗 16. 唐武宗    18. 唐懿宗
                                    ┌────┴────┐
                                 19. 唐僖宗 20. 唐昭宗
                                              │
                                          21. 唐哀帝
```

附录四 六大强敌世系表

1. 东突厥（唐时期）世系表

序号	主政者	在位	同期唐帝	姓氏
01	始毕可汗	609—619	高祖	阿史那氏
02	处罗可汗	619—620	高祖	
03	颉利可汗	620—630	高祖、太宗	

2. 西突厥（唐时期）世系表

序号	主政者	在位	同期唐帝	姓氏
01	统叶护可汗	617—630	高祖、太宗	阿史那氏
02	莫贺咄可汗	630	太宗	
03	肆叶护可汗	630—632	太宗	
04	咥利邲咄陆可汗	632—634	太宗	
05	沙钵罗咥利失可汗	634—639	太宗	
06	乙毗沙钵罗叶护可汗	639—641	太宗	
07	乙毗咄陆可汗	638—653	太宗、高宗	
08	乙毗射匮可汗	642—653	太宗、高宗	
09	沙钵罗可汗	650—658	高宗	

3. 后突厥世系表

序号	主政者	在位	同期唐帝	姓氏
01	骨咄禄可汗	682—691	高宗、中宗、睿宗、则天	阿史那氏
02	默啜可汗	691—716	则天、中宗、睿宗、玄宗	
03	拓西可汗	716	玄宗	
04	毗伽可汗	716—734	玄宗	
05	伊然可汗	734	玄宗	
06	登利可汗	734—741	玄宗	
07	骨咄叶护可汗	741—742	玄宗	
08	乌苏米施可汗	742—744	玄宗	
09	白眉可汗	744—745	玄宗	

4. 吐蕃世系表

序号	主政者	在位	同期唐帝	姓氏
01	松赞干布	629—650	太宗、高宗	悉勃野氏
02	芒松芒赞	650—676	高宗	
03	赤都松赞	676—704	高宗、中宗、睿宗、则天	
04	赤德祖赞	704—755	则天、中宗、睿宗、玄宗	
05	赤松德赞	755—797	肃宗、代宗、德宗	
06	牟尼赞普	797—798	德宗	
07	牟如赞普	798（约20天）	德宗	
08	赤德松赞	798—815	德宗、顺宗、宪宗	
09	彝泰赞普	815—838	宪宗、穆宗、敬宗、文宗	
10	达玛	838—842	文宗、武宗	

5. 回纥（回鹘）世系表

序号	主政者	姓名	在位	同期唐帝	姓氏
01	怀仁可汗	骨力裴罗	744—747	玄宗	药罗葛氏
02	英武可汗	磨延啜	747—759	玄宗、肃宗	
03	牟羽可汗	移地健	759—780	肃宗、代宗、德宗	
04	武义成功可汗	顿莫贺达干	780—789	德宗	
05	忠贞可汗	多逻斯	789—790	德宗	
06	奉诚可汗	阿啜	790—795	德宗	
07	怀信可汗	骨咄禄	795—805	德宗、顺宗	跌氏
08	滕里野合俱录毗伽可汗		805—808	顺宗、宪宗	
09	保义可汗		808—821	宪宗、穆宗	
10	崇德可汗		821—824	穆宗	
11	昭礼可汗	曷萨特勒	824—832	敬宗、文宗	
12	彰信可汗		832—839	文宗	
13	不详	阖馺特勤	839—840	武宗	
14	乌介可汗	曷萨弟	841—846	武宗	
15	遏捻可汗		846—848	武宗、宣宗	
16	怀建可汗	庞特勤	848—？	宣宗	

6. 南诏世系表

序号	主政者	在位	同期唐帝	姓氏
01	皮罗阁	728—748	玄宗	蒙氏
02	阁罗凤	748—778	玄宗、肃宗、代宗	
03	异牟寻	778—808	代宗、德宗、顺宗、宪宗	
04	寻阁劝	808—809	宪宗	
05	劝龙晟	809—816	宪宗	
06	劝利晟	816—824	宪宗、穆宗	
07	劝丰祐	824—859	穆宗、敬宗、文宗、武宗、宣宗	
08	世隆	859—877	宣宗、懿宗、僖宗	
09	隆舜	877—897	僖宗、昭宗	
10	舜化贞	897—902	昭宗	

参考文献

1. （唐）魏征. 隋书 [M]. 中华书局,1973.
2. （唐）张鹫. 朝野佥载 [M]. 上海古籍出版社,2012.
3. （唐）段成式. 酉阳杂俎 [M]. 上海古籍出版社,2012.
4. （唐）裴庭裕. 明皇杂录 [M]. 中华书局,1994.
5. （唐）温大雅. 大唐创业起居注笺证 [M]. 中华书局,2022.
6. （唐）李林甫等. 唐六典 [M]. 中华书局,2014.
7. （唐）刘肃. 大唐新语 [M]. 中华书局,1984.
8. （唐）吴兢. 贞观政要译注 [M]. 上海古籍出版社,2016.
9. （唐）玄奘. 大唐西域记译注 [M]. 中华书局,2019.
10. （唐）杜佑. 通典 [M]. 中华书局,2016.
11. （唐）杜环. 经行记笺注 [M]. 中华书局,2000.
12. （唐）李肇. 唐国史补校注 [M]. 中华书局,2021.
13. （唐）刘知几. 史通 [M]. 上海古籍出版社,2015.
14. （唐）苏鹗. 杜阳杂编 [M]. 商务印书馆,1979.
15. （唐）樊绰. 蛮书校注 [M]. 中华书局,2018.
16. （宋）欧阳修, 宋祁等. 新唐书 [M]. 中华书局,1975.
17. （宋）司马光等. 资治通鉴 [M]. 中华书局,1956.
18. （宋）司马光. 资治通鉴考异 [M]. 上海人民出版社,2022.
19. （宋）李昉. 太平广记 [M]. 中华书局,2013.
20. （宋）王溥. 唐会要 [M]. 中华书局,2017.

21.（宋）王谠. 唐语林校证 [M]. 中华书局 ,2018.

22.（宋）王钦若等. 册府元龟 [M]. 中华书局 ,2020.

23.（宋）宋敏求. 唐大诏令集龟 [M]. 中华书局 ,2008.

24.（宋）计有功. 唐诗纪事 [M]. 上海古籍出版社 ,2013.

25.（宋）乐史. 太平寰宇记 [M]. 中华书局 ,2007.

26.（五代）孙光宪. 北梦琐言 [M]. 中华书局 ,2002.

27.（五代）王仁裕. 开元天宝遗事十种 [M]. 上海古籍出版社 ,2012.

28.（后晋）刘昫等. 旧唐书 [M]. 中华书局 ,1975.

29.（元）辛文房. 唐才子传 [M]. 中州古籍出版社 ,2021.

30.（明）熊大木. 唐书志传通俗演义 [M]. 中国文史出版社 ,2003.

31.（明）王夫之. 读通鉴论 [M]. 中华书局 ,2013.

32.（清）董诰，阮元，徐松等. 全唐文 [M]. 中华书局 ,1983.

33.（清）彭定求. 全唐诗 [M]. 中华书局 ,2018.

34.（清）王夫之. 读通鉴论 [M]. 中华书局 ,2013.

35.（清）王鸣盛. 十七史商榷 [M]. 上海古籍出版社 ,2016.

36.（清）赵翼. 廿二史劄记校证 [M]. 中华书局 ,2016.

37.（清）吴廷燮. 唐方镇年表 [M]. 中华书局 ,2003.

38.（清）顾祖禹. 读史方舆纪要 [M]. 中华书局 ,2020.

39.（清）徐松. 唐两京城坊考 [M]. 中华书局 ,2019.

40. 蔡东藩. 唐史演义 [M]. 中央编译出版社 ,2008.

41. 陈寅恪. 唐代政治史述论稿 [M]. 上海古籍出版社 ,2020.

42. 范文澜. 中国通史简编（上、下册）[M]. 商务印书馆 ,2010.

43. 岑仲勉. 隋唐史 [M]. 上海古籍出版社 ,2020.

44. 吕思勉. 隋唐五代史 [M]. 中华书局 ,2020.

45. 钱穆. 中国历代政治得失（新版）[M]. 生活. 读书. 新知三联书店 ,2020.

46. 张国刚. 唐代藩镇研究增订版 [M]. 中国人民大学出版社, 2010.

47. 王尧. 敦煌本吐蕃历史文书 [M]. 中国藏学出版社, 2012.

48. 王仲荦. 隋唐五代史 [M]. 上海人民出版社, 2021.

49. 李锦绣. 唐代财政史稿 [M]. 北京大学出版社, 2001.

50. 索南坚赞. 西藏王统记吐蕃王朝世系明鉴 [M]. 西藏人民出版社, 1985.

51. [英] 崔瑞德. 剑桥中国隋唐史 [M]. 中国社会科学出版社, 1990.

52. [美] 斯塔夫里阿诺斯. 全球通史：从史前史到21世纪 [M]. 北京大学出版社, 2006.

53. [日] 筑山治三郎. 唐代政治制度研究 [M]. 创元社, 1967年.

54. [日] 圆仁. 入唐求法巡礼行记校注 [M]. 中华书局, 2019.

图书在版编目（ＣＩＰ）数据

显微镜下的全唐史. 第一部, 李唐开国 / 北溟玉著. -- 北京：中国文史出版社, 2023.10
ISBN 978-7-5205-4286-9

Ⅰ.①显… Ⅱ.①北… Ⅲ.①中国历史 - 唐代 - 通俗读物Ⅳ.① K242.09

中国国家版本馆 CIP 数据核字 (2023) 第 171947 号

责任编辑：梁玉梅

出版发行：	中国文史出版社
社　　址：	北京市海淀区西八里庄路 69 号院　邮编：100142
电　　话：	010-81136606　81136602　81136603（发行部）
传　　真：	010-81136655
印　　装：	北京新华印刷有限公司
经　　销：	全国新华书店
开　　本：	700mm×980mm　1/16
印　　张：	19.25
字　　数：	240 千字
版　　次：	2024 年 6 月北京第 1 版
印　　次：	2024 年 6 月第 1 次印刷
定　　价：	56.00 元

文史版图书，版权所有，侵权必究。
文史版图书，印装错误可与发行部联系退换。